기독교문서선교회(Christian Literature Center: 약칭 CLC)는 1941년 영국 콜체스터에서 켄 아담스에 의해 시작되었으며 국제 본부는 미국 필라델피아에 있습니다.
국제 CLC는 59개 나라에서 180개의 본부를 두고, 약 650여 명의 선교사들이 이동 도서차량 40대를 이용하여 문서 보급에 힘쓰고 있으며 이메일 주문을 통해 130여 국으로 책을 공급하고 있습니다. 한국 CLC는 청교도적 복음주의 신학과 신앙 서적을 출판하는 문서선교기관으로서, 한 영혼이라도 구원되길 소망하면서 주님이 오시는 그날까지 최선을 다할 것입니다.

추천사 1

김상구 박사
백석대학교 신학대학원 예배학 교수

『기독교 예배학: 예배의 목적, 패턴, 성격』(The Purpose, Pattern & Character of Worship)의 저자 L. 에드워드 필립스(L. Edward Phillips)는 최근 미국 교회의 예배 환경이 급변하고 있다는 점을 고려하면서 지난 2세기 미국 교회 예배의 역사적 근간을 분석하고 예배 회복을 위한 방향성을 제시한다.

그는 예배 변화를 시대별 흐름에 따라 분류하면서 예배의 성격적 특징을 매우 창의적으로 제시하여, 21세기 예배 회복을 위한 실천적 지혜를 담고 있는 예배 안내서를 제공한다.

이 책의 중요한 탁월함은 무엇보다도 독특하고 통찰력 있는 일곱 가지 원리에 따라 예배의 성격을 규정하고 있다는 점이다. 이 원리들은 연구를 전개하는 중요한 틀로서 적용한다. 그것은 다음과 같다.

첫째, 모든 예배는 패턴을 따른다.
둘째, 예배 패턴은 두 층에서 작동하는데, 즉 예전 단위와 매크로 패턴이 바로 그것이다.
셋째, 예배의 매크로 패턴에는 달성하고자 하는 텔로스(telos, 목표 혹은 목적)가 있다.
넷째, 각 매크로 패턴에는 특정한 텔로스에 부합하는 특정한 에토스(ethos, 성격 혹은 스타일)가 있다.
다섯째, 예전 단위는 이동이 가능한 예전 활동 블록이다.

여섯째, 서로 다른 패턴의 텔로스/에토스는 서로 교환될 수 없고 결합 시 충돌하는 경향이 있다.

일곱째, 예배 순서는 공적 예배에서 통상적인 부분이 된 예전 단위들을 보존하려는 경향이 있다.

이 책은 일곱 가지 원리를 토대로 지난 2세기 동안 미국 교회의 특정한 역사 속에서 드러난 개신교 예배의 여섯 가지 성격 유형을 분류한다. 여섯 가지 성격 유형은 부흥 운동 집회, 교회학교 예배, 미적 예배, 오순절 예배, 기도회, 가톨릭 전례 갱신이다.

저자는 19세기와 20세기 초에 역사적 뿌리를 두고 있는 이 유형들이 조금씩 변형되었다고 피력한다.

예를 들어, 19세기 부흥 운동 집회는 오늘날 구도자 예배로, 교회학교 예배는 1960년대에 시작된 창의적 예배 운동으로, 오순절 운동은 찬양 중심 예배로, 미적 예배 운동은 일반적으로 전통적 예배로, 기도회는 오늘날 가정교회/소그룹 패턴의 근간으로, 가톨릭 전례 갱신 패턴은 종종 말씀과 식탁으로 불릴 정도로 변형되었다고 한다.

이러한 예배 유형의 변형에는 서로 다른 예배의 텔로스가 있으며, 서로 다른 에토스가 있다. 그럼에도 불구하고 이러한 예배 유형에는 각기 장단점으로 인해 불안전한 예배를 드릴 수밖에 없는 한계가 있다는 것이다. 하지만 저자의 고백처럼, "교회의 예배는 우리가 열망하는 완벽함에 항상 미치지는 못할 것이다. 그래도 우리는 예수 그리스도의 신실한 제자들로서 하나님과 세상을 섬기는 두렵고 떨리는 과업에 순종하기 위해 노력" 할 뿐이다.

이 책은 지난 2세기 미국 교회의 예배 유형에 따라 독자들이 예배 갱신의 방향을 선명하게 찾을 수 있도록 제시하는 안내서이며, 특히 현대 예배를 연구하고자 하는 목회자와 신학생, 그리고 예배의 전문영역에서 활동하는 예배 실천가들에게 유익한 자료가 될 수 있기에 일독하길 적극 추천한다.

추천사 2

김형락 박사
서울신학대학교 예배학 교수

　이 책은 미국 에모리대학교에서 예배학을 가르치는 L. 에드워드 필립스 교수의 역작으로 기독교 예배를 그 목적과 형식 그리고 성격에 따라 분류하고 각 예배의 다양한 특징과 목적 그리고 현대에서의 흐름까지 기술하고 있다.

　그동안 기독교 예배에 관한 많은 책이 출간되어 왔다. 기존의 많은 예배학 도서가 예배의 역사적 흐름에 따른 구성과 전통을 어떻게 형성되어 왔는가를 기술했는데 반해 이 책은 기독교 예배의 유형을 여섯 가지로 분류하고 이 분류에 따른 각 예배의 패턴과 예배가 지향하는 바를 기술하는 방식으로 기독교 예배를 정의하고 있다.

　따라서 이 책은 주요한 여섯 가지 패턴의 예배가 지향하는 신학적 목표(텔로스)와 이를 위해 형성된 고유한 성격(에토스)을 분명하게 제시한다. 많은 기독교인이 다양한 예배 전통에 대해 어떤 전통이 옳고 그른가의 판단을 하게 되는데, 이 책은 그 한계를 넘어 각 전통이 드리는 예배의 지향점과 이를 위해 구성화된 요소들을 보여 줌으로 예배에 대한 열린 시각을 갖게 한다.

　또한, 이 책은 코로나 바이러스에 의한 팬데믹 상황에서 예배의 의미와 온라인으로 진행되었던 예배에 대한 문제를 다루고 있다. 현장 예배가 아닌 온라인 상황에서 예배의 구성과 성례전을 미디어를 통한 전달과 어떻게 이를 실행해야 하는지의 문제를 다룸으로 목회의 실천적 영역에서도 이 책은 매우 중요한 자료가 될 것으로 생각한다.

많은 목회자가 예배를 전통적인 방식 혹은 자신이 선호하는 스타일로 관성적으로 드리게 되는데, 이 책은 우리가 드려야 할 예배의 지향점을 알게 하고 이를 위한 구성 요소들을 기획할 수 있도록 돕기에 예배의 목회적 실천까지도 매우 유용한 책이다.

이 책이 또 기대되는 이유는 장로회신학대학교의 최승근 교수가 번역했다는 점이다. 최승근 박사는 이전에도 북미 예배학의 거장들(토드 존슨, 윌리엄 윌리몬, 에드워드 폴리 등)의 까다로운 책들을 정확하고 성실하게 번역하여 예배학을 연구하는 학자들과 공부하는 학생들에게 큰 공헌을 했다.

새로운 관점과 형식으로 기독교 예배를 분석하고 평가한 이 책이 출간된 것에 대해 매우 기쁘게 생각하며, 정확한 의미 전달을 위해 애쓰신 최승근 박사에게 감사의 말씀을 드리며 추천사를 마치려 한다.

추천사 3

박 성 환 박사
한국성서대학교 실천신학 교수

L. 에드워드 필립스는 미국 개신교에서 드려지는 예배 형태를 크게 여섯 가지로 나눈 후, 각 예전에 관한 예배학적 특징을 핵심적으로 간략히 설명함으로써 장단점을 쉽게 이해할 수 있도록 도움을 준다.

한 발자국 나아가, 필립스는 여섯 가지 예배 형태에서 나타난 일치성과 불일치성을 파악하여, 독자에게 어떻게 융합적인 예배 행태로 발전할 수 있을지를 숙고하게 만든다. 왜냐하면, 필립스는 예배와 문화 사이의 상관관계는 시대 상황적 변화에 따라 유기적인 영향을 주고받기 때문이다.

특히, 코로나19 팬데믹 사태로 인하여 온라인 예배가 교회 내에 급속도로 정착되었는데, 필립스는 온라인 예배에 관한 실천신학적 혜안을 제시하여 어떤 현실적인 어려움이 재차 찾아와도 지속적인 예배가 가능하도록 방안을 제시한다.

그러므로 필립스가 책에서 보여 준 통찰력은 작금의 목회자들에게 오늘날에 드려지는 예배 형태에 대하여 좋은 청사진을 제공하고 있다.

추천사 4

안 덕 원 박사
횃불트리니티신학대학원대학교 실천신학 교수

L. 에드워드 필립스 교수의 『기독교 예배학: 예배의 목적, 패턴, 성격』은 방대한 지식을 섬세하게 다듬은 좋은 사례다. 역사의 강물에서 길어올린 선별된 자료의 제시와 정확한 분석으로 독자들에게 신뢰를 안겨 주고, 친절한 설명으로 가독성을 확보하였으며, 실제 예배의 사례들을 제시하여 설득력을 더했기 때문이리라. 사료를 다루는 솜씨의 능숙함에 경탄하고 치밀한 관찰과 깊이와 넓이가 느껴지는 설명에 감동한다.

여섯 가지 성격 유형으로 미국 개신교의 예배를 분류한 것은 매우 신선한 시도이며 독자들에게 깊은 공감을 불러 일으킨다. 특별히 "각 모델에는 탁월성에 대한 고유한 기준이 있다"라는 표현이 눈에 들어온다.

저자는 특정한 예배의 패턴을 절대시하지 않으며 다양한 예배에 대한 객관적인 시선과 균형을 놓치지 않는다. 각각의 예배에 대한 신학적 평가를 유보하고 존중과 격려를 통해 서로 배우며 성숙해지고 풍성해지기를 제안한다. 그의 스승 제임스 화이트(James F. White) 박사가 제시한 서술적 연구(Descriptive Study)를 충실하게 계승하면서 보다 촘촘하고 생생하게 예배의 자료와 현상을 다루고 있다.

저자는 완전한 예배를 제시하려는 규범화를 시도하지 않는다. "불완전한 틈 사이"로 주님의 은총의 빛이 왕래한다는 겸손한 고백으로 예배자들을 신실하게 응원한다. 이렇듯 이 책은 충실한 내용에 겸허한 예배자의 영성이 더해진 훌륭한 저서라고 생각한다.

이렇듯 학문성과 현장성을 겸비한 책을 번역하는 일은 결코 만만찮다. 전문적인 지식과 깊은 사유, 교회와 예배에 대한 애틋한 사랑까지 읽어 내고 새로운 언어로 재창조하는 일이 어찌 쉬운 일이겠는가. 이 책의 철학과 의도를 멋지고 정확하게 전달해 준 최승근 박사의 노고에 찬사를 보낸다. 예배의 전문가들뿐만 아니라 자신의 예배를 성찰하고 다른 전통을 배우려는 모든 이에게 큰 도움을 주리라 기대한다.

추천사 5

안 선 희 박사
이화여자대학교 기독교학과 교수

한 교회에서 신앙생활을 지속해 온 사람들은 기독교인이면 모두가 똑같은 예배를 드린다고 생각한다. 그러나 매체를 통해서, 또 우연한 기회에 다른 교회를 방문해서 예배를 드린 후에는 예배의 서로 다름에 대한 의문을 제기하게 된다. 그러다가 자칫 서로 다름을 틀린 것으로 오해하기도 한다. 이 책은 바로 그 의문에 대한 답변을 제시해 준다.

그 답변은 한마디로 예배는 다양할 수 있다는 것이다. 그리고 예배의 다양성은 단지 교단의 차이에서 비롯된다는 거칠고 단순하며 진부한 답변으로는 설명될 수 없다고 저자는 말한다. 이보다는 더욱 차별화되고 세분화된 방식으로 그 답변을 제시하면서, 각 공동체의 예배는 나름의 패턴을 따르고 있다고 말한다. 그리고 각 패턴에는 각각의 목표가 있으며, 그 목표를 잘 펼치기 위한 스타일이 따로 있다는 것이다.

이러한 답변을 구체화하면서 이 책은 예배의 여섯 가지 유형을 제시한다. 지금까지 전통적 예배와 현재적 예배로 분류하던 방식에 비하면, 이 여섯 가지 유형론은 각 공동체 예배의 서로 다름을 이보다 더 이상 잘 파악할 수 없을 만큼 명료하게 설명하고 있다.

지피지기면 백전백승이라고 했던가. 이 책이 제시하는 예배의 여섯 가지 유형에 따라 각자가 속한 공동체에서 드리는 예배를 잘 파악하게 되면, 예배를 통해 도달하려는 신앙의 목표가 무엇인지도 분명히 알게 될 것이다.

또한, 그저 익숙한 대로 수행하던 각 공동체의 예배가 어떤 과정을 통해 형성되었으며, 왜 우리 교회는 이러한 스타일로 예배를 드리게 되었는지도 알게 될 것이다.

지금까지 생각 없이 수용했던 예배의 패턴과 스타일 안에는 얼마나 풍성한 역사적 전개 과정이 응축되어 있는지, 또한 신앙의 목표에 도달하기 위한 정교한 지향들이 들어 있는지도 알게 될 것이다. 이렇게 예배에 대해 더 깊이 알게 되면, 예배를 그리고 함께 예배드리는 공동체를 더욱 사랑하게 될 것이다. 이로써 무덤덤해진 예배 생활을 이겨 낼 수 있다면 이 책을 펴낸 가장 큰 보람이 될 것이다.

자신의 예배 생활에 의문을 품고 있는 평신도, 예배에 대해 더욱 면밀하게 연구하고픈 신학도, 그리고 예배에 관한 생각을 정교한 개념으로 풀어내고픈 목회자 모두에게 유익한 책이니 일독을 권한다. 깔끔한 우리말 번역으로 읽는 재미는 값진 덤이다.

추천사 6

최 진 봉 박사
장로회신학대학교 예배설교학 교수

많은 개신교 교회에서 예배 순서는 오래된 예전 단위와 새로운 예전 단위 모두를 점점 더 많이 보관하는 다락방이 되었다(본문 중에서).

『기독교 예배학: 예배의 목적, 패턴, 성격』은 그간 많은 예배전문가가 관심 두지 못했던 예배 현장의 핵심 문제를 본격적으로 그리고 명쾌히 다룬다.

이 책의 저자인 L. 에드워드 필립스는 북미 개신교회의 예배들이 여섯 가지 패턴 안에서 서로 영향을 받아 형성되었음을 강조하면서, 북미 예배들의 특징을 그 여섯 가지 패턴의 이런저런 융합으로 진단한다.

하지만 예배의 융합이 상이한 목적과 성격을 가진 순서들(예전단위) 간의 마구잡이식 혼합일 경우, 예배는 내적 일관성의 결여로 예배자들의 집중도를 저해하고 하나님 실재에의 참여를 제한하는 자리가 될 수 있다고 주의를 준다. 따라서 저자는 온라인 예배를 포함하여 예배의 내용과 방식의 바람직한 융합을 가능케 하는 기본 원칙을 제시한다.

이 책은 목회자와 신학생, 예배를 기획하는 자들에게 예배를 목적(텔로스)과 성격(에토스), 방식(패턴) 간의 일관된 연결체로 진단하고 기획하라고 독려한다. 이는 흥미롭게도 오늘날 한국 개신교회 예배의 내면을 객관적으로 분석함에 있어 유용한데, 한국 개신교회의 많은 주일예배가 전통과 교리적 정체성, 대중적 기호들 간 상충되는 예전 단위들의 혼합형이라는 점에서 이 책의 의의와 가치는 의문의 여지가 없다.

 예배학 교수인 필립스의 경험과 지혜를 한국의 독자들이 접할 수 있도록 이 책을 번역해 주신 최승근 교수님께 심심한 감사를 표한다

추천사 7

브렌다 이트맨 아가호아(Brenda Eatman Aghahowa) 박사
Chicago State University 영문과 부교수

L. 에드워드 필립스가 제시한 현대 미국 개신교 예배의 매크로 패턴들, 여섯 가지 패러다임, 이동이 가능한 예전 단위들은 기발한 발상으로, 학생, 학자, 기획자, 인도자, 그리고 평신도 예배 참여자에게도 큰 도움이 된다. 그의 통찰에는 상반되게 보이는 예배 요소들을 효과적으로 융합하거나 혼합하길 원하는 이들을 위한 전략이 포함되어 있다.

그의 명료하고 활기찬 설명은 예배의 다양한 요소, 즉 역사(때로는 고대)의 선구자들이 보편적 교회를 연합하기 위해 때때로 사용했던 요소들을 무엇보다 중요한 매크로 패턴 및 성격과 충돌하지 않게 통합하려는 대담하고, 지향적이며, 정보에 입각하고, 두려움이 없는 예배 인도자들과 위원들과 그 작업을 도울 것이다.

필립스의 놀라운 연구는 영적 스펙트럼 안에 있는 모든 교회에 도움을 줄 것이다. 예배학 분야에서 고전이 될 『기독교 예배학: 예배의 목적, 패턴, 성격』은 예배 실행과 이와 연관된 공동체 성찰에 관여하는 모든 사람이 반드시 읽어야 할 책이다.

테일러 W. 버튼-에드워즈(Taylor W. Burton-Edwards) 목사
ELCA 목사, 전(前) 연합감리교회 예배자료국 국장

이 책은 대면과 온라인 모두를 포함하여 기독교 예배에 대한 깊은 반추를 담았다. 예배를 기획하거나 인도하는 모든 사람이 꼭 읽어야 하는 필독서다. 나는 저자의 허락하에 10년 넘게 신학생 및 교회 지도자들과 함께 이 책의 작업 중이던 원고를 사용해 왔다. 그들은 각자의 상황에서 예배를 이해하고 강화하는 방법에 대한 새로운 통찰을 지속해서 얻었다.

* * *

데이비드 W. 매너(David W. Manner) 목사
남침례교캔자스-네브래스카협의회 부회장

이 책은 예배팀에 꼭 필요한 자료다. 우리는 예배 행위에 주의를 기울일 필요가 있다. 우리는 너무나도 자주 다양한 예배 행위를 샘플링하고 융합함으로써 건강하지 못한 예배 관행을 고치려고 노력한다. 하지만 우리는 냉철한 진단을 내리고 그에 따라 예배해야 한다. 그렇게 하면 필립스가 말하는 "예전 편타증"(liturgical whiplash)으로부터 회중을 보호할 수 있다.

찰리 리브(Charley Reeb) 목사
Johns Creek United Methodist Church 담임목사

당신이 왜 그런 방식으로 예배하는지 궁금해한 적이 있는가?
반응이 없는 예배는 어떤가?
왜 그런지 궁금하지 않은가?

이 획기적인 책은 예배에 관한 가장 시급한 여러 질문에 대한 답을 준다. 더 나아가 어떤 상황에서도 탁월하게 예배할 수 있는 실용적인 도구를 제공한다.

* * *

마샤 맥피(Marcia McFee) 박사
San Francisco Theological Seminary 포드 연구교수

목사들이 잠깐 있다가 사라지고, 시대적, 인구 통계적, 문화적 전통이 바뀌면서 교회는 효과가 있는지에 대해 신중하게 알아보지 않은 채 예배에 여러 요소를 혼합해 왔다. 이 책은 학문과 도식을 결합하여 교회의 상황에 맞는 좀 더 "일관되고, 주의를 끌 수밖에 없고, 신실한" 예배 표현을 위한 방법을 평가하고 분별하는 도구를 제공한다. 내 신학생들은 어디로 부르심을 받든지 예배 패턴의 '성격'을 인식하고 탐색하는 능력을 갖추게 될 것이다.

브루스 T. 모릴(Bruce T. Morrill) 박사
Vanderbilt Divinity School 석좌교수

필립스가 기독교를 확인케 하는 주요 활동으로서 적절하게 관찰한 전례 예배는 실질적으로 실행될 때만 존재하고, 회중 목사의 업무에서 중요한 부분을 차지한다. 미국 기독교 예배 전통을 역사와 오늘날 변화하는 사회적, 교회적 상황에 관련짓는 새로운 교과서가 필요한 시점에 신학교 교육자이자 널리 존경받는 예배학자인 필립스는 다년간의 경험을 통해 중요한 순간에 꼭 필요한 에큐메니컬 자료를 제공했다.

* * *

마크 W. 스탬(Mark W. Stamm) 박사
Perkins School of Theology 기독교 예배학 교수

L. 에드워드 필립스 교수는 예배 패턴의 넓은 (그리고 점점 더 넓어지는) 지형을 바라보면서 "일반적으로 제대로 수행된 것은 제대로 수행되지 않은 것보다 주의를 더 끌 수밖에 없다"고 우리를 상기시킨다. 맞는 말이다. 그러나 그의 주장처럼 탁월성에 대한 일반적인 기준은 없다. 모든 전례군(liturgical family)은 고유한 역사와 신학적 헌신, 영적 목표에 따라 이해되고 평가되어야 한다.

이러한 전제에서 출발한 필립스는 개신교 예배에서 발견되는 여섯 가지 '성격 유형'을 통해 그 역사와 현대 표현을 논의하는 여정으로 우리를 안내한다. 그는 통찰력 있고 충분한 분석과 당신 교회에서 예배가 번성하는 이유(및 때)와 때로는 방향을 잃는 이유를 이해하는 데 도움이 될 수 있는 논의를 제공한다.

E. 바이런(론) 앤더슨(E. Byron [Ron] Anderson) 박사
Garrett-Evangelical Theological Seminary 예배학 교수

이해하기 쉽고 통찰력 있는 이 책을 통해 L. 에드워드 필립스는 여섯 가지 역사적 패턴이 오늘날 개신교 예배에 계속 미치는 영향을 이해하도록 돕는다. 그는 이러한 패턴들에 대해 중립적으로 설명하고, 각 패턴이 추구하는 목적 또는 목표를 이해하는 데 도움을 주고, 각 패턴의 강점과 약점, 성격을 평가하고, 오늘날 주류 개신교의 예배 관행에서 그것들을 찾는다.

또한, 코로나19 팬데믹으로 인한 예배의 급격한 변화에 뒤처지지 않도록 온라인 예배 실행과 교회의 정체성과 사명과 관련하여 제기되는 새로운 질문에 대한 시의적절한 논의를 제공한다. 이러한 패턴에 대한 분석에서 나온 일곱 가지 원리는 목회자들과 다른 예배 리더들이 더 효율적이고 더 신실한 방식으로 예배를 형성하도록 안내할 것이다.

기독교 예배학

예배의 목적, 패턴, 성격

The Purpose, Pattern & Character of Worship
Written by L. Edward Phillips
Translated by Seungkeun Choi

Copyright © 2020 by Abingdon Press
Originally published in English under the title
The Purpose, Pattern & Character of Worship
by Abingdon Press,
2222 Rosa L. Parks Blvd.,
Nashville, TN 37228-1306
All rights reserved.

Translated and Published in arrangement with Abingdon Press
through Riggins Rights Management.
Korean Edition Copyright © 2024 by Christian Literature Center, Seoul, Korea.

기독교 예배학: 예배의 목적, 패턴, 성격

2024년 2월 26일 초판 발행

지 은 이	|	L. 에드워드 필립스
옮 긴 이	|	최승근
편 집	|	전희정
디 자 인	|	서민정
펴 낸 곳	|	(사)기독교문서선교회
등 록	|	제16-25호(1980. 1. 18.)
주 소	|	서울특별시 동대문구 천호대로71길 39
전 화	|	02-586-8761~3(본사) 031-942-8761(영업부)
팩 스	|	02-523-0131(본사) 031-942-8763(영업부)
이 메 일	|	clckor@gmail.com
홈페이지	|	www.clcbook.com
송금계좌	|	기업은행 073-000308-04-020 (사)기독교문서선교회
일련번호	|	2024-15

ISBN 978-89-341-2651-5 (93230)

이 한국어판 저작권은 Riggins Rights Management를 통해 Abingdon Press와 독점 계약한 (사)기독교문서선교회가 소유합니다. 신저작권법에 의하여 한국 내에서 보호받는 저작물이므로 무단 전재와 무단 복제를 금합니다.

목차

추천사 1 **김상구 박사** | 백석대학교 신학대학원 예배학 교수　　1
추천사 2 **김형락 박사** | 서울신학대학교 예배학 교수　　3
추천사 3 **박성환 박사** | 한국성서대학교 실천신학 교수　　5
추천사 4 **안덕원 박사** | 횃불트리니티신학대학원대학교 실천신학 교수　6
추천사 5 **안선희 박사** | 이화여자대학교 기독교학과 교수　　8
추천사 6 **최진봉 박사** | 장로회신학대학교 예배설교학 교수　　10
추천사 7 **브렌다 이트맨 아가호아 박사 외 7인**　　12

저자 서문　　22
역자 서문　　28

제1장 오늘날의 예배　　31
　　　　무슨 일이 일어나고 있는가?

제2장 개신교 예배의 여섯 가지 성격 유형　　50

제3장 동기 부여 기술로서의 예배　　76
　　　　부흥 운동

제4장 교육으로서의 예배　　115
　　　　교회학교

The Purpose, Pattern & Character of Worship

제5장 예배, 예술, 사회계층   153
    미적 예배

제6장 영적 능력과 육체적 환희   191
    오순절 예배

제7장 민주적 예배   224
    기도회

제8장 가톨릭 모델   258
    전례 순서와 깊은 전통

제9장 융합 예배   292
    예전 순서에서의 일치와 불일치

제10장 예배 패턴 온라인   322

결론 좋은 예배란?   337

저자 서문

L. 에드워드 필립스 박사
Candler School of Theology of Emory University 예배학 교수

예배는 가장 널리 알려진 기독교 교회의 행위다. "교회에 간다"는 말은 기본적으로 "예배하러 간다"는 뜻이다. 그러나 그리스도인들이 "예배하러 가서" 하는 것은 현란할 정도로 다양한 패턴, 실행, 스타일을 포괄한다. 교외에 있는 아이티 이민자 감리교 교회와 도시에 있는 백인 성공회 교회는 다른 식으로 예배할 것이다. 복잡한 프로젝션 미디어를 사용하는 대형교회와 작은 시골 교회는 모두 침례교라고 할지라도 다르게 보이고 느껴질 것이다.

기독교 예배학을 가르치는 개신교 신학교 교수로서 내가 고민하는 문제가 바로 이것이다.

교회에서 마주칠 복잡성을 고려할 때, 학생들이 예배를 잘 기획하고 인도하려면 다양한 예배 관행에 대해 무엇을 알아야 할까?

당연히 예배 리더들은 민족의 정체성과 교단의 전통에 대해 이해하고 존중해야 한다. 또한, 그들 회중의 규모와 사회적 위치도 고려해야 한다. 그러나 이러한 중요한 요소들이 모든 다양성을 설명하지는 못한다.

나는 지난 약 2세기 동안에 미국의 기독교 교회가 개신교 교회에 큰 영향을 끼친 여섯 가지 주요 예배 패턴을 발전시켜 왔음을 주장하고자 한다. 대부분 의식하지 못하지만, 이 여섯 가지 모델은 교단과 사회적 위치, 민족과 함께 예배 실행과 순서, 스타일의 중요한 원천이었다. 간략히 말하면, 여섯 가지 모델은 부흥 운동 집회, 교회학교 예배, 미적 예배, 오순절

예배, 기도회, 가톨릭 전례 갱신이다.

　이 패턴들은 특정한 사회적, 종교적 관심사를 다루기 위해 19세기와 20세기 초에 나타났다. 오늘날에도 구도자 예배, 창의적 예배, 전통적 예배, 찬양 예배, 소그룹 예배, 말씀과 식탁 예배라는 약간 수정된 형태로 지속되고 있다. 각 패턴에는 달성하고자 하는 고유한 '텔로스'(목표)가 있고, 그 텔로스를 지지하고 그에 상응하는 고유한 '에토스'(성격 또는 스타일)도 있다.

　이 연구에서 나는 많은 교회가 더 이상 의식하여 기억하지 못하는 역사를 상기시키는 예배의 여섯 가지 패턴에 관해 설명한다. 내가 이 일을 잘 해내면, 당신은 깨닫는 순간을 맞이하게 될 것이다.

　"그래, 그래서 우리가 그렇게 하는구나!"

　나는 예배 관행의 역사적 계보가 예배의 패턴, 목적, 성격에 계속해서 영향을 끼치고 있다는 사실을 보여 주길 원한다. 비록 그 역사는 잊혔지만 말이다.

　나에게는 탁월한 예배 리더십이라는 실질적인 목표도 있다. 내가 설명하는 각 모델은 탁월한 계획과 인도를 위해 고유한 기준을 생성하는, 어느 정도 일관성 있는 실행들이다.

　예를 들면, 교회학교 집회를 잘 인도하는 것은 부흥 운동 집회를 잘 인도하는 것과는 다르다. 즉, 예배를 탁월하게 계획하고 인도하려면, 그 예배가 하기로 되어 있는 것(텔로스)을 알아야 하고 그것에 따라 인도해야 한다. 인도자가 기독교 예배의 본질과 목적에 대해 어떤 신념을 갖고 있든지 간에(그리고 우리 모두에게는 그러한 신념이 있다), 다음의 기본 원리는 피할 수 없다. 일반적으로 제대로 수행된 것은 제대로 수행되지 않은 것보다 주의를 더 끌 수밖에 없다.

　마지막으로, 나는 예배 기획자들과 리더들이 예배 순서 내의 문제를 진단하는 데 도움을 주고 싶다.

당신 예배에서 어떤 예전 요소들은 잘 작동하는데 다른 요소들은 완전히 실패하는 이유는 무엇인가?

예배가 잘 진행되지 않는 까닭은 무엇인가?

회중은 왜 예배 순서에 온전히 참여하지 못하는가?

왜 예배의 특정한 부분은 제대로 인도하기 어려운가?

나는 이러한 문제 중 일부는 교회가 예배 패턴들 사이의 차이를 이해하지 못하고 결합할 때 발생한다고 생각한다. 여섯 모델의 목표와 성격은 서로 다르고 독특해서, 서로에게로 환원될 수 없다. 결정적으로, 내 분석 방법에 따르면, 그것들은 결합할 때 서로 충돌하는 경향이 있다.

위의 예를 계속 들자면, 부흥 운동 집회와 교회학교 집회를 동시에 진행하는 것은 사실상 불가능하다. 목적과 성격의 잠재적 충돌에 주의를 기울이지 않으면, 융합된 예배에는 일관성이 없어질 수 있다.

교회는 융합된 예식의 여러 부분을 여전히 '예배'로 경험할 수도 있다. 모든 요소는 여섯 가지 모델에서 찾을 수 있는 예전 활동의 긴 목록에서 나온 것들이기 때문이다. 그러나 그러한 예배는 흐름이 원활하지 않고, 건강한 교회의 정체성에 필요한 명확한 목적의식을 표현하지 못할 가능성이 크다.

이러한 포괄적인 포부를 품고 책을 쓸 때 사회적 무지와 학문적 억측의 위험을 내포할 수 있음을 고백한다. 나는 학계에 종사하고 있는 65세의 백인 미국인 남성이다. 나의 관점은 내가 주로 섬겨 왔던 백인 중심 교회와 학계의 한계 안에 기반을 두고 있다.

미국 내 다양한 민족 공동체의 목회자들에게 도움이 되길 바라지만, 이 책이 백인 기독교 교회들의 예배 관행에 더 집중할 수밖에 없는 것은 내 관점의 한계 때문이다. 나는 앞으로의 연구에서 나와 비슷한 사회적 위치에 있는 누군가가 그렇게 할 수 있을 정도까지 이러한 한계를 다루고자 한다.

이 책의 원고 작업을 마무리하고 있을 때, 코로나바이러스 팬데믹이 세계를 휩쓸기 시작했다. 그러한 시기에도 역사의 기록은 변하지 않을 수 있지만, 현재에 대한 역사의 의미는 달라진다. 내 프로젝트는 현재에 영향을 끼치고 있는 예배의 역사적 패턴에 관한 것이기 때문에, 미국 전역의 거의 모든 교회가 어쩔 수 없이 수용했던 실시간 및 녹화된 온라인 예배가 어떻게 지금도 지속하고 있는지에 대한 장도 포함할 수 있었다.

온라인 예배가 앞으로 예배의 이해와 실천을 어떻게 형성해 나갈지를 완전히 알기에는 아직 이르지만, 그 영향력은 엄청날 것이라 확신한다. 불과 몇 달 전과 비교하면, 팬데믹 이후의 예배는 별일이 없으면 팬데믹이 지나갔을 때의 예배와는 사뭇 다를 것이다.

그러나 교회가 '온라인'으로 예배하더라도, 그들은 자신이 무의식적으로 행하고 있는 방식을 형성해 온 생각과 실천의 습관을 그 예배로 가져올 것이다.

수년간 나는 멘토, 동료, 학생, 목회자들과 많은 대화를 나눴다. 그래서 앞으로 나올 여러 아이디어 중 일부는 누구로부터 비롯되었는지 정확히 집어내기가 어렵지만, 구름같이 둘러싼 허다한 증인들에게 큰 빚을 졌다는 것은 분명하다.

나의 스승들인 (고인이 된) 제임스 F. 화이트(James F. White), 폴 브래드쇼(Paul Bradshaw), 돈 샐리어즈(Don Saliers)로부터 받은 영향이 모든 페이지에 배여 있다. 짐(Jim, 제임스의 애칭 - 역자주)은 현대 개신교 예배의 풍성함에 대해서, 폴은 고대 예배의 전례 예식의 다양성을 살펴야 하는 중요성에 대해서, 돈은 실례를 통해 예전 수행의 중요성을 가르쳤다. 짐 화이트는 2004년에 작고했다. 이 프로젝트를 마무리하는 지금, 그의 세심한 조언이 그립다.

절친한 친구인 론 앤더슨(Ron Anderson)과 테일러 버튼-에드워즈(Taylor Burton-Edwards)는 오랫동안 예배에 대한 나의 깊은 고민에 귀 기울여 주었고, 이 책을 구체화하는 데 도움을 주었다. 우리 세 사람은 매우 비슷하게 생각하는 경향이 있어서 내가 구성하려는 아이디어를 완성하는 데 도움을 주었다. 아니면 내가 그들의 아이디어를 먼저 사용한 것일지도 모르겠다.

어느 쪽이든 그들의 우정이 없었다면 이 작업을 해낼 수 없었을 것이다.

캔들러신학교(Candler School of Theology)의 많은 동료가 이 프로젝트를 지지했지만, 특히 (지금은 은퇴한) 바버라 데이 밀러(Barbara Day Miller), 칼리아 윌리엄스(Khalia Williams), 지미 애빙톤(Jimmy Abbington)의 도움에 감사한다. 이 세 사람은 내 연구에 그들이 생각하는 것보다 더 많은 도움을 주었다.

나는 또한 현 제자들과 옛 제자들에게 감사한다. 그들은 나에게 좀 더 명확해지도록 다그쳤고, 분석에서 틀렸던 부분을 재고하도록 강요했다. 특히, 매튜 피어스(Matthew Pierce), 라일라 카스트(Layla Karst), 토니 알론소(지금은 동료 교수다), 바이런 래티(Byron Wratee), 아이샤 쉴즈(Ayisha Shields)로부터 많은 것을 배웠다. 내 조교들인 조슈아 힐튼(Joshua Hilton)과 조던 그라시(Jordan Grassi)는 각 장의 초안을 읽고, 인용문을 고쳤고, 많은 각주를 수정해 주었다. 그들의 도움에 감사한다.

전문 편집자이자 컨설턴트인 울리케 거스리(Ulrike Guthrie)는 원고 준비의 마지막 단계까지 나를 인도해 주었다. 그녀의 인도와 격려에 깊이 감사한다. 오랜 기다림 끝에 내 책을 출판해 준 애빙던출판사(Abindon Press)에 감사드린다. 특히, 실제 출판까지 이르도록 지루한 모든 작업을 수행해 준 담당자이자 애빙던 편집자인 코니 스텔라(Connie Stella)에게 감사한다.

마지막으로, 나의 가장 가까운 전문 파트너이자 가장 친한 친구는 내 아내인 사라 웹 필립스(Sara Webb Phillips)다. 우리는 1976년 신학교에 입학하기 며칠 전에 결혼했고, 1981년에 연합감리교회에서 함께 안수를 받았다. 나는 신학교에서 일하게 되었고, 사라는 주로 목사와 설교자, 예배 인도자로 섬겼다. 교구 목사인 사라는 내가 이론의 환상에 빠져 허우적거릴 때, 지역 교회의 현실을 직시하도록 했다. 맨 먼저 그녀에게, 그리고 하나님을 신실하게 섬기며 교회를 이끄는 모든 이에게 이 책을 바친다.

역자 서문

최 승 근 박사
장로회신학대학교 예배설교학 교수

『기독교 예배학: 예배의 목적, 패턴, 성격』은 L. 에드워드 필립스 박사가 오래도록 예배학을 가르치면서 고민했던 질문, "교회에서 마주칠 복잡성을 고려할 때, 학생들이 예배를 잘 기획하고 인도하려면 다양한 예배 관행에 대해 무엇을 알아야 할까"에 대한 나름의 답을 제시한 책이다.

이 책에서 필립스 박사는 오늘날 미국 교회의 예배에서 발견되는 다양성과 복잡성의 원인을 19세기와 20세기 초에 나타나 약간 변형되기는 했지만 지금도 미국 교회에 큰 영향을 끼치고 있는 여섯 가지 예배 패턴에서 찾는다.

그는 교회의 예배를 담당하는 목회자들과 사역자들이 각 패턴이 추구하는 목적과 성격, 목회적 장단점을 제대로 이해할 때, 교회를 위한 더 나은 예배를 기획하고 실행할 수 있음을 설득력 있게 주장한다.

『기독교 예배학: 예배의 목적, 패턴, 성격』은 적어도 세 가지 측면에서 예배를 학문적으로 연구하거나 목회 현장에서 예배를 기획하고 실행하는 이들에게 유익을 주리라 생각한다.

첫째. 역사적 측면으로, 비록 19세기와 20세기 초로 제한되기는 하지만, 미국에서 발생한 여러 형태의 예배에 대해 중요한 역사적인 정보를 제공한다. 인식하든 그렇지 않든, 오늘날 한국의 많은 교회가 실행하는 예배에 가장 큰 영향을 끼친 교회는 미국 교회의 전통들이다. 그러나 아

쉽게도 미국 교회 전통들의 예배 역사를 다룬 연구가 국문으로 비교적 그리 많이 소개되지는 않았던 것 같다. 필립스 박사가 제공하는 미국 교회의 여섯 가지 예배 패턴에 관한 역사적 연구는 그러한 부족함을 어느 정도 채워 줄 수 있을 것이고 본다.

여섯 가지 예배 패턴의 역사에 관한 내용은 한국 교회의 많은 예배가 그 패턴들의 영향을 받아 왔다는 사실을 좀 더 분명하게 알게 하고, 더 나아가 "그래, 그래서 우리가 그렇게 하는구나" 깨닫는 순간, 즉, 좋은 역사 연구가 우리에게 종종 제공하는 순간을 경험하게 될 것이다.

둘째, 신학적 측면에서의 유익이다. 『기독교 예배학: 예배의 목적, 패턴, 성격』은 예배가 추구하는 신학적 목적에 대해 구체적으로 고민하도록 돕는다.

"좋은 예배란 어떤 예배인가?"

필립스 박사는 이 질문에 답은 다양할 수 있다고 말한다. 왜냐하면, 교회마다 추구하는 예배의 목적이 다르고, 좋은 예배는 그 목적을 제대로 달성하는가에 달려 있기 때문이다.

예배의 목적을 물을 때, 많은 그리스도인이 하나님 찬양 또는 영광, 인간 성화라고 답한다. 옳은 답이기는 하지만, 사실 모호하다.

어떻게 하면 하나님께 영광을 돌리는 것이고, 어떻게 변화해야 성화한다고 말할 수 있는 것인가?

이 책에서 설명하는 여섯 가지 패턴은 하나님 찬양과 인간 성화라는 예배의 궁극적인 목적을 성취하기 위해 나름의 구체적인 목표를 추구하고, 그에 맞는 성격의 예배를 상황에 적절하게 실행한 예배 모델들이다.

여섯 가지 패턴이 추구한 목표, 성격 등에 대한 저자의 설명을 접할 때, 지금 내가 속한 교회가 추구하는 예배의 신학적 목적과 성격에 대해 좀 더 구체적으로 고민하게 되고, 그럼으로써 좀 더 "좋은 예배"에 대한 좀 더 실제적이고 분명한 방향성을 갖게 될 것이다.

셋째, 실천적 측면으로, 필립스 박사는 이 책을 통해 예배 기획과 실행, 평가를 위한 좋은 틀을 제시한다. 여섯 가지 패턴은 고유한 목적과 그에 적합한 성격을 갖는다. 그래서 탁월성에 대한 기준이 다르다. 또한, 완전한 예배는 없기에 장점과 약점도 동시에 갖는다.

그러나 많은 교회가 여섯 가지 패턴의 목적, 차이, 장단점 등을 충분히 인식하지 못한 채, 각 패턴의 요소들을 마구잡이로 섞어서 예배를 기획할 때가 많다. 그 결과 자신들이 추구하는 목적과 모순되는 예배를 만들고, 일관성 있는 흐름이 부족하고, 회중의 집중력을 흩뜨리면서 본의 아니게 참여를 방해하는 그리 좋지 않은 예배를 실행하고는 한다.

필립스 박사가 제시하고 설명하는 일곱 가지 원리와 세 가지 관찰 소견은 좀 더 나은 예배를 기획하고 실행하고, 분석하고 평가하는 일에 유익한 지침과 통찰력을 제공하면서, 다음 예배가 지난 예배보다 좀 더 "좋은" 예배가 되도록 도움을 줄 것이라 기대한다.

필립스 박사의 오랜 연구와 경험, 통찰력이 담긴 『기독교 예배학: 예배의 목적, 패턴, 성격』은 예배학을 공부하는 이들이나 현장에서 예배 사역을 담당하는 이들이 꼭 읽었으면 하는 책이다.

좋은 책을 번역하여 한국 독자들에게 소개할 수 있도록 『기독교 예배학: 예배의 목적, 패턴, 성격』의 출간을 위해 수고해 주신 기독교문서선교회(CLC)의 대표 박영호 목사님과 직원들께 깊은 감사를 표한다. 이 책이 한국 교회의 예배가 좀 더 "좋은" 예배가 되는 데 작은 보탬이 되길 바란다.

제1장

오늘날의 예배
무슨 일이 일어나고 있는가?

> "다르시(Darcy)를 말하는 거라면…"
> 그녀의 오빠가 말했다.
> "그냥 잠이나 자면 될 거야. 무도회는 이미 정해져 있어…"
> 그녀가 대답했다.
> "난 무도회를 개선했으면 좋겠어. 다른 방식으로 하면 좋겠다 이거지. 보통 무도회가 진행되는 걸 보면 너무 지루하더라고. 춤 대신 대화 위주로 하면 더 좋을 텐데."
> "물론 그러면 더 이성적이겠지. 그렇지만 그런 걸 무도회라고 부를 수는 없어, 캐롤라인."
>
> 『오만과 편견』
> - 제인 오스틴(Jane Austen)

무대 위에 설치된 세 개의 거대한 스크린에서 카운트다운이 깜박이는 동안, 평상복 차림의 교외 거주자들이 어두운 대형 강당으로 줄지어 들어온다. 어떤 사람들은 한 손엔 커피를 들고 다른 손엔 예배 중 사용되는 섬광효과(스트로보 효과)가 뇌전증을 앓는 사람들에게 위험할 수 있다고 경고하는 전단을 쥐고 있다. 록밴드가 오프닝 송을 위해 무대로 오르면서 카운트다운이 끝나고, 그렇게 그들은 예배를 시작한다.

성경 공부 모임들이 끝나자, 시골 사람들은 밝게 조명이 켜진 예배당으로 들어오면서 다른 수업에 참석했던 사람들과 이제 막 도착한 사람들에게 인사를 건넨다. 반주자가 피아노로 찬송가를 치기 시작하자 대화 소리가 커진다. 설교단에서 평신도 인도자가 정숙을 요구한다.

"지난주에 생일을 맞은 분 있습니까?"

한 사람이 손을 들자 모두가 생일 축하 노래를 부른다. 그렇게 그들은 예배를 시작한다.

도시 한복판에 있는, 스테인드글라스 창을 통해 은은한 빛이 들어오는 교회의 본당으로 사람들이 조용히 들어온다. 오르간 연주자가 전주곡인 바흐의 토카타와 푸가를 연주하는 가운데 소곤대는 소리가 들린다. 오르간 연주자가 개회 찬송가의 운율로 바꿔 연주하자 교인들이 노래를 부르기 위해 일어선다. 가운을 입은 성가대원들이 중앙 통로를 따라 줄지어 행진하고, 행렬 십자가와 봉사자들, 목사들이 그 뒤를 따른다. 그렇게 그들은 예배를 시작한다.

세 개의 서로 다른 회중, 서로 다른 환경, 서로 다른 예배 접근법이다.

어떻게 우리는 이토록 다양한 행사를 모두 '예배'로 이해할 수 있는가? 본질적으로 같은 것들인가?

각각은 분명한 호소력이 있지 않은가?

도시 근교에 있는 교회의 흥분, 시골에 있는 교회의 온정, 도시에 있는 교회의 엄숙과 정숙. 각 예배에는 독특한 스타일과 독특한 성격이 있다. 그리고 다양한 환경의 교회를 방문했던 우리는 위의 짧은 묘사들에서 무언가 익숙한 것을 볼 수 있다. 우리는 이전에 그것들을 봤거나 매우 비슷한 것들을 봤다. 처음엔 다양성으로 인해 놀랄 수 있겠지만, 그것들 안에 있는 똑같은 패턴을 알아차릴 수 있다.

미국 기독교는 수많은 교단과 민족 전통으로 구성되어 있고, 서로 다른 전통에 속한 회중들 사이에서 나타나는 차이를 어느 정도 예상할 수도 있다. 그러나 민족과 교단으로 예배의 다양성을 설명하기에는 불충분하다. 내가 위에서 묘사한 교회들이 같은 교단이나 민족 집단에 속해 있을 수도 있기 때문이다.

우리는 사회적 지역만으로 차이를 설명할 수는 없다. 물론 사회적 지역이 중요한 요인이기는 하지만 말이다. 이러한 예배의 다양한 표현은 교단과 사회적 정체성을 가로지르는 21세기 기독교 예배의 문화적 범위를 보여 준다.

1. 예배의 다양성

예배의 다양성은 21세기 교회를 특징짓지만, 그렇다고 우리 시대만의 독특한 특징은 아니다. 우리는 미국 개신교 교회에서 진화한 예배 실천을 살펴볼 것이지만, 그전에 감리교를 한 실례로 삼아, 한 전통이 예배의 정체성과 차이의 문제로 어떻게 고심하고 있는지 살펴보겠다.

1) 감리교

1784년에 존 웨슬리(John Wesley)는 새롭게 조직된 감리교회에 『공동기도서』(Book of Common Prayer)를 축약한 『주일예배서』(Sunday Service)를 보냈다. 『주일예배서』는 아침과 저녁 기도회, 성찬식, 세례식, 안수식의 자세한 순서를 비롯하여 성서정과와 다양한 예식, 기도문을 담고 있었다.[1]

---

1   John Wesley and Methodist Episcopal Church, *John Wesley's Sunday Service of the Method-*

그러나 『주일예배서』는 기껏해야 가끔 사용되었고, 1791년 존 웨슬리가 사망하고 일 년이 지난 후부터는 아예 사용하지 않았다. 1792년 판 『감리교 장정』(Discipline of the Methodist Episcopal Church)은 '공적 예배'의 내용에 대한 간략한 규정만 담았다.

질문 〉〉〉
주님의 날에 우리 안에서 공적 예배의 통일성을 확립하기 위해 어떤 지침을 받아야 합니까?

답변 〉〉〉
1. 아침 예배는 노래, 기도, 구약성경 한 장과 신약성경 한 장 봉독, 설교로 구성되도록 하십시오.
2. 오후 예배는 노래, 기도, 성경 한두 장 봉독, 설교로 구성되도록 하십시오.
3. 저녁 예배는 노래, 기도, 설교로 구성되도록 하십시오.
4. 그러나 성찬식이 있는 날에는 아침 예배의 신구약 성경 봉독을 생략해도 됩니다.
5. 속회는 안식일에 어디든 가능한 곳에서 만나도록 하십시오.[2]

---

ists in North America, Quarterly Review Reprint Series (Nashville, TN: Quarterly Review, 1984).

2 *Methodist Episcopal Church, The Doctrines and Discipline of the Methodist Episcopal Church in America* (Philadelphia, PA: Printed by Parry Hall, 1824), 40-41. Cited by William Nash Wade, "A History of Public Worship in the Methodist Episcopal Church and Methodist Episcopal Church, South, from 1784 to 1905" (Phd dissertation, University of Notre Dame 1981), 122.

도시 교회의 설교자들은 공적 예배에 대한 지침을 따랐지만, 변방에서 사역하는 설교자들은 미국 변방이라는 선교적 환경에 갇혀서 이러한 간단한 규칙조차도 따르지 않았다. 변방의 설교자들은 새로운 감리교 회원을 모을 수 있는 설교 예배를 언제든 열었고, 주일도 설교를 위한 또 다른 날 정도로만 여길 때가 많았다. 성경 봉독도 선택적이었다.[3]

감리교 교회들 사이에서 나타나는 이러한 주일예배 목회 리더십의 통일성 결여에 대해 일부 감리교 지도자는 점점 더 우려하게 되었고, 1824년 목사파송위원회는 다음과 같은 보고서를 총회에 제출했다.

> 공적 예배와 예식 실행과 관련하여 통일성의 부족이 커 보입니다. 성경 봉독, 주기도문, 축도는 종종 생략됩니다. 그리고 성례전 같은 예식을 실행할 때, 장정에 실린 형식을 사용하는 이들도 있고, 그것을 훼손하는 이들도 있고, 완전히 무시하는 이들도 있습니다.[4]

'생략'된 것에 대한 위의 기술에서, 우리는 순회 목사의 예배가 노래, 즉흥 기도, 설교로 단순하게 구성되고 예배 시간 대부분이 설교에 할애되었음을 추론할 수 있다. 이는 변방 전도를 위해 우연히 생겨난 예배 패턴으로, 순회 설교자들이 변방에 정착한 초보 설교자들에게 그들의 지혜를 전수함으로써 복제됐다. 그들의 예배에서 존 웨슬리의 『주일예배서』의 흔적을 찾아보기는 힘들었는데, 성례전을 실행할 때 장정의 형식을 '완전히 무시한' 설교자들의 예배에서 특히 그랬다.

---

3   Karen B. Westerfield Tucker, *American Methodist Worship* (New York, NY: Oxford University Press, 2001), 9-10.
4   *Journal of General Conference* (1824): 298-99. 이에 대한 논의를 위해서는 Wade, "History of Public Worship," 218-22를 보라.

1824년에 통일성의 문제가 해결되지는 않았다. 그러나 19세기에 많은 사람이 도시로 이동하면서 감리교도들은 점진적으로 변경의 꾸밈없음을 거부하기 시작했다. 카운티(county, 미국의 주 아래의 행정단위 단위 - 역자주) 소재지에 있는 좀 더 큰 교회들은 이전 세대의 감리교도들이 버렸던 전례 실천을 도입하기 시작했고, 이것은 통일성과 관련하여 또 다른 문제를 일으켰다.

1888년 감리교 총회에서 감독 연설을 맡은 감독이 다른 감독들을 대표해서 불만을 토로했다.

> 우리가 '이곳저곳을 여행하다 보면' 교회에서 공적 예배를 어떻게 드려야 하는지 모른다는 사실을 발견하고 당혹스러울 때가 있습니다. 우리는 구경꾼으로서 우리가 할 수 있는 최선을 다해 예배에 참여하거나, 주보를 계속 보며 실수하지 않도록 조심하면서 예배합니다. 해결책은 본질적 특성에서 통일되고 반드시 따라야 하는 공적 예배 형식입니다.[5]

우리가 그 감독에게 그리 연민을 느낄 것 같지는 않다. 왜냐하면, (지금이나 그때나) 가끔 참석하는 감독을 위해 정기적 주일예배를 준비하는 목사나 예배 인도자는 거의 없기 때문이다. 그는 감독제도에 대해 말하고 있었다.

그러나 일반 순회 설교자들도 그처럼 1824년이나 1888년에 제기된 "통일성의 부족"에 대해 걱정했을까?

실제로 교단 지도자들이 공식 성명서에서 '남용'되는 일부 예배 관행에 대해 불평하고, 특히 특정한 관행을 금할 때, 그것은 그 관행이 꽤 만연하

---

5   Methodist Episcopal Church, General Conference, *Journal of the General Conference of The Methodist Episcopal Church* (New York, NY: The Church, 1888): 56-57. Wade, "History of Public Worship," 330-42를 보라.

게 이뤄지고 있었다는 좋은 증거가 된다. 마찬가지로 교단 지도자들이 어떤 실천을 강하게 장려한다는 것은 그 실천이 만족스러울 만큼 충분히 행해지고 있지 않다는 좋은 증거이다.

그렇지 않다면, 왜 지도자들이 굳이 그러한 언급을 했겠는가?

그러나 1824년 총회와 1888년 총회에는 중대한 차이가 있다.

1824년에 보고된 우려는 공적 예배에서 빠진 부분, 즉 구약성경과 신약성경 봉독, 주기도문, 축도에 대한 것이었다. 지도자들은 가장 간소화된 예배에서도 그러한 기독교 예배의 특징들이 포함되어야 한다고 주장했다.

이와는 반대로, 60년 후인 1888년에 감독들은 감리교도들이 **너무나 많은 것**을 포함하기 시작했다고 불평했다. 위에서 언급된 1888년 감독 연설은 이렇게 이어진다.

> 세련된 음악과 응답 독서에 반대하는 것은 아니지만, 그것들이 일반 찬송, 기도, 설교에 필요한 시간을 소모한다면, 그것들은 지루해집니다.[6]

19세기 후반, 감리교도들이 이제 변경이 아닌 마을들에 정착했고, 좀 더 보수적인 감독들은 감리교 예배가 너무 '세련 돼져' 노래, 설교, 기도라는 소박하고 핵심적인 실천에 초점을 덜 맞추게 된 것을 염려하게 되었다.

너무 전통적이지 않아서 걱정이든 너무 전례적이어서 걱정이든 간에, 19세기 감리교도들은 예배의 다양성을 분명하게 보여 주었다. 공식적인 교단 지침은 감리교 예배의 일부 내용만을 다뤘다. 감리교 예배의 관행이 다양하고 예배의 순서와 스타일이 제멋대로인 것처럼 보이는 이유는, 회중이나 목회자가 역사적 기준이나 패턴 없이 그들만의 방식을 사용했기

---

6   *Journal of General Conference* (1888): 57.

때문이라고 생각할 수 있다.

이는 잘못된 결론이다.

2. 패턴화된 다양성: 예배의 성격

위의 역사적 사례 연구가 보여 주듯이, 감리교도들은 하나의 인식 가능한 예배 형식만을 갖고 있지 않다. 그러나 이것은 패턴이 부족해서가 아니다. 우리의 연구가 장로교회, 침례교회, 회중교회로 확장되면, 우리는 이러한 미국 교단들이 감리교회처럼 인식할 수 있는 몇 가지 예배의 역사적 패턴을 지니고 있다는 사실을 알게 될 것이다.

그러나 많은 목사와 교인은 그것들을 패턴으로 인식하지 못한다. 패턴은 예배 리더들과 교인들이 예배를 기획하고 예배에 참여할 때마다 암시적인 기대로서 존재한다. 회중에게는 패턴이 있다. 단지 그 사실을 깨닫지 못할 뿐이다.

이 책은 미국 개신교 교회들의 예배에 내재하는 패턴들을 인식할 수 있도록 돕는다. 내가 이러한 패턴들을 말하기 위해 사용하는 메타포는 성격(character)이다. 사람의 경우처럼, 예배의 성격은 세상에 존재하는 독특한 특징, 스타일, 방식을 나타낸다.

이에 더해, 우리는 각 개인의 독특한 개성으로 '성격 유형'을 알 수 있다. 우리는 '아버지의 성격'이나 '어머니의 성격'을 언급할 수 있고, 그것이 의미하는 바도 암묵적으로 안다. 우리는 '특정한 지도자의 성격'이나 '특정한 군인의 성격'에 대해서 말한다. 모든 지도자나 군인, 아버지나 어머니가 자신의 역할을 각기 다른 방식으로 수행하지만, 우리는 지도자, 군인, 아버지, 어머니가 반드시 성취해야 하는 목적으로부터 도출되는 어떤 패턴을 식별할 수 있다.

마찬가지로 예배에도 성격이 있다. 예배에도 독특한 특징과 스타일, 패턴이 있기 때문이다. 예배는 참여자들에게 예배의 능력을 경험하도록 하는 강한 성격을 가질 수 있다. 아니면 예배는 참여자들이 예배를 사소한 것으로 경험하도록 이끄는 약한 성격을 가질 수 있다.

나는 교직에 오래 있으면서 수많은 교회의 예배 평가서들을 읽어 왔다. 그중 예배에 목적이 너무 분명하다고 불평했던 사람은 하나도 없었다. 반면에 예배가 부적절하거나 일관되지 않다는 불만은 많이 받아 왔다. 부적절하거나 일관되지 않은 예배를 의도하는 사람은 분명히 하나도 없을 것이다.

우리는 목적이 있고 집중시키는 예배를 원한다. 우리는 강한 성격을 가진 예배를 열망한다. 나는 이 책을 읽는 독자들이 강한 성격의 예배를 갈망한다고 기대하고 있다.

이어지는 내용 중 상당 부분이 교회에서 일어나는 예배를 설명하겠지만, 내가 단순히 예배 실천과 패턴의 성격을 설명하는 데만 관심을 두는 것은 아니다. 설명으로는 충분하지 않기 때문이다. 예배는 성격적으로 결함이 있고, 진정성이 부족하고, 실천과 목적이 일치하지 않는 장소가 될 수 있다(그리고 거의 항상 그렇다).

지혜롭고 신실한 예배 기획자는 이러한 성격 결함을 다루길 원할 것이고, 이를 위해서는 설명 이상의 작업을 필요로 할 것이다. 즉, 평가를 요구할 것이다.

더욱이 기독교 예배가 항상 최고로 중요하다면, 나는 예배 리더들과 기획자들, 교인들이 실천과 목표 사이의 일관성 이상을 추구할 필요가 있다고 주장하고자 한다. 모든 목표가 동등한 가치를 지닌 것은 아니기에 이는 또 다른 단계의 평가를 요구할 것이다. 강하고 일관된 성격만으로는 충분하지 않다. 우리는 **좋은** 성격을 얻기 위해서도 노력해야 한다.

나는 이 책에서 회중 예배를 계획하는 목회자들과 예배팀들에 도움이 되는 방법론적 원리들을 제시한다. 이 원리들이 목회자와 리더들이 교회의 예배를 비평적으로 평가할 수 있도록 준비시켜, 예배가 온전한 성격을 갖고, 좀 더 일관되고, 좀 더 주의를 끌 수밖에 없고, 무엇보다 복음에 좀 더 충실하게 되기를 바란다.

3. 예배의 성격을 이해하는 원리들

1) 모든 예배는 패턴을 따른다

알아볼 수 있는 패턴이 없으면 우리는 우리의 행동을 비즈니스 회의나 브리지(카드 게임의 일종 – 역자주) 클럽이 아닌 예배로 인식할 수 없을 것이다. 확실한 패턴을 따르지 않는 예배를 상상하는 것이 논리적으로 가능하지만, 실제 현장에서 교인들은 예배를 위해 모인 다음에 앞으로 무엇을 해야 할지 생각하지 않는다.

마찬가지로 예배 기획자들도 백지상태에서 시작하지 않는다. 정기적 예배에서의 성경 사용이나 모임의 시간과 장소 등, 교인들이 인정하는 일종의 구조가 없다면 오래 가지 못한다. 성령의 역사를 기다리는 '프로그램화되지 않은' 수단을 사용하는 전형적인 퀘이커교의 예배에도 특정한 규칙에 따라 특정한 시간에 침묵으로 모이도록 만드는 매우 구조화된 패턴이 있다.

몇 년 전, 나는 한 캠퍼스 사역의 현장에서 이러한 원리를 분명하게 보여 주는 비과학적인 실험을 했던 적이 있다. 이 캠퍼스 사역의 예배는 이동식 낭독대, 성찬대, 접이식 의자가 반원형으로 줄지어 놓인 다목적실에서 진행됐다. 예배를 인도했어야 하는 어느 일요일 아침에, 나는 일부러 모든 의자와 가구를 다목적실 이곳저곳에 아무렇게나 놓아두었다.

사람들이 도착하기 시작했을 때, 나는 그들에게 좌석 배치를 따로 하지 않을 것이라고 알려 주었다. 대신에 그들이 원하는 곳에 자유롭게 앉고 마음대로 가구를 배치하라고 안내했다.

한 명, 두 명씩, 학생들이 예배를 위해 의자와 가구를 옮기기 시작했는데, 엉성하지만 우리가 늘 배치했던 대로 의자들을 놓았고, 성찬대와 낭독대, 좌석 방향은 거의 정확하게 일치했다. 그렇게 하려는 의도는 없었지만(심지어 그렇게 된 것에 낙담했지만), 우리는 기존의 좌석 패턴을 따랐다.

2) 예배의 패턴은 두 층에서 작동된다: 예전 단위(liturgical unit)와 매크로 패턴(macro-pattern)

매크로 패턴은 여러 개의 예전 단위로 구성되고, 대개 표준화된 순서로 배치된다. 예전 단위는 특정한 형식과 내용이 있는 예전 활동의 블록이다.[7] 예를 들어, 많은 교회는 성경 봉독 뒤에 설교로 이어지는 예전 단위를 갖고 있다.

성경 봉독

설교/메시지

위의 단순한 패턴에 대한 이처럼 간결한 표현은 너무 명백해서 진부하게 들릴지도 모른다. 그러나 이 단순한 패턴은 매우 견고하고 유연하며,

---

7 나는 전례학의 비교 전례 학파에서 "예전 단위"라는 개념을 가져왔다. 예전 단위의 비교 방법론이나 분석론에 대해서는 Robert Taft, S.J., "The Structural Analysis of Liturgical Units: An Essay in Methodology," in *Beyond East & West: Problems in Liturgical Understanding* (Washington, DC: The Pastoral Press, 1984), 151-64를 참조하라.

매우 다양한 방식으로 확장된다.

어떤 교회는 성경 봉독을 한 번이나 여러 번 할 수 있다. 대개 설교는 한 번뿐이지만, 일부 교회에서는, 내가 출석했던 교회에서 최근에 목사가 설교하고 평신도 하나가 '개인 간증'을 했던 것처럼, 한 명 이상의 연설자가 교인들에게 연설할 것이다.

일반적으로 예전 단위는 설교를 봉독과 분리하는 여러 예전 활동을 포함한다. 다음은 가능한 한 가지 방식이다.

구약성경 봉독
시편
서신서 봉독
어린이 설교
복음 환호송/성가대 찬양/찬송
복음서 봉독
찬송
설교

또는 좀 더 '현대적' 방식으로 보면 다음과 같다.

성경 봉독
봉독한 내용을 예를 들어 설명하는 짧은 연극
메시지

설교를 가끔 생략하는 교회들도 있다. 그러나 설교가 생략될 때는 연극, 여러 음악 작품(예를 들어, 성탄절이나 부활절 칸타타), 긴 침묵과 같은 것들이 거의 항상 그 자리를 대신한다. 다시 말해, 기본 패턴은 남아 있다.

우리는 설교 중간중간에 성경 봉독이 들어가는 예들은 볼 수 있지만, 성경 봉독이 없거나 설교 후에 성경 봉독하는 예배는 거의 찾아볼 수 없을 것이다.

예전 단위가 어떻게 기능하는지에 대해 앞으로 더 자세히 논하겠지만, 지금은 예전 단위를 매크로 패턴의 구성 요소로 인식하는 것이 중요하다. 매크로 패턴은 예배의 전체 구조를 포함한다.

예배 순서는 어떻게 시작되고, 예전 단위들을 어떻게 배치하고, 어떻게 마치는가?

앞에서 언급했듯이, **매크로 패턴은 대개 쉽게 알아볼 수 있는 순서로 배치되는 별개의 예전 단위들로 구성된다.** 오늘날 매크로 패턴을 묘사할 때 가장 널리 사용되는 표현은 '전통적 예배'와 '현대적 예배'이다. 나중에 설명하겠지만 적절한 표현은 아니다. 그러나 이 둘은 매크로 패턴들 사이의 몇 가지 중요한 차이를 말할 때 도움이 된다.

위에서 예로 든 성경 봉독-설교 예전 단위에서, 우리는 어떤 것이 전통적 예배에 더 익숙하고(복음 환호송/복음서 봉독/찬송/설교), 어떤 것이 현대적 예배에 더 적합한지(봉독한 내용을 예로 들어 설명하는 짧은 드라마/노래/메시지) 쉽게 인식할 수 있을 것이다.

지금까지 나는 특정한 순차적 순서로 배열된 말과 행동의 예들을 보여주었다. 순차적 순서는 매크로 패턴의 특징이다. 그러나 많은 특징 중 하나에 불과하다. 사실 일부 매크로 패턴의 경우, 예전 단위들의 순차적 순서는 다른 요인들보다 덜 중요하다. 이러한 다른 요인들에는 환경과 미학(예술, 음악, 건축), 예배 참여를 특징짓는 감정이 포함된다.

회중 예배는 가끔이 아닌 규칙적으로 반복되는 실행이기에 일단 특정한 매크로 패턴이 확립되면 큰 변화 없이 계속되는 경향이 있다. 패턴으로서, 매크로 패턴은 예배 인도자나 참여자의 의식적 인식을 요구하지 않는 일종의 '디폴트 상태'(기본 상태)로서 기능한다.[8] 분명 매크로 패턴은 진화한다.

그러나 강한 성격의 소유자가 회중의 예배 생활을 장악하지 않는 한 진화는 천천히 진행되는 경향이 있다. 적지 않은 열정적인 예배 리더들이 실패한 예배 개혁으로부터 배운 것이 있다. 교회의 예배 순서에 무언가(예전 단위)를 더하는 게 무언가를 빼거나 매크로 패턴을 완전히 바꾸는 것보다 덜 위험하다는 것이다.

3) 예배의 매크로 패턴에는 달성하고자 하는 텔로스(목표)가 있다

역사적으로 예배 패턴은 교회 생활에 대한 어떤 염려 때문에 만들어진다. 즉, 교회에 부족하거나 교회가 제대로 하지 못하는 무언가를 해결해 내기 위해 생긴다. 16세기 종교개혁 당시 유럽의 그리스도인들은 교회 교육을 개혁할 뿐 아니라, 특히 설교, 성례전, 자국어 사용 등 예배에 관한 여러 관심사를 다룸으로써 교회의 문제를 해결하고자 했다.

종교개혁자들은 이러한 관심사가 반영된 예배의 새로운 패턴을 만들었다. 예배 패턴의 모든 변화가 16세기에 일어났던 것처럼 엄청난 것은 아니지만, 그 원리들은 여전히 적용된다. 전통적 형식의 예배를 거부한 구도자 예배의 급부상은 이 원리를 보여 주는 좋은 예이다. 구도자 예배의 텔로스는 '교회에 나가지 않는 이들'(unchurched)과의 접촉이다. 구도자 예배가 고심하는 문제는 교회에 나가지 않는 이들이 '전통적' 교회에 관심

---

[8] 나는 여기서 사회학자 Pierre Bourdieu의 '아비투스'(habitus) 개념을 염두에 두고 있다. Bourdieu는 아비투스를 "지속적이고, 치환이 가능한 성향의 체계, 구조를 구조화하도록 기능하게 만드는 구조화된 구조, 즉, 목적을 의식적으로 지향하거나 목적을 달성하는 데 필요한 조작의 명시적 숙달을 전제하지 않고도 그 결과에 객관적으로 적응할 수 있는 관행과 표현을 생성하고 조직하는 원리"로 정의한다. *The Logic of Practice*, trans. Richard Nice (Standford, CA: Stanford University Press, 1990), 53을 참조하라.

을 보이지 않는다는 것이다.

물론 예배는 하나님을 섬기는 일을 일차적인 목표로 삼는다. 가톨릭교회의 『거룩한 전례에 대한 헌장』(Constitution on the Sacred Liturgy)은 예배의 목적이 "그리스도 안에서의 인간 성화와 하나님 찬양"[9]이라고 선포한다. 나는 이에 대한 논란의 여지는 전혀 없다고 본다. 그러나 예배는 비록 부차적이라고 해도 다른 여러 중요한 목적, 예를 들어, 교회에 나가지 않는 이들과의 접촉, 인간 공동체의 필요, 집단 정체성 형성, 삶의 문제 직면, 기독교 덕목에 대한 교육 등에 도움이 된다.[10]

내가 앞으로 묘사할 다양한 예배 패턴들에는 하나님을 섬기고 인간을 성화하는 특정한 접근법의 원인이 되는 독특한 텔로스가 있다.

4) 매크로 패턴에는 특정한 텔로스에 부합하는 특정한 에토스, '성격' 또는 우리가 때로 '스타일'이라고 부르는 것이 있다

예배 패턴의 독특한 텔로스는 교회에서 특정한 문제를 다루는 일에 더해, 회중을 지배하는 하나님에 대한 개념과 연결될 것이고, 회중은 그 개념에 부합하는 예배의 수행을 기대할 것이다.

---

9   The Consitution on the Sacred Liturgy 10 (1963), http://www.vatican.va/archive/hist_councils/ii_vatican_council/documents/vat-ii_const_19631204_sacrosanctum-concilium_en.html, 2011년 7월 5일 접속.

10 예배학자인 Lester Ruth가 보여 주었듯이, 예배의 모든 순서는 하나님의 현존을 매개하고자 한다. 그러나 어떤 교회들은 '우주적 이야기'를 통해 표현되는 하나님의 초월성을 강조하고, 다른 교회들은 '개인적 이야기'를 말함으로써 하나님의 내재성을 강조할 것이다. Ruth는 이어서 다양한 교회의 예배가 주로 음악을 통해서, 말씀 낭독과 설교를 통해서, 또는 주의 만찬을 통해서 하나님의 현존을 어떻게 매개하는지도 보여 준다. "A Rose by Any Other Name," in *The Conviction of Things Not Seen: Worship and Ministry in the 21st Century*, ed. Todd E. Johnson (Grand Rapids, MI: Brazos, 2002), 47 이하를 참조하라.

사회학자 마크 차베스(Mark Chaves)는 『미국의 교회들』(Congregations in America)이라는 연구에서 린 스미스 로빈(Lynn Smith Lovin)과 윌리엄 더글러스(William Douglass)의 연구를 인용하며 이를 강조한다.

> [로빈과 더글러스]는 신자들이 그들 자신과 하나님을 어떻게 이해하는가에 대한 정보만을 활용하여 두 교회의 예배 내용을 정확하게 예측한다. 하나님을 지극히 선하고, 활동적이고, 강하신 분으로 여기는 교회의 예배는 비형식적이고 개인적일 것이라 예상되었다. 하나님이 신자들을 '만족시키려고' 애쓰시는 동안에 그들은 하나님께 '손뼉을 치면서' 그분을 '기쁘게 해 드린다.' 하나님을 그리 활동적이지 않고, 그리 강하지 않은 분으로 이해하는 교회의 신자들은 하나님께 '손뼉을 치며' '기쁘게 해 드리기'보다는 그분과 '이야기하고' 그분을 '흠모한다.' 그리고 하나님은 회중을 '만족시키거나' '좋아하기'보다는 '상담하고' '안심시키실' 것으로 예측된다.
>
> 이러한 예측은 사람들이 자신과 타인에 관한 생각에 따라 행동하고 그에 따라 대인 상호 작용이 형성된다는 사회-심리학적 이론에 근거한 컴퓨터 알고리즘에 의해 만들어졌다.[11]

다시 말해서, 교회가 하나님을 우주의 창조자와 통치자로 이해하면, 그들은 좀 더 고상한 언어와 행동을 통해 그러한 이해에 부합하는 예배를 원할 것이다. 만약 회중이 하나님을 가까운 친구로 생각한다면, 그들은 좀 더 개인적이고, 일상적인 대화와 행동을 기대할 것이다. 이것이 바로 내가 말하는 예배의 특정한 '에토스' 또는 성격이다.

좀 사소한 단어로 들릴 수도 있지만, 우리는 이것을 '스타일'로도 생각할 수 있다. 예배의 에토스에 사소한 것은 없다. 회중의 깊은 신학과 직접

---

[11] Mark Chaves, *Congregations in America* (Cambridge, MA: Harvard University Press, 2004), 140.

연결되기 때문이다.

예배는 하나님에 대해 배우는 주요한 방법이기 때문에, 예배의 에토스는 우리가 하나님을 이해하는 방식을 표현하고 형성한다. 그러나 예배가 하나님에 대해 배우는 유일한 방법은 아니다. 우리는 가족과 친구, 다양한 사회 기관, 텔레비전, 즐겨 듣는 음악을 포함한 세상의 모든 종류의 상호 작용을 통해 하나님에 대해 배운다.

우리의 예배 참여가 일주일에 두 시간 정도로 제한된다면, 하나님에 대한 우리의 이해를 형성하는 데 강력한 힘을 발휘하지 않을 것 같다. 그런데도, 우리는 하나님에 대해 이미 알고 있는 것(또는 알고 있다고 생각하는 것)을 확인토록 하는 예배를 원한다는 차베스의 주장이 옳다면, 세상에서 교회를 그리스도의 몸으로 형성하는 일이 기독교 예배의 텔로스라고 이해하는 나 같은 사람들에게는 많은 문제를 제기한다. 예배의 에토스는 아주 중요하다. 내용과 스타일은 하찮은 것들이 아니다.

예배 패턴의 텔로스와 에토스의 일관성을 이해하는 또 다른 방법은 그것들을 게임 규칙처럼 생각하는 것이다. 오늘날 많은 신학자는 종교의 신앙 체계를 언어 게임처럼 논의한다. 교회의 교리는 게임 규칙처럼 자기의 진행 체계에만 근거를 둔다.

예를 들어, 야구의 내야 플라이기 아웃인 것에 보편적인 이유는 없다. 그 규칙은 야구라는 게임에서만 유의미하고, 야구를 축구와 구별되는 게임으로 만드는 다른 모든 규칙과 관련된다.

축구에는 내야 플라이라는 규칙이 없다. 축구에서 내야 플라이는 아무런 의미가 없다. 마찬가지로 모든 인간 공동체가, 기독교 신앙 체계를 떠나서는, 성경을 경전으로 여기고, 설교하거나 찬송을 부르거나 세례를 베풀거나 예수의 이름으로 빵을 찢어야 하는 보편적인 이유는 없다. 우리는 이러한 규칙들을 실천하고 가르치는 교회에 참석함으로써 그것들을 배운다.

야구, 농구, 미식축구와 같은 팀 스포츠의 궁극적인 텔로스는 운동 능력과 전략을 공정하게 사용하면서 다른 팀을 이기는 것이다. 내가 언급한 세 개의 스포츠는 모두 팀 협력을 요구하고 특정한 공을 사용한다. 그러나 그것이 특정 스포츠에 대해 많은 것을 말해 주지는 않는다. 야구는 홈을 밟음으로써 승리한다. 농구에서는 선수들이 바스켓에 공을 넣어야 한다. 미식축구에서는 터치다운과 필드골로 시합을 이긴다.

각 스포츠는 다른 유형의 '운동장'을 사용한다. 그리고 각 스포츠에서는 경기에 출전할 수 있는 선수의 숫자와 역할도 다르다. 모자, 헬멧, 모자를 아예 쓰지 않는 것, 스파이크 운동화나 미끄럼 방지용 밑창을 붙인 운동화, 패드, 글러브 등 유니폼들도 꽤 다르다.

그리고 이미 언급했듯이, 각 스포츠는 특정한 게임 체계 안에서만 유의미한 별개의 규칙들을 가지고 있다. 세 스포츠는 승리라는 궁극적인 텔로스는 공유하지만, 홈을 밟거나 바스켓에 공을 넣거나 터치다운을 하는, 매우 다른 스타일과 경기 과정을 통해 승리를 달성한다.

마찬가지로 예배 패턴들은 하나님 찬양과 인간 성화라는 궁극적인 텔로스를 공유한다. 그러나 이것이 예배 패턴들에 대해 많은 것을 알려 주지는 않는다. 각 패턴에는 특정한 텔로스를 성취하기 위해 특유의 실행 규칙들, 심지어는 복장 규정과 건축양식도 있다.

예배에서 텔로스와 에토스의 일관성이 매크로 단계에서만 기능하는 것은 아니다. 매크로 패턴을 구성하는 예전 단위들도 전반적인 텔로스와 에토스에 관여한다. 매크로 패턴은 조직 체계로서 텔로스와 에토스에 부합하는 예전 요소의 단위들을 모을 것이다. 예전 단위들이 매크로 패턴에 부합할 때, 예배 순서는 일관성을 갖게 될 것이다(그리고 그렇게 '느껴질' 것이다).

그러나 특정한 예전 단위가 매크로 패턴 안에서 제대로 작동하지 않으면, 그것은 텔로스를 파괴할 수 있다. 유감스럽게도, 예전 단위는 부적절해도 예배 순서에서 자리를 차지할 수 있다. 그러나 그렇게 되면, 그 예전 단위는 텔로스를 파괴할 뿐 아니라 전반적인 에토스와도 충돌하고, '성격 결함'이 될 것이다. 다음 장에서 이 부분을 더 논하겠다.

[예배의 성격을 이해하는 방법의 첫 네 가지 원리]

1. 모든 예배는 패턴을 따른다.
2. 예배 패턴은 두 층에서 작동한다: 예전 단위와 매크로 패턴. 매크로 패턴은 여러 개의 예전 단위로 구성되고, 대개 표준화된 순서로 배치된다.
3. 예배의 매크로 패턴에는 달성하고자 하는 텔로스(목표)가 있다.
4. 각 매크로 패턴에는 특정한 텔로스에 부합하는 특정한 에토스(성격 또는 스타일)가 있다.

우리는 이제 가장 중요한 메타포인 성격으로 돌아간다. 각 교회의 독특한 예배 성격은 인식 가능한 유형을 가진다. 마치 야구의 성격이 축구의 성격과 다르듯이 말이다. 우리가 성격 결함을 파악하기 위해서는 예배의 성격 유형을 이해하는 것이 필수적이다.

좀 더 구체적으로 논하기 위해서, 다음 장에서는 우리가 미국의 개신교 예배에서 발견하는 예배의 여섯 가지 성격 유형을 전반적으로 다루겠다.

제2장

개신교 예배의 여섯 가지 성격 유형

> 의례를 실행하는 자들은 그들의 실행을 구성하는 모든 행동과 발언을 구체적으로 명시하지 않는다. 그들은 다른 이들이 확립했거나 확립된 것으로 받아들였던 순서를 거의 정확하게 따른다.
>
> 『인류를 만든 의례와 종교』(*Ritual and Religion in the Making of Humanity*)[1]
> - 로이 라파포트(Roy Rappaport)

내가 지금까지 설명한 원리들은 예배의 세 가지 중요한 특징인 패턴, 텔로스, 에토스를 다룬다.

패턴은 예배의 순서로, 예배의 전체적인 형태(매크로 패턴)와 예전 요소의 특정한 블록들(예전 단위들)의 순서 모두를 뜻한다.

텔로스는 구도자 접촉이나 신자 형성처럼 패턴이 달성하려는 목표, 추구하는 '목적'이다.

에토스는 (친밀성이나 열정 같은) 패턴의 성격으로, 텔로스에 이상적으로 꼭 맞는 패턴의 분명한 특징 또는 스타일이다.

---

1   Roy Rappaport, *Ritual and Religion in the Making of Humanity* (Cambridge, UK: Cambridge University Press, 1999), 32.

예배의 성격은 각 교회의 특정한 예배 전통마다 다르지만, 다양한 교회에서 발견될 수 있는 텔로스/에토스의 전형적인 매크로 패턴, 즉 '성격 유형'과 같은 것도 보여 준다. 원리 2에 따르면, 예배 순서는 예전 단위들로 구성된 매크로 패턴인데, 이 원리는 예배의 성격 유형에도 적용된다. 예배의 성격 유형에는 독특한 매크로 패턴과 예전 단위들이 있다.

예배의 성격 유형을 분류하는 일반적인 방법은 '전통적 예배'와 '현대적 예배'로 분류하는 것이다.[2] 이 분류법은 어느 정도 유용하고, 나도 제1장에서 사용했다. '전통적 예배/현대적 예배' 이분법의 문제는 역사적 변천이나 현재 관행에서 나타나는 다양성을 충분하게 구분하지 못한다는 데 있다.[3] 따라서 나는 지금까지 말했던 원리들을 확장하는 관찰 소견을 제안하고자 한다.

관찰 소견 A: 미국 개신교 예배에는 여섯 가지 주요한 성격 유형이 존재한다.

나는 이것을 원리라기보다는 관찰 소견이라고 말하는데, 내가 지금까지 열거했던 원리들처럼 보편적으로 적용될 수 있는 건 아니기 때문이다. 이 여섯 가지 성격 유형은 보편적이라기보다는 지난 2세기 동안 미국 교

---

2 예배 유형을 '전통적'과 '현대적'으로 구분하는 분류법은 매우 널리 퍼진 분류법이다. 연합감리교회의 *Call to Action Report*(2010)도 아무런 단서도 붙이지 않고 이 분류법을 사용했다. http://www.umc.org/who-we-are/call-to-action. 2018년 9월 6일에 접속.
3 Robb Redman은 네 가지 중요한 '예배의 새로운 방식'을 말하는데, 구도자 집회, 경배와 찬양 운동, 현대 예배 음악 산업, 전례 갱신 운동이다. *The Great Worship Awakening: Sining a New Song in the Postmodern Church* (San Francisco, CA: Jossey-Bass, 2002), 3-92을 보라. 내가 큰 신세를 진 James F. White는 여전히 영향을 끼치는 개신교 예배의 적어도 9가지 패턴을 확인한다. *Protestant Worship: Traditions in Transition* (Louisville, KY: Westminster John Knox, 1989)를 보라.

회의 특정한 역사 속에서 생겨난 것들이다.[4]

여섯 가지 성격 유형은 부흥 운동 집회(Revival Meeting), 교회학교 예배(Sunday School Worship), 미적 예배(Aesthetic Worship), 오순절 예배(Pentecostal Worship), 기도회(Prayer Meeting), 가톨릭 전례 갱신(Catholic Liturgical Renewal)이다.[5]

19세기와 20세기 초에 역사적 뿌리를 두고 있는 이 유형들은 조금씩 변형된 형태로 지금까지 이어지고 있다. 부흥 운동 집회의 오늘날 형태는 구도자 예배이다. 교회학교 예배는 1960년대에 시작된 창의적 예배 운동의 선도자다. 오순절 운동은 찬양 예배를 낳았고, 미적 예배 운동은 오늘날 우리가 일반적으로 전통적 예배라고 부르는 것이다. 기도회의 친밀감은 오늘날 가정교회/소그룹 패턴의 근간이 된다. 가톨릭 전례 갱신 패턴은 종종 말씀과 식탁으로 불린다.

다음은 예배의 여섯 가지 유형에 관한 간략한 설명이다.

1. 부흥 운동 집회

부흥 운동 집회는 특히 미국 남부에 사는 나이 든 개신교도들에게 친숙할 것이다. 많은 사람이 '구식' 교회를 생각할 때 떠오르는 것이 바로 부흥 운동 집회다. 그러나 부흥 운동 집회는 사실 그리 오래되지 않았다.

교회 역사에는 여러 종류의 부흥 운동이 있었지만, 여기서 내가 말하는 부흥 운동 패턴은 제2차 대각성 운동이 일어난 19세기 초에 생겨난 것으

---

[4] 미국에서 이민자 그리스도인들의 인구수는 많아지고 있다. 따라서 미국 교회의 예전 목록에 다른 패턴들이 추가되고 있을지도 모른다.

[5] 선교 활동과 현대 정보통신 기술로 인해, 이러한 패턴들은 전 세계에 영향력을 끼칠지도 모른다. 그러나 본 연구는 미국 내의 교회들에 초점을 맞출 것이다.

로, 21세기 미국 교회에도 계속해서 그 영향력을 행사하고 있다.

부흥 운동 패턴은 다음과 같다.

1) 준비단계

'청중' 환영, 찬송가 부르기, 회심을 경험했던 한두 사람의 간증, 찬양 인도자와 부흥사 소개 등이 포함된다.

(일부 미국 남부 교회 건물에는 지금도 왕좌 같은 커다란 의자 세 개가 강단 위에 놓여 있다. 나는 이러한 세 개의 의자가 있는 교회에서 자랐고, 어렸을 때는 그것들이 삼위 하나님, 즉 성부, 성자, 성령을 상징한다고 생각했다. 덧붙여 말하자면, 이것은 예배자들에게서 흔히 나타나는 경향을 보여 주는 예시다. 우리는 예배에서 하는 일이 갖는 본래의 의미와 목적을 모르면 그에 대한 신학적인 설명을 만들어 내는 경향이 있다. 그러나 세 개의 의자는 원래 삼위 하나님을 상징하는 것이 아니었고, 아무도 내게 그렇다고 말하지도 않았다. 집회에 예배 리더들, 즉 목사, 찬양 인도자, 부흥사를 위한 세 개의 의자가 필요했을 뿐이었다.)[6]

2) 준비단계는 '메시지'로 이어졌다

'설교'가 아닌 '메시지'인 것에 주목하라. 이 용어는 중요한데, 메시지를 전달했던 설교자와 그 메시지를 받았던 (주로 청중으로 여겨진) 회중의 관계를 설정했기 때문이다.

일반적인 부흥 운동 집회에서 메시지는 목사가 아닌 부흥사가 전달했다. 부흥사는 감정적으로 효과적인 메시지를 전달하는 '전문가'였다. 부

---

[6] 이에 대해 바로 알도록 가르쳐 준 나의 사랑하는 선생님, James White에게 감사드린다.

흥 운동 집회의 메시지에는 (아마도 부흥사의 메시지를 통해) 회심을 경험했거나 그리스도를 만나 신앙이 깊어진 사람들의 이야기가 담겨 있었다.

3) 메시지가 끝나면, '제단 초청'이 있었다

부흥사는 그리스도께 마음을 드림으로써, 또는 하나님을 향한 첫사랑을 잃었거나 헌신을 '저버렸다면' 스스로 재헌신함으로써, 결단하거나 응답하라는 강력한 초청으로 메시지를 마무리했다.

회중이 감동적인 노래를 부르는 가운데 부흥사는 계속해서 사람들에게 응답하라고 요청했다(때로는 간청하거나 위협했다!). 새로운 회심자들이나 신앙을 버렸던 자들은 강단 앞이나 제단 난간으로 나와서 무릎을 꿇고 그리스도께 마음을 바쳤다.

앞에서 말했듯이, 많은 독자에게 친숙하게 들리는 이야기일 것이다. 텔레비전에서 빌리 그레이엄 전도 집회를 봤던 사람들은 이 패턴을 잘 알 것이다. 나는 1960년대에 테네시주의 작은 마을에서 자랐고, 내가 다녔던 작은 연합감리교회는 지금도 매해 부흥 집회를 연다. 젊은 시절엔 설교도 몇 번 했다.

부흥 운동 집회의 '텔로스' 또는 목표는 회심으로, 사람들을 하나님과의 구원의 관계로 인도하는 것이었다. 이를 위해 수사적 기술이 필요했기에, 부흥 운동 예배의 '에토스' 또는 성격은 효율적 기술을 통한 감정적 효과와 연극성이었다. 그래서 부흥 운동 집회는 전문가들(초청 찬양 인도자와 예배를 이끄는 부흥사)을 고용했다. 부흥 운동 집회는 사람들이 예수 그리스도께 마음을 바치도록 분위기를 조성해야 한다고 생각하고, 이를 최대한 효과적으로 수행하기 위해서 전문가들을 고용한다.

부흥 운동 집회의 현대적 형태는 구도자 예배이다. 구도자 예배 역시 '전문' 인도자를 강조하고 우수한 기술을 활용하여 사람들로 그리스도께 응답하도록 만드는 예배이다. '구도자'는 기독교에 대해서는 꽤 궁금해하면서도 교회에는 별다른 관심이 없는, 교회에 나가지 않는 사람이다.

구도자 예배는 전통적 교회와는 많이 달라 보인다. 교회에 나가지 않는 사람들(특히, 베이비붐 세대 사람들)은 전통적 교회 건축양식과 언어, 상징에 끌리는 사람들이 아니기 때문이다. 오히려 구도자 예배는 프로젝션 스크린, 전자 악기를 사용하는 밴드, 대중음악 스타일, 전문가 수준의 가수들과 연주자들, 짧은 드라마, 매우 기초적이고, 개인적으로 참여토록 하는 설교를 사용한다.

그러나 많은 구도자 예배는 '제단 초청'을 덜 심각하게 다루는 경향을 보인다. 구도자들이 그러한 강매 전략을 좋아하지 않는 경향이 있어서다. 구도자 예배는 "그리스도께 당신의 마음을 드리십시오"라는 초청으로 마치기보다는, 다음 주에 다시 오라거나 방문자 키오스크에서 교회가 제공하는 서비스를 확인해 보라는 초청으로 마친다. 그래도 기본적인 패턴은 부흥 운동 패턴과 같다. 즉, 준비단계, 메시지, 자세한 내용을 알아보라는 열린 초청.

2. 교회학교 예배

19세기 초, 부흥 운동이 활기를 띠던 거의 비슷한 시기에 교회학교 운동도 미국 개신교도들의 관심을 사로잡고 있었다. 최초의 교회학교들은 어린이 교육에 초점을 맞췄고, 교실이라는 환경을 생각해 냈다.

19세기 중반쯤에는, 교회학교가 교실 학습 외에도 예배 행위가 포함된 전체 집회도 했다. 교회학교 예배 집회의 패턴은 부흥 운동 집회의 준비단계처럼 느슨했지만, 거의 항상 다음의 요소들을 포함했다.

1) 개회 활동

〈예수 사랑하심은〉과 같은 교훈을 주는 노래 부르기와 합창을 포함했는데, 행진이나 율동이 수반되곤 했다. 일반적으로, 경건하게 책을 읽거나, 다 함께 암송하는 것, 또는 성경 일과나 시편을 교독하는 것도 포함되었다.

2) 오늘의 주제

개회 활동은 가족이나 금주, 애국심 같은 하나의 주제에 초점을 맞췄다.

3) 광고

교회학교는 곧 있을 행사를 어린이들에게 알려 주는 장소였다. 광고에서 중요한 것은 새 친구 환영과 출석 확인, (적어도 일 년에 한 번) 개(정)근상 시상이었다.

4) 선교를 위한 모금

처음부터 교회학교는 국내외 선교사업의 중요성을 강조했다.

5) 해산과 축도

어린이들은 분반 공부를 위해 보내졌다. 교회학교가 아침에 열려 분반 공부를 먼저 했다면, 회중 예배에 참석하러 갔다.

이것들이 교회학교 집회의 기본 요소들이었다. 이 요소들의 순차적 순서가 부흥 운동 집회의 전체 순서만큼 의미 있는 것은 아니었지만, 매크로 패턴은 그 중심 관심사에서 분명했다.

교회학교 예배의 '텔로스'는 그리스도인의 성품 함양 또는 기독교 시민 형성이라고 말할 수 있다. 초기 교회학교 프로그램의 많은 부분에는 시민의 의무라는 강력한 요소들이 포함되어 있었기 때문이다. 부흥 운동이 감정적 효과를 통해 회심을 추구했다면, 교회학교는 아이들에게 신앙과 시민의 의무를 일깨워 주는 교훈을 가르치고 실습하게 함으로써 개인의 회심을 추구했다.

교회학교 예배의 '에토스'는 교훈적이었다. 즉, 교육적이고 '매우' 참여적이었다. 부흥 운동이 사람들의 감정을 노렸다면, 교회학교는 몸과 마음을 교육하는 것을 목표로 삼았다. 부흥 운동 집회는 사람들을 느끼도록 했다. 교회학교는 아이들이(그리고 결국에는 성인들이) 생각하고 행동하게 했다. 교회학교 집회의 구성원들은 청중이라기보다 팀이었다.

아이들은 〈믿는 사람들은 주의 군사니〉(Onward Christian Soldiers) 같은 노래를 부르면서 방 안을 행진했고, 그다음에는 교독문을 읽거나 기억 활동으로 사도신경을 암송했다.

전문가들이 아닌 평신도들이 교회학교를 이끌었다는 사실은 매우 중요하다. (매우 중요한 역할인) 교장과 교사들은 교인들이었다. 20세기 초에 일부 대형교회가 교육 전문 사역자들을 두었지만, 그 중심은 여전히 평신도와 평신도 리더십에 있었다. 이에 더해, 교회학교 집회는 매우 장황하고 때로는 약간 유치해 보이기도 했다. 아마도 교회학교가 성인보다는 아이들을 위한 교육으로 시작했기 때문에 그런 것 같다.

오늘날에 상응하는 예배는 내가 창의적 예배라고 부르는 것이다.[7] 창의적 예배는 1970년대와 1980년대에 많은 신학교가 장려했던 예배 스타일이다. 창의적 예배는 주제-지향적이고(교회학교 패턴의 "오늘의 주제"에서 왔다), 인쇄된 현대적 고백 기도문, 교독문, 또는 예배로 부름이 포함된, 매우 장황한 예배다. '예배 자료'(예를 들어, 특별 절기 자료)라는 개념은 교회학교 전통에서 비롯된다. 창의적 예배의 교훈적인 특성은 전형적인 예배로 부름이 잘 보여 준다.

> **인도자**: "안녕하세요?"
> **응답**: "안녕하세요?"
> **인도자**: "우리는 이곳에 왜 모였습니까?"
> **응답**: "우리의 하나님을 예배하기 위해 모였습니다."

3. 미적 예배

미국 역사에서 개척 시대가 막을 내려가면서 많은 개신교 교회의 지도자들은 예배 환경에서의 예의 바름과 예술에 관심을 두게 되었다. 그들은 고딕 복고양식으로 교회 건물을 지었고, 성공회 기도서를 각색한 아침 기도서의 골자와 용어를 거의 그대로 따른 예배 순서를 사용하기 시작했다. 나는 이 패턴을 '미적 예배'라고 부른다.[8]

---

[7] '창의적 예배'라는 표현은 1970년대의 예배에 관한 여러 책과 논문들 제목에 등장했다.
[8] 나는 당시의 미국 예배를 "심미주의"(aestheticism)로 표현한 White로부터 이 용어를 가져왔다.

미적 예배를 인식할 수 있게 하는 주된 요소는 '입당송'(introit)과 '송영'(doxology) 같은 좀 더 형식적으로 들리는 단어의 사용인데, 역사적으로 형식을 덜 갖춘 예배를 했던 교회들이 이러한 용어들을 사용할 때 더욱 두드러졌다.

다음은 미적 예배 순서의 한 예를 보여 준다.

오르간 전주: 클래식 음악 작품이다.

행렬 성가: 가운을 입은 성가대가 중앙 통로를 따라 성가대석으로 이동한다.

입당송 또는 예배로 부름: 회중이 인쇄된 응답송을 부르는 것을 포함한다.

고백의 기도: 회중이 합심하여 기도문을 낭독한다.

성가: 성가대가 부른다.

기도: 목사가 목회 기도를 드린다.

성경 봉독: 설교를 위한 성경 본문 봉독.

송영: 회중이 〈만복의 근원 하나님〉을 부른다.

신앙고백: 회중이 전통적 신조나 현대적 신앙의 확언을 합심하여 읽는다.

글로리아 파트리(영광송): 이것으로 신앙고백 낭송을 마친다.

봉헌: 헌금위원들이 헌금을 걷어 제단에 놓는다.

찬송: 이것은 예배의 전반부를 끝내고 설교로 이행시킨다.

설교: '메시지'가 아니라 '설교'인 것이 주목하라.

축도: 목사가 하는 것으로, 축복이기보다 마침 기도일 수 있다.

퇴장송: 성가대가 성가대석으로부터 나와 이동한다.

오르간 후주: 또 다른 클래식 오르간 음악 작품이다.[9]

---

9   조금 각색한 이 순서는 Von Ogden Vogt, *Art and Religion* (New Haven, CT: Yale University Press, 1921)에서 가져왔다. Vogt는 미적 예배 운동에서 중요한 인물이었다.

위의 예배 순서가 앞선 예들과 비교할 때 얼마나 더 상세하고 잘 짜였는지에 주목하라. 이 예배 순서가 고딕 복고양식 교회 건물에서 사용되는 것을 상상해 보라. 그 예배 순서는 이야기의 일부만 전해 준다.

그 시작부터 미적 예배의 '텔로스'는 예배자들을 문화적으로 더 세련된 사람들이 영적으로 더 민감해지도록 형성하는 것이었다. 이를 위해 미적 예배는 (대중, 민간 예술보다는) 순수 예술과 좀 더 격식을 차린 언어를 사용했다.

따라서 미적 예배의 '에토스'는 주로 유럽 전통에서 비롯된 고급예술과 언어를 사용하는 특정 형태의 심미주의였다. 여기에는 가운을 입은 성가대, 가운을 입은 성직자, 좀 더 형식적으로 들리는 기도, 절제된 감정이 있다.

이 패턴에서 개신교도들에게 중요한 것은 '메시지'가 아닌 '설교'의 존재인데, 여러 개의 예전 하위-단위들에 의해 성경 봉독과 분리되었다. 또 다른 표지는 '봉헌'으로, 성경 봉독과 설교를 분리하는 예전 단위들 사이에 있었다. (모금과는 대조적으로) 봉헌은 개신교도들이 소박한 성찬대를 고딕 양식의 제단으로 교체하여 사용하기 시작했을 때 개신교 예배로 들어왔다.

분명히 말하지만, 내가 '미적'이라는 표현을 쓸 때는 예배에서의 예술을 단정적으로 말하는 것이 아니고, 미적 예배 패턴만이 예술에 관심을 두거나 그래야 한다고 말하는 것도 아니다. 그러나 나는 이 패턴을 특징 짓는 미학이 예술, 즉, 유럽 전통에서도 특히 중세와 바로크 시대의 순수 예술과 건축양식을 계층의 신호로 편협하게 이해했다고 생각한다.

20세기 중반쯤에 미적 예배는 미국 전역의 도시와 카운티 소재지에서 중도 개신교 교회들의 지배적 모델이 되었다. 좀 더 문어적인 예배용어와 유럽식 찬송가, 순수 예술 미학의 사용은 오늘날 사람들이 전통적 예배에 대해 말할 때 일반적으로 뜻하는 것들이다. 그러나 이 패턴의 '전통'은 아이러니하게도 1세기밖에 되지 않는다.

4. 오순절 예배

오순절 운동은 20세기 초에 그 전형적인 형태를 갖췄고, 세계 기독교에서 계속 성장하고 있다.[10] 이런 형태의 기독교는 몸을 움직이게 만드는 매우 리듬감 있는 노래를 활기차게 부르는, 유달리 참여적 예배를 탄생시켰다.

오순절 예배는 마음과 정신이 연결되어 있다는 아프리카의 인식을 기독교에 가져온 아프리카계 미국인 교회들에 그 뿌리를 둔다.

오순절 예배의 선도자에는 영으로 죽임당하기(slain in the spirit), 뛰기, 춤추기, 짓기 등과 같은 다양한 행위를 포함한 변경 캠프 모임도 포함된다. 오순절 예배는 영적 환희와 몸을 강하게 연결한다. 어떤 면에서 오순절 예배는 교회학교 예배와 함께 몸에 초점을 맞췄다. 그러나 오순절 예배가 훨씬 더 표현적이고, 훨씬 덜 통제적이었다.

초기 오순절 운동의 중심은 삶의 모든 것처럼 예배도 성령 운동에 열려 있어야 한다는 믿음이었다. 그래서 오순절파 사람들은 대개 고정된 순서라는 개념에 저항했다. 따라서 오순절 예배에서 즉흥성은 중요했다. 그렇다고 완전히 예측할 수 없었다는 말은 아니다. 재즈의 즉흥 연주처럼, 오순절 예배는 특정하게 정해진 관습 안에서 자유스러웠다.

오순절 예배의 일반적 순서는 20세기 초 이래로 크게 바뀌지 않았다. 대략 다음의 패턴을 따른다.

---

[10] Philip Jenkins, *The Next Christendom: The Coming of Global Christianity* (Oxford, UK: Oxford University Press, 2002), 7-8.

1) 경배와 찬양

오순절 예배는 많은 노래를 포함하는데, 대부분 찬양 노래들이다. 찬양대나 밴드, 한 명의 보컬리스트가 인도하더라도, 회중은 노래를 거의 늘 함께 불렀다. 게다가 노래는 경배와 찬양 부분이 끝날 때까지 여러 곡이 중단 없이 차례로 이어진다.

2) 기도와 예언

노래가 끝나면서 회중은 기도에 참여한다. (대개가 그렇지만) 목사나 다른 인도자가 큰 소리로 기도하더라도, 회중은 손을 들거나, 무릎을 꿇거나, 울거나, 하늘을 올려다보거나, 다른 몸짓을 하면서 함께 기도할 것이다. 기도가 잠잠해지면, 회중의 누군가가 성령의 감동하심을 받아 회중에게 '예언 말씀'이나 즉흥 메시지를 전달할 수 있다.

3) 메시지

설교자는 즉흥적으로 (즉, 성령의 인도를 받아) 회중에게 말하고 회중은 "아멘"을 외치면서 참여한다. 메시지가 예배의 마지막 부분으로 속도감 있게 매끄럽게 흘러가면서 회중의 반응은 점점 커지고, 좀 더 표현적인 몸짓을 수반하기 시작한다.

4) 제단 초청

오순절 예배에서 제단 초청은 크게 열려 있다. 사람들은 회심의 필요성부터 도고 기도 요청에 이르기까지, 온갖 종류의 문제를 가지고 앞으로 나아온다.

표면적으로 오순절 예배의 순서는 부흥 운동 예배처럼 보인다. 그러나 큰 차이가 있다.

첫째, 부흥 운동 집회는 제단 초청 전까지 상대적으로 참여가 덜 요구되는 청중으로 회중을 대하지만, 오순절 예배는 시작부터 회중의 온전한 참여를 요구한다.

둘째, 부흥 운동 집회는 회심에 집중하지만, 오순절 예배는 일반적으로 '성령 세례'라고 불리는 것으로까지 밀어붙인다. '성령 세례'에 대한 개념은 뒤에서 논하겠다.

오순절 예배의 '텔로스'는 감정적 환희와 일체감을 동반하는 하나님과의 영적 연합이다. 신자와 하나님과의 친밀함에 초점을 두는데, 이러한 친밀함을 표현하는 주된 방식은 찬양이다.

오순절 예배의 '에토스'는 구현된 환희로, 자기를 성령께 맡기는 육체적 경험, 찰스 웨슬리의 찬송가 가사를 인용하자면 "경이와 사랑, 찬양에 빠지는" 것이다. 사실, 감리교 내의 성결 전통은 현대 오순절 운동의 근원 중 하나이다.

찬양 예배는 오순절 예배의 좀 더 부드러운 최근 형태다. 표면적으로 찬양 예배는 구도자 예배와 유사하고, 둘은 유사한 음악 스타일 때문에 현대적 예배라는 범주로 함께 묶이곤 한다.

그러나 자세히 살펴보면 상당히 다르다. 예를 들어, 구도자 예배는 대개 노래하라고 강하게 요구하지 않는다. 반면에 찬양 예배는 의례에 좀 더 활기차게 참여하라고 요구하면서 사람들에게 손을 들거나 힘차게 노래하라고 격려한다. 구도자나 초신자에게 찬양 예배는 조금 부담될 수 있다.

5. 기도회

　기도회는 19세기 개신교도 생활의 중요한 특징이었다. 매일 기도는 많은 영국계 미국인 기독교 가정에서 통상적인 일이었다. 부모들은 성경 읽기, 쉬운 찬송가 외워서 부르기, 고백과 감사, 내일을 위한 복의 간구를 포함한 즉흥 기도로 구성되는 저녁 "예배"(devotion)에서 자녀들을 인도했다. 이러한 모임의 가정적인 측면은 교회 내에서의 기도 모임으로까지 이어졌다.

　아프리카계 미국인 그리스도인들의 기도회는 매우 다른 기원과 강렬함을 갖고 있었다. 노예들은 농장주들의 통제에서 벗어나 멀리 떨어진 '조용한 은신처'(hush habor)나 '덤불로 덮인 정자'(brush arbor)에 몰래 모여 전통적인 아프리카식 예배 관행인 노래와 춤, 성경과의 그룹 대화를 혼합했다. 조용한 은신처와 백인 그리스도인들의 모임 모두에서 설교자는 성경을 묵상한 내용이나 설교를 전달했을 것이다. 그러나 이러한 모임의 주된 목적은 설교가 아니라 그룹 대화와 기도였다.

　19세기 초의 전형적 기도회는 다음과 같은 형태를 가졌다.

　　모임.: 참여자들은 편하게 서로에게 인사했다.
　　한 곡 또는 여러 곡(찬송가 또는 영가)의 노래: 노래들은 신앙적 내용을 담고 부르기 쉬운 것, 즉 교리적 내용보다는 대중 신앙에 호소하는 것으로 선택되었다.
　　성경 봉독: 봉독할 성경 본문은 대개 짧았다.
　　간증과/이나 설교: 목사나 평신도 인도자는 종종 봉독한 성경 구절에 대해 묵상한 내용으로 간증을 시작했다. 그러나 주된 초점은 다른 참여자들이 간증하거나 반응을 보이도록 격려하는 것이었다. 간증에는 개인을 향한 하나님의 선하심을 경험한 개인적 이야기들과 때로는 죄에 대한 고백과 회개의 내용, 기도 요청이 포함되었다.

즉흥 기도: 예배 인도자가 기도했지만, 다른 사람들도 함께 소리를 내어 기도하도록 격려받았다. 참여자들을 돌아가면서 리더십을 가졌다.

폐회 노래: 마치는 찬송가나 영가를 불렀는데, 대개 외워서 했다.

기도회는 '경험 많은' 그리스도인들과 새롭게 발견한 신앙에 대한 열정을 나눌 수 있는 기회에 고마워하는 근래에 회심한 신자들 모두에게 개인적 이야기를 진지하게 나눌 수 있는 매우 인기 있는 시간이었다.

기도회의 '텔로스'는 하나님 앞에서의 평등이었다. 하나님과의 친밀함은 서로를 돕는 공동체 안에서 동료 신자들과의 친밀함에 상응했다. 기도회에서 나누는 간증들은 신앙, 유혹에 대한 승리, 하나님과 이웃을 사랑하는 감정에 대한 개인적인 이야기와 삶에서 경험한 하나님의 능력에 대한 생생한 이야기였다. 이러한 간증들은 강력한 그룹 경험을 제공했다.

기도회의 '에토스'는 친밀함을 통한 심리적인 솔직함으로, 공동체 환경에서 난처해질 수도 있는 개인의 삶의 측면을 나누는 것이 포함된다. 공동 예배에서 개인적인 정보를 공유하는 것은 기도회가 개신교 예배에 새롭게 이바지한 부분이다.[11]

기도회는 19세기 후반에 인기가 시들해졌지만, 20세기 후반부에 그 개념이 수련회, 소그룹 모임, 가정교회 운동에서 다시 나타나고 있다. 개신교의 많은 작은 교회에서 우리는 간증 시간의 잔재를 '기쁨과 염려를 나누는' 예전 단위에서 발견할 수 있다.

---

11 18세기와 19세기의 감리교 애찬식(Love Feast)은 기도회의 개인적 나눔 시간을 이용했다. 실제로, 애찬식은 여러 측면에서 기도회의 확대된 형태였다.

6. 가톨릭 전례 갱신

여섯 번째 패턴인 가톨릭 전례 갱신은 19세기 영국의 옥스퍼드와 케임브리지 운동에서 선례를 찾을 수 있지만, 형태를 갖추기 시작한 것은 20세기 초였다.

가톨릭 전례 갱신은 소위 『히폴리투스의 사도전승』(230~400년경. 그러나 그 연대에 대해선 뜨겁게 논쟁하고 있다)과 같은 몇몇 중요한 초기 기독교 예전 문헌들이 발견됨으로써 촉진되었고, 교회 역사가들과 예배학자들로 초기 기독교의 다른 알려진 예전 문헌들을 다시 살펴보도록 했다. 가톨릭 전례 갱신 운동은 주일예배에 말씀과 식탁 순서가 있었던 기독교 예전의 고대 형태를 회복하고자 했다.[12]

물론, 개신교도들은 예배에 항상 설교를 포함했지만, 1970년 후반경에 교회의 초기 역사에서 주의 만찬은 기독교 예배에서 일상적이고 필수적인 부분이었다는 인식이 퍼지고 있었다. 결과적으로, 많은 주류 개신교 교회가 예배서와 찬송가를 개정했던 20세기 후반에, 새롭게 만들어진 책들은 주의 만찬을 강조했고, 말씀과 식탁은 주일예배에서 일반적 순서가 되었다.

기본적인 말씀과 식탁 패턴은 다음과 같이 명료하다.

> 말씀
> 식탁

그러나 이것은 좀 더 자세하게 묘사될 수 있다.

---

[12] 개신교도들에게 가장 영향력 있는 책은 그레고리 딕스(Gregory Dix)의 *The Shape of the Liturgy*일 것이다. 1945년에 초판이 출판되었고, 여전히 출판 중이다(New York, NY: Continuum, 2007).

1) 말씀

사람들의 모임: 모임은 여는 기도로 마친다.

구약성경과 신약성경 봉독: 이 단위는 봉독들 사이에서 찬송가의 기능을 하는 시편 한편을 포함한다.

설교: 하나님의 말씀 봉독은 바로 설교나 말씀 선포로 이어진다.

회중 기도: 회중은 세상을 위해 간구한다.

평화의 입맞춤: 회중은 그리스도 안에서 형제와 자매로서 영적 연합을 확증하는 표시로 서로에게 입맞춘다. 참고로 이것은 친구 간의 의례가 아니라 가족 간의 의례다.

2) 식탁

봉헌:. 식탁 부분의 순서는 교회의 구제 사역을 위한 (돈 같은) 자원을 모은 것과 더불어 주의 만찬을 위한 빵과 포도주를 봉헌하는 것으로 시작한다.

대감사/성찬 기도: 이것은 주의 만찬을 봉헌하는 기도문으로, 적어도 4세기까지 거슬러 올라가는 고대의 구조를 가졌다. 기도문은 삼위일체적 송영과 회중의 "아멘"으로 마무리된다.

신자들의 교제: 모든 신실한 자들은 떡과 포도주를 먹고 마신다.

해산: 회중은 세상에서 그리스도의 제자들로 살아가도록 세상으로 보내진다. 본의 아니게 참여하지 못한 이들에게 빵과 포도주를 보낸다.

가톨릭 전례 갱신 운동은 이러한 순서에서 종교개혁의 분열뿐 아니라 서방교회와 동방교회의 분열을 초월하는 삶과 예배의 유기적 일체를 보았다.

말씀과 식탁 패턴의 '텔로스'는 예배하는 회중을 그리스도의 역사적 및 우주적 몸과 연합시켜 세상의 구원을 위해 세상 안에서 그리스도로서 섬길 수 있도록 하는 것이다. 교회의 초창기로 거슬러 올라가는 역사적 양식을 사용하는 것은 이러한 연합을 표현한다.

'에토스'는 내가 '우주적' 또는 '보편적'이라고 부르는 것으로, 교회 역사 전체에 걸쳐 일관되게 나타난 예배와 기도의 패턴을 사용하여, 예배자들이 보편적 교회의 위대한 찬양에 참여할 수 있도록 특정 교회들과 목회 지도자 개개인의 개인주의와 특이한 스타일을 억제하는 경향이 있다.

위에서 언급했듯이, 말씀과 식탁 패턴은 서방의 많은 주류 개신교 교회에서 사용하는 예배서에서 볼 수 있는 것이다. 또한, 이 순서는 전 세계의 모든 역사적 교회(가톨릭교회, 정교회, 개신교 교회) 사이에서 대체로 유사하다.

분명히 말하지만, 나는 여기서 개신교 교단들의 **공식** 예배서에 실린 순서들만을 언급하고 있다. 미국의 주류 개신교 교회 중에서 그들의 예배서에 실린 공식 순서를 꼭 따라야 하는 교회는 거의 없다. 연합감리교회를 예로 들면, 소속 교회들은 교단에서 승인한 예배 순서를 단편적으로 사용하거나 심지어는 무시하기도 한다.

이들 부흥 운동 집회, 교회학교 예배, 미적 예배, 오순절 예배, 기도회, 가톨릭 전례 갱신이 오늘날 미국의 개신교 교회들의 예배에서 나타나는 여섯 가지 주요한 성격 유형이다. 교회들에 영향을 끼치는 다른 패턴들 중에는 다양한 민족 집단에서 비롯된 패턴들이나 특정한 지역에서 발생했지만 널리 퍼지지 못한 패턴들도 있을 것이다.

퀘이커 예배와 같은 다른 성격 유형들은 긴 역사를 갖고 있지만, 많은 교회에 특별한 영향력을 끼치지는 못했다. 그 밖의 다른 여러 매크로 패턴들의 존재와 영향력을 무시하지 않지만, 나는 위에서 설명된 여섯 가지가 미국의 기독교 예배에 압도적 영향력을 끼쳤다고 조심스레 주장한다.

19세기에서 20세기 초 유형	텔로스	에토스	현재 형태
부흥 운동	회심	감정적으로 효과적/ 기술적으로 효율적/연극적	구도자 예배
교회학교 예배	그리스도인의 성품/ 시민의 자질	교훈적	창의적 예배
오순절 예배	영적 연합	체화된/ 황홀경의/열정적	찬양 예배
미적 예배	세련된 영성	고급예술 미학적	전통적 예배
기도회	하나님 앞에서의 평등	개인적으로 친밀한	공유 그룹/ 가정교회
가톨릭 전례 갱신	그리스도 안에서의 참여	보편적	말씀과 식탁

이러한 각각의 예배 성격 유형에는 독특하고, 식별할 수 있는 텔로스와 에토스가 있다. 이에 더해, 원리 2에 따르면, 각 성격 유형은 예배의 예전 단위들로 구성된 매크로 패턴이고, 그 단위들은 매크로 패턴의 텔로스와 에토스를 돕는다.

실제로 나는 성격 유형이 (매크로 패턴으로서) 그것을 구성하는 예전 단위들에 본질적 성격을 제공해야 한다고 제안한다. 그렇지만 이것은 내가 지금 목록에 추가하고자 하는 다음의 원리로 인해 복잡해진다.

원리 5: 예전 단위는 이동이 가능한 예전 활동 블록이다

예배 순서에서 예전 단위는 예전 행동의 상대적으로 독립된 블록이기 때문에, 그것이 생겨난 매크로 패턴에서 벗어날 수 있다. 그렇기는 하지

만 예전 단위는 그 본래의 매크로 패턴의 DNA, 즉 텔로스와 에토스의 상당 부분을 계속해서 지니고 있을 것이다.

헌금은 이 원리를 하나의 예로 잘 보여 준다. 역사적으로 예배에서 돈을 모으는 것은 초기 교회에서 주로 주의 만찬을 위해 빵과 포도주를 바치는 일반적인 봉헌의 일부로 시작되었다. 종교개혁 시대 당시 많은 개신교 교회들이 매주 성찬식을 중단했을 때, 돈을 모으는 행위가 여전히 설교 다음에 왔을지 몰라도, 성찬을 위해 빵과 포도주를 바치는 일은 봉헌에 더 이상 포함되지 않았다.

19세기 부흥 운동 패턴에서 설교는 예배 후반부에 있었고, 마지막 순서인 제단 초청으로 바로 이어졌다. 돈 의례는 예배의 준비단계 부분으로 옮겨졌고, '모금'(collection)으로 불렸다. 성찬 봉헌과 관련이 있다는 인식이 더 이상 남지 않았기 때문이다.

그러나 20세기 초에 이르렀을 때, 미적 예배 패턴의 영향으로 돈을 모으는 행위에 '봉헌'이라는 명칭이 다시 붙게 되었고, 대부분 개신교 예배에서 가장 의례화된 순간 중 하나가 되었다. 간단히 말하면, 돈 의례가 다양한 변형을 거치기는 했어도, 하나님께 중요한 제물을 바치는 의례라는 원래의 DNA 중 일부는 계속 가지고 있었고, 결국 이러한 특성은 20세기에 다시 나타났다.

예전 단위들의 이동 가능성은 두 번째 소견을 낳는다.

관찰 소견 B: 일반적으로, 텔로스/에토스의 패턴들은 현대 실천에서 융합된다

이것은 소견이지 원리가 아니다. 나중에 보여 주겠지만 패턴들을 융합하게 만드는 것은 없기 때문이다. 그러나 많은 개신교 교회들이 정해진 예배 순서를 따르도록 요구받지 않는다는 사실을 고려하면, 목회자들

과 리더들이 예배 순서를 준비할 때 사용하는 자원은 임시방편적인 경향이 있다.

자원에는 교단에서 만든 책들뿐 아니라 리더들이 다른 (종종 다양한 교단이나 전통의) 교회들에서 가져온 패턴들과 예전 자료도 포함된다. 자원들은 또한 책이나 기사, 온라인 자료 형태로 된 여러 비공식 자료에서 얻은 것일 수도 있다.

모든 예배는 패턴을 사용한다(원리 1). 그러나 목회자들과 예배 리더들이 원단만으로 패턴을 만들어 낼 수 있는 경우는 거의 없을 것이다. 패턴들은 거의 항상 리더들의 창의적인 상상력이 아닌 다른 곳에서 비롯된다.

나는 위에서 설명된 여섯 가지 패턴이 지배적 패러다임으로 작용할 수 있다고 제안한다. **회중이나 예배 리더들은 그것들을 패러다임으로 인식하지 못할 때가 많지만 말이다.** 그래서 예전 자료 출판사들이 그것들을 인정하지 않을 때도 많다. 오히려 여섯 가지 패러다임을 구성하는 예전 단위들 모두는 개신교 예배에서 사용될 수 있는 예전 단위들의 차별화되지 않는 목록을 구성하게 된다.

앞으로 보여 주겠지만, 예배 기획자들과 교회들은 (대개 수년 혹은 수십 년에 걸쳐) 이러한 예전 단위들의 목록으로 예배 순서를 구성하지만, 그 예전 단위들의 기반이 된 패러다임은 인식하지 못한다.

예를 들어, 어떤 교회는 다음의 순서로 된 일련의 단위들로 예배를 시작할 수 있다.

오르간 전주: 클래식 오르간 음악 작품.

성가대 입당송: 시편 한 구절에 붙인 합창곡.

환영: 목사는 회중을 환영하고 방문자에게 인사한다.

친교 의례: 대부분이 그리스도의 평화를 언급하기보다 실제로는 악수하면서 "안녕하세요", "반갑습니다" 인사를 주고받을지라도, 목사는 사람들에게 그리스도의

평화를 나누라고 말한다.

예배로 부름: 목사는 교인들에게 마무리할 것을 요구한 후 주보에 실린 응답 부분을 읽도록 요청한다.

목사: "우리는 이곳에 모여 하나님을 찬양하기 위해 여러 곳에서 왔습니다."
회중: "우리는 집에서, 일터에서, 학교에서, 소란스러운 장소에서 왔습니다. 우리는 하나님께 집중하기 위해 왔습니다."
목사: "우리의 마음과 뜻을 우리의 창조주 하나님께 돌립시다."
회중: "아멘! 하나님은 우리와 함께 계십니다!"

경배와 찬양의 노래: 두 개의 찬양 노래(하나는 현대적인 찬양 노래, 다른 하나는 찬송가에 있는 찬양의 찬송)가 스크린에 비친다.

이와 같은 순서는 하나의 패러다임에 들어맞지 않는다. 오히려 네 개의 서로 다른 역사적 패턴에서 유래한 예전 단위들을 포함한다. 오르간 전주와 성가대 입당송은 미적 예배 모델에서 비롯된다. 환영과 친교 의례는 교회학교 모델에서 비롯된다. "그리스도의 평화"를 나누라는 목사의 지시는 전례 갱신 모델에서 비롯된다.

예배로 부름은 교회학교/창의적 예배 모델에서 비롯된다. (연속으로) 두 개의 찬양 노래를 부르는 것은 오순절 모델의 여는 찬양 노래를 응용한 것이다.

만일 교회가 그런 순서를 수년 동안 사용했다면, 그들에게는 예배를 시작하는 적절한 방식으로 보일 수 있을 것이다. 왜냐하면, 그들에게 익숙하기 때문이다. 여러 개의 역사적인 매크로 패턴들을 융합한 순서가 교회의 현 상황이 될 수 있음에도 불구하고, 나는 또 하나의 방법론적 원리를 제시하고자 한다.

원리 6: 서로 다른 패턴의 텔로스/에토스는 서로 교환될 수 없고 결합 시 충돌하는 경향이 있다.

위의 예에서, 전주와 성가대 입당송의 '에토스'는 격식을 갖춘 고전 예술이다. 격식에 얽매이지 않은 환영과 친교 예식은 자연스럽고, 따뜻하고, 상호적이다. 예배로 부름은 매우 교훈적이고 도발적이어서, 사람들은 이러한 어색한 문구를 소리 내 읽을 때 불편함을 느낄 수 있다.

이렇게 되면 예배자들은 뒤에 이어지는 활기차고 열광적인 찬양 노래들에 마음을 온전히 집중할 수 없게 될 것이다. 회중은 이 순서가 익숙하다고 생각할 수 있다. 심지어 그들은 모든 요소가 교회들이 수십 년 동안 알고 있던 예배의 패턴들로부터 왔기 때문에 이 순서가 예배에 대한 그들의 기대를 충족시킨다고 여길 수도 있다. 그러나 그들은 이 순서에 성격의 일관성이 부족하기 때문에 주의를 충분히 끌 수 있다고 생각하지는 않을 것이다.

북미 개신교 예배를 이해하기 위해 지금까지 살펴본 원리들의 목록은 다음과 같다.

> **원리 1**: 모든 예배는 패턴을 따른다.
>
> **원리 2**: 예배 패턴은 두 층에서 작동한다: 예전 단위와 매크로 패턴이다. 매크로 패턴은 여러 개의 예전 단위로 구성되고, 대개 표준화된 순서로 배치된다.
>
> **원리 3**: 예배의 매크로 패턴에는 달성하고자 하는 **텔로스**(목표)가 있다.
>
> **원리 4**: 각 매크로 패턴에는 특정한 **텔로스**에 부합하는 특정한 에토스(성격 또는 스타일)가 있다.
>
> **관찰 소견 A**: 미국 개신교 예배에는 여섯 가지 주요한 성격 유형이 존재한다. 바로 부흥 운동, 교회학교, 미적 예배, 오순절 예배, 기도회, 전례 갱신이다.
>
> **원리 5**: 예전 단위는 이동이 가능한 예전 활동 블록이다.
>
> **관찰 소견 B**: 일반적으로, **텔로스/에토스**의 패턴들은 현대 실천에서 융합된다.
>
> **원리 6**: 서로 다른 패턴의 **텔로스/에토스**는 서로 교환될 수 없고 결합 시 충돌하는 경향이 있다.

　나는 다음 여섯 장(제3장-제8장)에서 개신교 예배의 여섯 가지 지배적인 패러다임의 역사를 좀 더 상세하게 다룰 것인데, 각 패턴의 텔로스와 에토스에 대해 좀 더 자세하게 설명할 것이고, 이러한 패턴들을 구성하는 예전 단위들의 예들도 제시할 것이다.
　나는 각 패턴과 관련해서 가장 가치 있고 흥미로운 부분이 무엇인지도 보여 줄 것이다. 나는 또한 각 패턴의 문제점들도 지적할 것인데, 각 패턴이 교회의 예배 관행에서 부족하거나 과도하다고 인식되는 부분을 해결하기 위해 발생하는 것처럼, 고유한 어려움도 초래할 수 있어서다.

나는 교회들을 상담하면서 예배 계획과 평가가 주관적 느낌('자연스럽게 보이는 것'이나 '효과가 있는 것') 수준에서 이뤄지는 경우가 많다는 것을 발견했다. 그러나 '자연스럽게 보이는 것'이나 '효과가 있는 것'은 거의 항상 하나의 역사를 가진 하나의 관행일 것이다. 이 역사에 설명함으로써 암묵적이었지만 보이지 않던 것을 자각할 수 있는 수준으로 끌어올려서 교회들이 예배 관행을 좀 더 현명하게 평가할 수 있도록 하는 것이 목표다.

제9장은 개신교 예배에서 패턴들을 융합하는 경향을 논할 것이다. 예배 실행의 융합이 절대적으로 좋거나 나쁜 것은 아니지만, 문제는 될 수 있다. 부주의하게 융합되면, 예배는 어색해 보이거나, 흐름이 부족하거나, 심지어는 일관성이 없어질 수 있다. 그러나 어느 정도의 융합은 불가피할 수 있기에, 나는 에토스가 어색해지는 것을 피하면서 융합할 수 있는 몇 가지 방법을 제안하겠다.

제10장에서는 폭발적으로 급증하는 '온라인 예배'를 살펴보고, 여섯 가지 패턴이 온라인 예배의 성공을 이해하고 평가하는 데 어떻게 도움이 될 수 있는지를 고찰한다. 나는 동영상 제작에 요구되는 탁월성에 대한 기준이 강하고 중요한 성격을 갖지 않는 예배 순서를 드러낼 수 있다고 주장할 것이다.

결론에서 나는, 부흥 운동 패턴의 용어를 빌려 '제단 초청'을 할 것이다. 우리는 상당한 분량의 역사와 기술적인 분석을 다룰 것이지만, 단순히 역사나 의례의 흐름을 냉철하게 평가하는 것이 우리의 과제는 아니다. 리더로서 우리의 근본 과제는 모든 신자의 것과 똑같다.

바로 하나님과 세상을 섬기는 경외심을 일으키고 두려운 직무에 순종하는 것이다. 교회로서 그리스도의 몸을 이루는 하나님의 성도들과 연합하여 그리스도께 우리의 마음을 드리는 것이 바로 우리의 목표다. 우리의 예배를 좀 더 온전히 이해하고 좀 더 신중하게 계획하는 것은 그러한 방향으로 나아가는 걸음이다.

제3장

동기 부여 기술로서의 예배
부흥 운동

> 하나님께서는 인류를 순종으로 이끄시기 전에 그들 안에 있는 흥분성을 이용하여 그들 안에서 흥분을 일으킬 필요가 있다는 것을 아셨다.
>
> "종교의 부흥이란 무엇인가"(What a Revival of Religion Is)[1]
> - 찰스 G. 피니(Charles G. Finney)

이제 교회에도 다른 모든 곳처럼, 사람들이 듣고 따르는 상관, 수장, 일종의 권한자가 있어야 합니다. 가톨릭교도들은 다릅니다. 그들의 교회는 교황에서 사제에 이르기까지, 권한으로 가득 차 있습니다. 그래서 그들은 시키는 대로 합니다. 그러나 여러분 같은 감리교도들을 포함한 개신교도들은 이렇게 말합니다.

"아니요. 우리는 어떤 권한도 갖지 않을 거고, 어떤 상관에게도 복종하지 않을 겁니다."

좋습니다.

그럼 어떻게 됩니까?

운영, 모금 등을 책임지는 우리는 때때로 분발해야 하고, 계속해서 열의를 갖게 해야 합니다.

---

1 *Lectures on Revivals of Religion*, 2nd ed. (New York, NY: Leavitt, Lord & Co., 1935), 2.

그리고 그렇게 일이 진행되는데, 그것이 바로 일이 되도록 만드는 권한, 원동력, 여러분이 뭐라고 부르든, 그 힘이라는 것을 모르겠습니까?
다른 교단들은 그것을 필요로 하지 않습니다. 우리 교단에는 필요합니다. 그래서 갖고 있습니다.

"소울스비(Soulsby) 자매의 연설"
『테론 웨어의 저주』(*The Damnation of Theron Ware*)[2]
- 해럴드 프레데릭(Harold Frederic)

사례 1: "이것으로 마칩니다. 가장 중요한 것은 바로 여러분의 영혼입니다. 모두 고개를 숙이고 눈을 감으십시오. 제가 질문하겠습니다. 만약 오늘 밤 죽는다면, 여러분은 어느 곳에서 영원을 보낼 것 같습니까?"

사례 2: "오늘 우리 예배에 참석해 주셔서 감사합니다. 만약 여러분이 예수님을 따를 때 삶에 어떤 변화가 일어날지 알고 싶으시다면, 방문자 키오스크로 오십시오. 여러분께 드릴 정보가 있습니다."

예배를 마무리하는 서로 매우 다른 두 가지 방법이다.

첫째, 감정을 조종하고 위협한다.
둘째, 은근하고 솔깃하다.

---

2   *Gutenberg Project* (eBook), March 8, 2006, 431. 초판은 1986년에 Stone and Kimball에서 출간되었다.

그러나 모두 "만약 여러분이…"라며 질문한다. 두 방법은 모두 앞선 메시지에 대한 응답을 요구한다.

위의 두 사례는 서로 달라 보이지만, 북미라는 상황에서 발생한 모든 예배 패턴 중에 가장 큰 영향력을 끼친 부흥 운동 예배 모델의 예들이다. 부흥 운동 모델은 미국 교회들이 사용하는 예배 형식뿐 아니라 예배를 이해하는 방식도 완전히 바꿔 버렸다. 이 패턴이 끼친 영향력이 얼마나 대단했는지 알려면, 부흥 운동 패턴과 18세기 개신교 예배에서 지배적이었던 패턴들을 비교해 봐야 한다.

1. 18세기의 예배 패턴들

1906년, 예일대학교 교회사 교수인 윌리스톤 워커(Williston Walker)는 "미국의 비-전례적 교회들"이 스코틀랜드와 영국 청교도의 1645년 판 『웨스트민스터 공적 예배 규칙서』(*Westminster Directory of Publick Worship*)에 기초한 예배 순서를 따랐음을 발견했다.[3]

『웨스트민스터 규칙서』는 성공회의 『공동기도서』에서 볼 수 있는 것과 같은 문서화된 전례(written liturgy)가 아니다. 『웨스트민스터 규칙서』는 예배를 위한 순서와 다양한 요소의 내용을 기술했다. 1945년 판 『웨스트민스터 규칙서』에 있는 예배 순서는 대략 다음과 같다.

---

3   Williston Walker, "The Genesis of the Present Customary Form of Public Worship in the Reformed Non-Prelatical Churches of America," *Papers of the American Society of Church History*, second series, vol. 1 (1909).

예배로 부름과 기원

성경 봉독: 구약과 신약에서 한 장씩

시편 찬양

죄의 인정, 고백, 복음에 대한 감사, 복음 전파를 위한 기도, 보편적 도고, 설교를 위한 축복을 포함한 긴 기도

설교

감사와 간구의 짧은 기도, 주기도문

시편 찬양

축도

사도의 축도로 보냄(고후 13:14)[4]

이 예배 순서의 '텔로스'는 성경에 근거하지 않은 모든 관행과 예식, 기도를 제거해 버린 성경적 순수성이었다. 성경 봉독과 설교는 예배에서 가장 많은 시간을 차지했다. 그러나 고백 기도와 감사 기도도 성경 구절을 사용했고, 찬송들 역시 시편의 운율적 형식이었다.

이 순서의 '에토스'는 감각적 내핍이었다. 하나님의 말씀에 주의를 집중시키지 않는 행동들은 없애 버렸다. 워커에 따르면, 『웨스트민스터 규칙서』는 19세기까지 뉴잉글랜드 교회들의 기본적인 예배 순서였다.

19세기의 한 예로, 워커는 청교도 전통에서 유래한 1829년 판 『회중교회 헌법』(Constitution of the Congregational Churches)을 인용한다.[5] 1824년 판 『감리교 교리와 장정』(Doctrines and Discipline of the Methodist Episcopal Church)과 비교해 보면 알 수 있듯이, 감리교도들조차도 최소한 예배 순서에 있어서

---

[4] 『웨스트민스터 규칙서』(The Westminster Directory)는 여러 온라인 웹사이트에서 구할 수 있다. 한 예로, 다음을 보라. https://www.covenanter.org/reformed/documents/the-directory-for-the-publick-worship-of-god, 2020년 6월 5일 접속.

[5] Walker, "The Genesis of the Present Customary Form of Public Worship," 90.

는 뉴잉글랜드 청교도의 금욕적인 분위기를 풍겼다.[6]

1824년 판『감리교 교리와 정정』	1829년 판『회중교회 헌법』
노래	기원(하나님의 복을 간구)
봉독(구약에서 한 장, 신약에서 한 장)	성경 봉독
[노래?]	노래
주기도문을 마치는 첫 번째 기도	간구와 감사의 긴 기도
설교	설교
[두 번째 기도?]	짧은, 마침 기도
[노래?]	노래
사도의 축도	축도
* 대괄호 안의 항목은 지시사항이 다소 모호하다는 것을 나타낸다.	

그러나 1824년 판『감리교 교리와 장정』과 1829년 판『회중교회 헌법』은 모든 것을 말하지 않는다. 변방에서 미국인들은 매우 활기 넘치게 노래하고 외치고, 설교하고 회개하는 캠프 모임에 모였다. 청교도적 금욕주의와는 전혀 다른 모습을 보였다. 19세기 초, 1829년 판『회중교회 헌법』의 침울한 예배는 영향력을 잃고 있었다.

---

[6] *Doctrines and Discipline of the Methodist Episcopal Church* (New York, NY: N. Bang and J. Emory, 1824), 72.

2. 부흥 운동과 그 선지자인 찰스 G. 피니(Charles G. Finney)

예배의 변화는 워커가 설명한 시기 이전부터 수십 년 동안 진행되고 있었다.

조나단 에드워즈(Jonathan Edwards)와 조지 휫필드(George Whitefield) 같은 저명한 인물들과 함께 18세기에 일어난 제1차 대각성 운동은 미국 그리스도인들에게 "화려하고 매우 감정적인 설교"를 소개함으로써, 청중이 "고루하고 판에 박힌 형식주의"에서 벗어나 좀 더 체험적이고 개인적인 신앙을 받아들이도록 했다.[7] 특히, 휫필드는 부흥 운동 집회의 일종인 정규 공적 예배 밖에서 모이는 집회에서 설교하는 것으로 유명했다.[8]

그러나 개신교 예배에 가장 오래도록 영향력을 끼친 부흥 운동 형식은 19세기의 소위 제2차 대각성 운동 기간에 발전했다. 제2차 대각성 운동과 관련된 중요한 인물이 몇 있지만, 그중에서 가장 유명하고 영향력 있는 이는 찰스 그랜디슨 피니(Charles Grandison Finney)였다.

피니는 에드워즈와 휫필드를 뛰어넘어, 변방의 순회 설교자들과 캠프 모임의 관행들, 즉 회심에 대한 강조, 실용적 공간 활용, 교리나 성경 강해 보다 일상적이고 평범한 개인의 이야기를 예화로 사용하는 설교 등을 받아들였다.

제임스 F. 화이트(James F. White)가 언급했듯이, 피니의 천재성은 이러한 변방의 관행을 도시 교회에 적합하고 실행 가능한 것으로 만들었다는 데 있다. 이에 더해, 그는 부흥 운동 집회에 대한 그의 체계적인 접근법을 지

---

[7] Sydney E. Ahlstrom, *A Religious History of the American People* (New Haven, CT: Yale University Press, 1972), 287.

[8] 당시에 '부흥 (집회)'이라는 단어는 일반적으로 설교를 위한 모임이 아니라 그 모임의 결과를 묘사할 때 사용되었다. 사람들은 '부흥(집회)에 참석'하지 않았다. 그들은 부흥을 경험했다. 즉, 마음속에서 '신앙 부흥'을 경험했다.

적으로 강력하게 방어했다. 그가 주장한 기본 원칙들은 여전히 설득력이 있다.[9]

1792년에 코네티컷의 한 농가에서 태어난 피니는 변호사 교육을 받으며 청년기를 보냈다. 1821년, 엄청난 종교적 회심을 경험한 그는 변호사가 되려는 꿈을 버리고 사역의 길로 들어섰다. 그는 장로교에서 설교자 자격을 취득했지만 (그리고 나중에 안수도 받았지만), 실제로는 예정론으로 알려진 하나님의 성도 선택과 관련된 장로교 핵심 교리에 반기를 든 프리에이전트 사역자에 더 가까웠다.

예정론에 대한 피니의 관점은 부흥을 위한 그의 방법론을 들여다볼 수 있는 좋은 창을 제공한다. 성도의 선택에 대한 그의 주장은 신학적이지 않고 실용적이다.

> 선택과 주권이 과도하게 전해지면, 교회 안에는 반율법주의가 생겨나고, 죄인들은 인간은 아무것도 할 수 없다는 망상 뒤에 몸을 숨길 것입니다.[10]

설교자는 죄인들에게 어떻게 올바른 인상을 심어 주어야 하는가?

18세기에 일어난 제1차 대각성 운동의 거인들인 에드워즈와 휫필드는 모두 성도의 선택 교리를 설교했고, 둘 다 잃어버린 자들을 회심시키는 데 큰 성공을 거뒀다. 그러나 피니의 주장에 따르면, 그들이 성공했던 이유는 교리의 진리 때문이 아니라 그들이 설교했던 당시의 사회적 상황 때문이었다.

---

[9] 나는 피니가 "미국 역사에서 가장 큰 영향력을 끼친 예배 개혁가일지 모른다"고 말한 White의 의견에 동의한다. James F. White, *Protestant Worship: Traditions in Transition* (Louisville, KY: Westminster/John Knox Press, 1989), 176.
[10] Charles G. Finney, *Lectures on Revivals of Religion* (New York, NY: Leavitt, Lord & Co., 1835), 174.

[에드워즈와 휫필드가 활동했던] 당시 뉴잉글랜드의 교회들은 아르미니우스 설교를 즐겼고, 모두 자신과 자기 능력을 믿었습니다. 이러한 대담하고 헌신적인 하나님의 종들이 등장했고, 은혜, 신적 주권, 선택과 같은 특정한 교리들을 선포했습니다. 그리고 크게 복 받았습니다. 그들이 그러한 교리들만 강조했던 것은 아니지만 아주 충분히 설교했습니다. **그러한 상황 속에서 부흥이 뒤따랐기 때문에**, 이후의 사역자들은 **계속해서 거의 그 교리들만을 설교했습니다**. 그리고 그들은 그 교리들을 너무나도 오랫동안 강조했고, 교회와 세상은 그 뒤에서 자리를 잡고 하나님이 오셔서 그들에게 요구하셨던 일을 행하시길 기다렸습니다. 그래서 부흥은 오래도록 일어나지 않았습니다.[11]

다시 말해, 에드워즈와 휫필드가 성공했던 이유는 그들의 설교가 회심하지 않은 사람들에게 참신했고, 그들의 관심을 끌었기 때문이다. 많은 미국 사역자가 휫필드와 에드워즈를 계속해서 모방하여 같은 생각을 같은 방식으로 설교했다, 그 생각과 방식이 반응을 불러일으키는 힘을 잃을 때까지 말이다. 선택 교리는 회심하지 않은 사람들이 죄 앞에서 무력감과 절망감을 느끼게 만드는 진부한 것이 되었다.

피니의 상황 분석에 따르면, 선택 교리 설교의 문제점은 교리가 잘못되었다는 것이 아니라 설교자의 중요한 목표인 죄인을 회심시키는 방법으로 더 이상 작동하지 않는다는 것이었다.[12]

1820년대 후반에 피니는 유명하고 유능한 부흥사였다. 1832년, 뉴욕시의 한 평신도 그룹이 강당 형태의 교회 건물로 개조한 채텀스트리트극장(Chatham Street Theatre)에서 모이는 교회의 목사로 그를 청빙했다.

11　Finney, *Lectures on Revivals of Religion*, 189.
12　Ted A. Smith, *The New Measures: A Theological History of Democratic Practice* (New York, NY: Cambridge University Press, 2007), 75-85를 보라.

채텀스트리트교회에서 설교를 시작한 지 몇 달이 되지 않아, 그는 『신앙 부흥 강론』(Lectures on Revivals of Religion)이라는 제목으로 출판된 일련의 강연을 진행했다. 이 강연에서 그는 교회의 역사를 복음의 메시지에 관심을 불러일으킨 "새로운 수단"(new measure)에 관한 혁신적 이야기로 재구성했다.

이전 세대의 사역자들이 배웠던 것과는 달리, 신실한 기독교 사역은 전통을 받아들이고 전수하는 것이 아니라고 그는 말했다. 대신 관심을 끌고 붙잡는 기술을 체계적으로 혁신하는 것이었다. 요컨대, 사역은 진화하는 기술이었다(그리고 앞으로도 항상 그럴 것이다).

3. 기계 시대의 기술로서의 부흥 운동

나에게 기술이란 인간이 일과 예술을 위해 발전시키는 도구와 방식에 대한 체계화된 문화적 혹은 과학적 원리를 뜻한다. 기술은 종교처럼 인간의 문화만큼이나 오래되었다. 더욱이 기술은 문화를 표현할 뿐 아니라 형성한다. 예를 들어, 음악을 생각해 보라. 음악은 인간 문화의 가장 뛰어난 표현 방식이다.

그러나 음악은 종종 악기라는 기술을 사용하여 표현된다. 일단 악기가 개발되면, 작곡가는 그 악기를 염두에 두고 음악을 만들고, 작곡가가 사용할 수 있는 악기의 범위는 필연적으로 작곡하고 연주하는 곡에 영향을 준다.

만약 음악가에게 사용할 수 있는 악기가 드럼뿐이라면 소나타를 작곡하는 것은 상상할 수 없지만, 피아노를 사용할 수 있다면 불가능하지 않다. 드럼은 건반악기가 발명되기 훨씬 오래전부터 존재했지만, 건반악기를 사용할 수 있게 되면서 음악적으로 가능한 것들이 달라졌다.

18세기 산업혁명을 시작으로, 기술은 기계의 발전으로 그 힘을 확장하기 시작했고, 모든 기술이 그러하듯이 기계는 문화를 형성했다.[13] 그 결과 서구 문화는 기계가 가능케 한 원리에 따라 표현되기 시작했다. 일반적으로 산업 시대 이전에는 맡은 일을 잘 해냈다는 자부심으로 평가받았다. 평가 기준은 전통적으로 부모에게서 자녀로 전해지는 기준의 연속성을 통해 만들어졌다.

수잔 화이트(Suan White)가 보여 주었듯이, 19세기 초부터 변화가 일어나기 시작했다. 기계의 등장으로 다른 기준들이 적용되기 시작했기 때문이다. 예를 들어, 동력 구동식 직조기가 발명되면서 직물 생산은 훨씬 더 효율적이고 생산적으로 되었다. 기계가 직조의 정밀성을 책임지게 되면서 "숙련된 직조"의 가치는 무의미해졌다. 전통적인 기술의 가치는 생산성과 효율성이라는 가치로 대체되었다.

또한, 기계가 가능케 한 기준은 소비재 생산 너머에도 영향을 끼치기 시작했다. 화이트에 따르면, 서구 문화가 산업화를 받아들이면서 "효율성, 생산성, 진보성은 삶의 거의 모든 부분에서 목표가 되었다."[14]

피니의 『신앙 부흥 강론』은 19세기 미국 기독교에 끼친 "효율성, 생산성, 진보성"의 영향력에 대한 증거다. 이전 세대의 그리스도인들은 믿음을 하나님의 신적 주도권에 대한 반응으로 이해했다. "주를 기다리십시오"가 그들의 강령이었다. 그리스도인들은 인내심을 갖고, 하나님이 주시는 것을 받은 다음에 응답해야 한다.

피니는 첫 번째 강연에서 이 강령을 뒤집었다.

---

13 Susan White, *Christian Worship and Technological Change* (Nashville, TN: Abingdon Press, 1994), 18.
14 White, *Christian Worship and Technological Change*, 20.

신앙은 인간의 일입니다. 그것은 인간이 해야 하는 일입니다.[15]

따라서 신앙은 생산성의 원칙으로 철저한 검사를 받게 된다.

기적이라는 용어의 또 다른 정의(자연의 힘을 뛰어넘는 무언가)에 따르면, [부흥은] 기적이 아닙니다. 신앙에서 자연의 일반적 힘을 넘어서는 것은 없습니다. 신앙은 전적으로 자연의 힘을 올바르게 행사하는 것입니다. 다른 게 아니라 단지 그뿐입니다.
사람들이 신앙을 갖게 될 때, 그들이 이전에는 할 수 없었던 것들을 할 수 있게 되는 것이 아닙니다. 그들은 단지 이전에 가지고 있었던 힘을 다른 방식으로 발휘하고, 하나님의 영광을 위해 사용할 뿐입니다.… 그것은 기적이 아니고, 기적에 의존하는 것도 아닙니다. 그것은 기존의 수단을 바르게 사용할 때 논리적으로 기대할 수 있는 결과일 뿐입니다. 수단을 적용하면 발생하는 효과들처럼 말입니다.[16]

이것은 유명한 미국 회중교회 설교자이자 신학자인 조나단 에드워즈와는 매우 다르다. 그는 제1차 대각성 운동에 관한 기록에 "하나님의 놀라운 역사에 대한 신실한 이야기"라는 제목을 붙였었다.
피니에게 회심은 전혀 놀라운 것이 아니었다. 오히려 회심은 올바른 기술을 체계적으로 사용할 때 늘어난다. 부흥은 결과를 만들어 내는 생산적이고 효율적인 기계와 비슷했다.

---

15 Finney, *Lectures on Revivals*, 9.
16 Finney, *Lectures on Revivals*, 12-13.

4. 부흥을 위한 새로운 수단

피니는 신앙에 대한 이러한 기술적 접근법을 사용하면서, 회심과 형성, 예배에 대한 전통적인 접근법을 과감하게 깨뜨렸다. 피니는 "부흥을 촉진하는 수단"(Measures to Promote Revivals)에 관한 강연에서 성과를 이루어 낼 "새로운 수단"을 주장했다.

> 교회의 역사를 살펴보면, 새로운 수단 없이 광범위한 개혁이 일어났던 적은 없었다는 것을 알 수 있습니다. 교회가 사역의 규범에 안주하게 될 때마다, 얼마 안 있어 외형적 행위에 의존하게 되고, 그 결과 본질은 잃고 종교의 형태만 유지하게 됩니다. 그러고는 기존의 형태를 단순히 따르는 것만으로는 악을 개혁하고 종교의 부흥을 일으키는 일은 거의 불가능하다는 것을 알게 됩니다. 어쩌면 하나님 자신도 새로운 수단 없이는 개혁을 일으키실 수 없다는 말이 과한 표현은 아닐 수도 있습니다.[17]

심지어 하나님도 교회들의 관심을 붙잡기 위해 지속해서 새로운 수단이 필요하셨다!

피니는 매우 참신했던 여성 기도회 같은 수단과 역사적 선례가 있는 일정 기간 계속되는 신앙 집회 같은 다른 수단을 설명했다. 새로운 수단이 완전히 새로울 필요는 없었지만, 사람들의 관심을 끌고 붙잡기 위해서는 새로운 것으로 경험되어야 했다.[18]

"관심을 끌라."

---

17 Finney, *Lectures on Revivals*, 249.
18 Smith, *The New Measures*, 97-99. Smith는 "찰스 피니는 참신함 자체가 지루해질 수 있다는 것을 상상할 수 없었다"라고 설명한다.

이것이 바로 효과적 사역을 위해 피니가 발견한 열쇠였다. 새로운 수단이 바라는 효과는 관심을 끌기 위해 경쟁하는 세상에서 사람들이 복음을 들을 수 있도록 하는 것이었다.

> 교회가 새로운 수단 없이 세상의 관심을 끄는 데 성공한다는 것은 불가능합니다.
> "여기 보세요", "저기 보세요"라고 외치면서 대중의 마음을 사로잡는 너무 많은 흥미진진한 주제가 쏟아져 나옵니다. 그래서 교회는 대중의 귀를 사로잡는 매우 흥미진진한 설교와 충분히 참신한 수단이 없으면 자기 기반을 지킬 수도, 관심을 끌 수도 없습니다.
> 정치인들의 수단, 이교들과 이단들의 수단, 부를 쫓는 노력, 늘어나는 사치, 교회와 세상에 끼치는 수만 가지의 흥미진진하고 방해하는 영향들은 사람들의 관심을 끌고 그들을 주님의 성소와 제단으로부터 멀어지게 할 것입니다. 우리가 지혜와 경건을 더하고 그리스도의 복음에 사람들의 관심을 끌 것으로 여겨지는 그러한 새로운 수단을 지혜롭게 채택하지 않는다면 말입니다.[19]

목회자들은 세상의 책략에 대해 알고, "사람들의 관심을 끌 것으로 여겨지는" 수단을 써서 그러한 책략에 맞서야 한다. 이런 관점에서 볼 때, 예배는 목회자들이 관심을 끌고 붙잡기 위해 사용할 수 있는 도구들의 집합체였다.

이것을 19세기 초 장로교회와 개혁교회의 『웨스트민스터 신앙고백서』에 나타난 예배와 비교해 보라.

---

[19] Finney, *Lectures on Revivals*, 251-52.

XXI. 경건한 예배와 안식일에 관하여

자연의 빛은 하나님이 계신다는 사실을 보여 준다. 하나님은 만물에 대한 주권과 통치권을 소유하시고, 선하시기에 만물을 선으로 운행하신다. 그러므로 하나님을 마음과 목숨과 힘을 다하여 경외하고, 사랑하고, 찬양하고, 기도하고, 의지하고, 섬겨야 한다. 그러나 참 하나님을 예배하는 합당한 방법은 하나님께서 친히 제정하셨기에, 그분이 계시하신 뜻 안에 제한된다. 따라서 인간의 상상이나 방법, 또는 사탄의 제안, 보이는 우상이나 성경에서 규정하지 않은 방법에 따라 하나님을 예배해서는 안 된다.

『웨스트민스터 신앙고백서』에 따르면, 하나님을 예배하려는 충동은 만물을 선하게 통치하시는 하나님에 대한 자연스러운 반응이다. 그러나 인간은 자신의 선천적인 욕구에 맡겨지면 "인간의 상상이나 방법, 또는 사탄의 제안에 따라" 하나님을 예배하게 된다.

따라서 자연적 충동만으로는 올바르게 예배하기에 충분하지 않다. 하나님은 하나님께서 성경을 통해 제정하고 계시하신 방법에 따라 예배를 받으셔야 하기 때문이다.

피니는 이 조항을 완전히 뒤집어버렸다. 하나님은 고대 유대인들에게 성진 예배의 형식을 계시하셨다. 그러나 신약성경에서 하나님은 '예배'가 아니라 예수 그리스도를 통한 구원의 '메시지'를 계시하셨다. 결과적으로, 신약성경은 사도들이 사용했던 공적 예배의 형식에 대해 아무런 말도 하지 않았다.

사도행전에서 간간이 얻을 수 있는 단서를 제외하고는 사도들과 초기 설교자들이 추구했던 수단을 전혀 알 수 없습니다. 우리는 그들이 공적 예배에서 몇 번 노래하고 기도했는지 알지 못합니다. 심지어 설교를 위한 정기적 모임에서 노래하고 기도했는지 그렇지 않았는지조차도 알 수 없습니다.

예수 그리스도께서 이 땅에서 제자들과 함께 사역하실 때, 그분은 형식이나 수단과는 아무 상관이 없었습니다. … 그분의 목적은 인류에게 참된 종교를 전파하고 가르치는 것이었습니다.

그리고 그 후에 사도들이 하늘에서 내려온 성령과 함께 설교할 때, 우리는 그들이 특정한 수단으로 그 일을 수행했거나, 한 사도는 다른 사도들이 했던 방식이 아닌 다른 방식으로 사역했다는 이야기를 전혀 듣지 못했습니다. 그들의 사명은 "가서 복음을 전파하고, 모든 민족을 제자로 삼는 것"이었습니다. 그것은 어떤 형식도 규정하지 않았습니다. 어떤 것도 인정하지 않았습니다. …

여러분이 할 수 있는 최선의 방식으로 그것을 행하십시오. 하나님께 지혜를 구하십시오. 그분이 당신에게 주신 능력을 사용하십시오. 성령의 인도를 구하고, 전진하여 그 일을 행하십시오. 이것이 그들의 사명이었습니다. 그리고 그들의 목적은 가장 효과적인 방식으로 복음을 알리고, 진리를 분명히 드러내면서, 최대한 많은 사람의 관심을 끌고, 순종하게 만드는 것이었습니다.

성경에서 이것을 행하는 방법을 찾을 수 있는 사람은 아무도 없습니다. 거기서 눈에 띄는 것은 복음을 전파하는 것입니다. 방식은 상관없었습니다.[20]

신약성경은 수단에 대해 침묵하고 있었기 때문에, 설교자들은 복음을 전파하기 위해 창의적인 능력을 발휘하여 효과적인 새 기술을 고안해야 했다. 피니는 경험을 통해, 하나님께서는 복음을 제시하는 데 효과적이라면 그 수단을 사용하는 것에 복을 주신다는 것을 알았다. 따라서 성과를 냈다는 점을 제외하면, 방법이나 수단 자체는 완전히 임의적이라고 그는 결론지었다.

---

20 Finney, *Lectures on Revivals*, 233.

『웨스트민스터 신앙고백서』는 "사람의 상상이나 방법에 따른" 예배를 금했지만, 피니는 사람의 방법이 교회가 마음대로 사용할 수 있는 전부였다고 말했다. 물론, 사역자들은 "하나님의 지혜를 묻고" "성령의 인도를 구하며" 새로운 수단을 채택해야 한다. 그러나 가장 중요한 과제는 "당신이 할 수 있는 최선의 방식으로 그것을 행하는 것"이었다.

5. 부흥 운동: 예배의 '텔로스'의 변화

죄인을 회심시키는 설교가 교회의 중심 사역이라면, 교회가 하는 모든 일은 그 목표를 지향해야 한다고 피니는 생각했다. 공적 예배는 본질적으로 전도의 도구였고, 부흥 운동 예배의 '텔로스'는 회심이었다. 피니는 늘 그래왔다고 주장했지만, 그것은 예배의 목적에 대한 기독교적 이해에 나타난 큰 변화였다.

세상의 회심을 위해 복음을 선포하는 것은 신약성경 시대부터 교회의 중심 사역이었다. 그러나 이전 세대의 그리스도인들은 예배를 이미 회심한 자들의 의무로 이해했다. 초기 교회는 세례를 받기 전까지는 초신자가 공동 기도에 참여하거나 주기도문을 외우는 것조차도 허용하지 않았다.[21]

이후 몇 세기 동안, 교회는 예배에 참석할 수 있는 사람의 자격 조건을 완화했지만, 하나님께 드리는 예배는 이미 회심한 자들이 하는 일이라는 근본 전제를 유지했다.

---

21 한 예로, 『사도전승』 18장을 보라. "교사가 교육을 마치면, 예비 신자들은 신자들과 떨어져 따로 기도하도록 하라." Paul F. Bradshaw, Maxwell E. Johnson, and L. Edward Phillips, *The Apostolic Tradition: A Commentary* (Minneapolis, MN: Augsburg Fortress, 2002), 100.

따라서 17세기의 『웨스트민스터 신앙고백서』에 따르면, 예배는 아무나 쉽게 참여할 수 있는 것이 아니었다. 새신자들은 "하나님께서 정하신 방식으로" 예배하는 법을 배워야 했다. 수 세기에 걸쳐 교회들은 예배에 대해 "하나님께서 정하신 방식"을 놓고 논쟁을 벌였고, 예배 순서와 내용은 시대와 장소에 따라 각양각색이었다.

그러나 역사적 차이는 예배가 자의적이었다는 것을 의미한다고 주장했던 사람이 피니 이전에는 아무도 없었다. 예배의 의미는 실질적 효과가 전부라고 주장한 사람도 없었다. 그러나 피니는 예배의 유일한 가치는 죄인을 회개하도록 이끄는 효과성에 있다고 주장했다.

부흥 운동 예배는 또한 회중에게 영향을 끼치는 더 좋은 방법을 늘 추구하면서 끊임없이 진보했다. 이것은 신학적 의미에서 참되고 영원토록 선한 관행을 향한 진보가 아니었다. 왜냐하면, 그러한 변화는 다소 임의적이었기 때문이다.

이전 세대의 그리스도인들이 (하나님이 원하시는 예배라는 의미에서) '올바른' 예배를 추구했다면, 부흥 운동은 (사람들을 끌어들인다는 의미에서) '성공적' 예배를 추구했다. 부흥 운동 예배의 '텔로스'는 효과가 있는 모든 수단을 통한 회심이었다. 이것은 단지 참신하고 새롭고 따라서 흥미로운 진부였다. 요컨대, 피니에게 예배는 인류학적으로는 강력하지만, 신학적으로는 대단치 않았다.

6. 부흥 운동: 예배의 '에토스'의 변화

부흥 운동 효과를 노리며 예배를 사용했고, 다양한 예배 스타일을 사용하여 청중의 감정을 자극하고자 했다. 그래서 기법, 즉 예배의 기술을 사용하는 전문 지식을 요구했다. 여기서 우리는 예배에 대한 이해가 크게 바뀐 것을 볼 수 있다.

이전 세대의 그리스도인들은 안수받은 자들의 사역을 하나님이 세우신 교회의 직무로 이해했다. 무능한 목사가 한 설교나 집례한 성례전도 유능한 목사가 집례한 것과 마찬가지로 '효과적'이었다. 왜냐하면, '효과'는 예배자 개개인의 느낌이 아니라 하나님의 의도와 관련이 있었기 때문이었다.

당연히 유능한 목사가 회중의 관심을 더 붙잡을 수는 있었겠지만, 예배의 의미에서 특별히 중요하지는 않았다. 피니는 이러한 이해를 바꿔 버렸다. 회중에 끼치는 영향이 예배에서 가장 중요했다. 이것은 리더십에도 효과가 제일 중요하다는 뜻이었다.

전문 인도자는 대중 앞에서 효과적으로 기도할 줄 알아야 했다.

> A라는 사람은 경건하지만, 기도가 약해서 사람들을 교화하지 못하고 오히려 질색하게 할 수 있습니다. 이럴 때는 침묵하는 편이 낫습니다.[22]

전문 인도자는 음악을 적절하게 사용할 줄 알아야 한다. 즉, 모임의 분위기에 맞는 올바른 종류의 노래나 찬송을 불러야 한다. 예를 들어, 모임의 분위기가 진지해졌을 때 찬양 노래를 부르는 것은 적절하지 않다.

> 그리스도인들은 죄인을 위해 기도한다는 마음이 들었을 때, 노래하기를 꺼립니다.[23]

다음은 그가 말한 감정적 효과를 높이기 위해 사용된 음악의 예다.

22　Finney, *Lectures on Revivals*, 120-21.
23　Finney, *Lectures on Revivals*, 122.

한 유명 오르간 연주자가 장시간의 모임에서 놀라운 효과를 만들어 낸다는 이야기를 들은 적이 있습니다. 오르간은 강력했고, 파이프에서 나오는 소리는 천둥 같았습니다. 이런 가사의 찬송가가 흘러나왔습니다.

네가 감히 갈 수 없는 곳으로
복수의 폭풍이 몰려드는 것을 보아라.
"네 머리 위로 점점 더 크게 들리는
무시무시한 천둥소리를 들어라."

그가 이 가사에 이르렀을 때, 처음에는 천둥소리가 멀리서 들렸고, 점점 더 가까워지고 커지더니, "더 크게"라는 가사에서 회중 전체를 압도할 것 같은 굉음이 울렸습니다.[24]

따라서 음악에서 중요한 것은 감정 효과에 집중하는 것이다.

음악은 감정을 빼앗는 것이 아니라 깊어지게 해야 합니다.[25]

피니는 현대 예배 리더들이 예배에서의 "흐름"(flow) 경험이라고 부르는 것에 주목한 최초의 기독교 지도자 중 하나이다. 예배의 개별적 행위들은 함께 어우러져서 예배자들에게 지속적 경험을 제공해야 하고, 숙련된 음악 리더들은 그에 맞춰 음악을 사용해야 한다.

피니의 실용적 '에토스'를 가장 잘 보여 주는 것은 공적 성경 읽기에 대한 그의 권고일 것이다. 위에서 언급했듯이, 많은 개신교 교회의 공적 예

---

24 Finney, *Lectures on Revivals*, 123.
25 Finney, *Lectures on Revivals*, 123.

배에서는 구약성경과 신약성경에서 한 장씩 읽는 것이 표준이었다. 피니는 이 관행에 반대했다.

> 단순한 형식적 문제로 하나님의 말씀을 가져다가 모임의 일부로 만들지 마십시오. 이것은 하나님에 대한 모독입니다. 모임이나 행사 전에 주제에 적용 가능한 내용 이상을 읽는 것은 좋지 않습니다. 어떤 사람들은 너무 길거나 여러 주제를 담고 있어도 항상 한 장 전체를 읽을 필요가 있다고 생각합니다.… 넓은 곳을 헤매는 것은 계획을 방해하거나 파괴합니다.[26]

그는 성경 읽기에 예배를 맞추기보다는, 성경이 공적 예배에 사용되도록 맞춰져야 한다고 말했다. 피니에게 성경은 기도와 음악처럼 하나의 도구였고, 그 사용은 하나의 기법이었다. 그래서 부흥 운동은 공적 예배에서 메시지를 위한 본문으로 최소한의 성경 구절, 때로는 한두 구절만 읽었다.

설교는 수 세기 동안 개신교 예배에서 그랬던 것처럼 부흥 운동 예배에서 핵심 기술이었다. 그러나 부흥 운동 설교에 요구된 전문 지식은 신학적인 것이 아니라 수사학적 기술이었다. 설교자는 배심원단이 생각을 "바꾸도록" 사건을 변호하는 전문 변호사를 모방해야 한다.[27]

좋은 변호사는 어려운 개념을 설명할 때 교육 수준이 낮은 배심원도 이해할 수 있도록 쉬운 말로 한다. 마찬가지로 '전문' 사역자는 복잡한 신학 용어를 피하고 평범한 청자가 쉽게 공감할 수 있도록 일상 예화와 대화체를 사용하면서 최대한 쉬운 언어로 복음을 제시해야 한다.

---

26 Finney, *Lectures on Revivals*, 116.
27 Finney, *Lectures on Revivals*, 205.

피니는 연극에서 감정을 실어 대사를 전달하는 능숙한 연극배우처럼 메시지의 감정적 내용을 전달하기 위해 연극 스타일의 설교를 장려했다.

> 연극에서 배우의 의도는 무엇일까요?
> 작가의 마음과 생각에 자신을 던져, 그것들을 자기 것으로 만들고, 느끼고, 구현하고, 현실로서 관객에게 쏟아 내는 것입니다.
> 그렇다면 설교는 어때야 하겠습니까?
> 배우는 대사에 연기를 맞추고, 연기에 대사를 맞춥니다. 그의 외모, 손짓, 자세 등은 작가의 생각 전부를 표현하도록 의도됩니다. 이제 이것이 설교자의 목표가 되어야 합니다. 그리고 '연극적'이라는 표현이 감정을 가장 잘 나타낸다는 뜻이라면, 설교는 연극적이면 연극적일수록 더욱 좋습니다.[28]

설교는 전달되어야 할 뿐 아니라, 감정에서 자연스럽게 흘러나오는 적절한 제스처로 실행되어야 한다. 그런 설교는 배우가 관객의 눈물이나 웃음을 끌어내듯이, 회중의 감정적 반응을 끌어낼 것이다. 설교자들은 복음에 대한 그들의 진정 어린 믿음을 전달해야 하고, 이를 위해서는 배우의 기술이 필요했다. 진정성만으로는 충분치 않았다. 진정을 담아 행동할 수 있는 능력을 길러야 했다.[29]

피니가 주장한 예배에 대한 명백한 연극적 접근법은 예배 건축의 변화를 요구했다. 상자형 장의자가 있는 청교도식 예배당이나 가려진 내진과

---

28 Finney, *Lectures on Revivals*, 204.
29 피니는 진정성은 진실해야 믿었지만, 그것을 누가 분명하게 알 수 있겠는가? 여기서 George Burns의 것이라고 알려진 인용문이 떠오른다. "연기의 핵심은 진정성이다. 당신이 그렇다고 속일 수 있다면 말이다"(http://www.quotedb.com/quotes/1773, 2011년 8월 15일 접속). 의례와 현대 종교에서의 진정성 문제를 자세하게 다룬 내용은 Adam B. Seligman et al., *Ritual and Its Consequences: An Essay on the Limits of Sincerity* (New York, NY: Oxford University Press, 2008)를 참조하라.

중앙 통로가 있는 교회로는 충분하지 않았다. 부흥 운동 집회는 연극 작품에 맞는 공간을 요구했고, 실제로 뉴욕에 소재한 피니의 첫 번째 교회는 개조된 극장 건물에서 모였다.[30]

부흥 운동 교회들에는 극장처럼 곡선 모양의 장의자들이나 곡선으로 배치된 좌석들, 측면 통로들이 있었고, 회중이 움직일 수 있는 공간은 거의 없었다. 간소한 설교단과 눈에 띄지 않는 성가대석이 있는 무대 대신에, 부흥 운동 교회에는 프로시니엄 아치(무대와 객석을 구분하는 액자 모양의 건축 구조 – 역자주)와 잘 보이는 성가대석, 오르간이 있는 설교 무대가 있었다.[31]

초기 개혁 개신교도들은 귀에 중점을 두었다. 예배는 보는 것이 아니라 듣는 것이기 때문이었다.

부흥 운동 예배는 듣는 것을 계속해서 강조하면서 보는 것도 똑같이 강조했다. 프로시니엄 아치와 설교 무대는 설교자와 다른 예배 인도자들에게 시선을 집중시키도록 했다. 강당 본 층에는 경사지게 배치한 좌석이 있었고, 삼면에는 중이층 구조의 갤러리가 있어서, 회중은 관객처럼 어느 자리에서도 시야에 방해받지 않고 설교 무대와 성가대석을 잘 볼 수 있었다.

요컨대, 피니의 새로운 수단은 개신교의 금욕적 예배에 종지부를 찍었다. 부흥 운동 교회의 성격은 민망할 정도로 과시적이고 공연적이었다.

---

30 Jeanne Halgren Kilde, *When Church Became Theatre: The Transformation of Evangelical Architecture and Worship in Nineteenth-Century America* (New York, NY: Oxford University Press, 2002)를 보라.
31 Finney, *Lectures on Revivals*, 67, 138.

7. 부흥 운동 예배의 매크로 패턴

피니는 새로운 수단에 관한 완성된 목록을 제시하지 않았고, 부흥 운동 예배의 규범적 순서도 제공하지 않았다. 그는 새로운 수단이 모방해야 할 일련의 순서라는 인상을 주고자 하지 않았다. 하나의 수단이 확립된 방법이 되면 그 효과는 없어졌다. 그렇다고 부흥 운동 집회가 정형화된 패턴을 만들지 못했던 것은 아니다.[32]

원리 1이 말하듯이, 모든 예배는 패턴을 따른다.

부흥 운동 예배의 매크로 패턴은 청중의 흥을 돋우는 것을 목표로 자연스러운 환영과 찬양 순서로 시작되었다. 음악은 활기차고, 감동적이고, 감상적이었다. 거의 모든 노래는 예배자의 주관적 경험을 겨냥했다.

예를 들어보자.

"저 장미꽃 위에 이슬, 아직 맺혀 있는 그때에."

"주의 팔에 그 크신 팔에 안기세."

후렴구가 있는 노래들은 부르기 쉬워서 인기가 많았다. 교회가 오르간이나 앙상블(합주단 또는 합창단)을 가질 정도로 크다면, 예배는 기악 서곡으로 시작할 수도 있었다.

부흥 운동 예배에서 사용되는 음악은 잘 준비되었고 구할 수 있는 가장 숙련된 음악가들에 의해 인도된다는 중요한 특징을 보여 주었다. 찬양 인도자는 회중을 인도하고 성가대를 이끈다. 앙상블과 솔리스트는 즐거움을 주는 음악을 공연한다.

---

[32] 20세기가 지날 때까지 부흥 운동 예배의 순서에 대해 자세히 설명한 자료는 없었다. 웨슬리 감리교도인 Luther Lee는 널리 사용된 교재인 *The Revival Manual* (New York, NY: Wesley Methodist Book Room, 1850)을 만들었다. 이 교재는 부흥 운동 예배에서 음악과 기도를 어떻게 사용해야 하는지 몇 가지 일반적 방법을 제시한다. 19세기 후반에 이르러, 우리는 준비단계(또는 준비단계 활동)와 제단 초청에 관한 몇 가지 참조 내용을 발견할 수 있다.

'특별 음악'(special music)이나 '선곡'(selection)이라는 용어가 이러한 예전 단위를 의미한다.

특별 음악/선곡
솔리스트/성가대 소개
음악 공연
박수갈채(청중의 "아멘"이나 다른 환호성)[33]

찬양 순서 후에는 감정을 움직이는 기도에 능숙한 목회자나 평신도 리더가 인도하는 기도로 이어졌다. 예배의 음악 부분은 잘 준비되었던 반면에, 기도와 간증은 능숙하게 진행되기는 했지만 즉흥적이었다. 피니는 책에 있는 기도문을 읽는 것을 완전히 거부했다. 기도는 '마음'에서 우러나오는 것이어야 하고 단순하고 대화체 언어를 사용해야 했다.

기도의 극적 효과를 높이기 위해 오르간이나 피아노 연주자는 배경 음악으로(〈내 기도하는 그 시간〉 같은) 찬송가를 부드럽게 연주했다. 음악이 수반되는 즉흥 기도는 부흥 운동 예배의 또 다른 독특한 예전 단위였다.

음악이 함께하는 즉흥 기도
기도 소개
연주자가 부드러운 음악을 시작한다.
음악이 계속해서 연주되고 인도자는 즉흥 기도를 인도한다.

기도는 모금으로 이어졌는데, 설교자가 초청 부흥사라면 "사랑 헌금"으로 불릴 수 있었다. 모금하는 동안 연주자가 연주하기도 했다. 특히, 앞

---

33 회중이 아닌 청중이라는 용어는 예배의 공연적 측면을 강조한다.

에서 "특별" 음악이 공연되지 않았다면, 솔리스트나 성가대의 "특별 음악"이 이어지는 경우가 종종 있었다. 개인 간증은 이 부분에서 등장할 수 있는 예전 단위다.

첫 번째 부분은 흔히 "준비단계"로 희화화되었다.[34] 준비단계의 목적은 회중이 감정적으로 받아들이게 하는 분위기를 조성하는 것이었다. 준비단계는 본 행사인 메시지를 위한 흥 돋우기였다. 피니는 설교와 메시지라는 용어를 모두 사용했지만, 메시지가 부흥 운동 예배의 표준 용어가 되었다. 부흥 운동 설교의 목적에 더 분명하게 부합했기 때문이었다.

그는 (하나님의 사랑이나 자비와 같은 교리의 실제적 적용을 제외하고) 교리 설교를 반대했다. 부흥 운동 집회의 메시지는 특정한 성경 본문에 근거한 것이 아니었기 때문에 기껏해야 한두 절을 읽은 후에 전해졌다. 설교를 만든 후 처음에 덧붙일 짧은 구절을 찾는 것은 부흥 운동 설교자들에게 드문 일이 아니었다.

부흥 운동 설교는 대개 메시지를 위해 흥을 돋우는 도입으로 시작했다. 이러한 도입은 (농담처럼) 유머러스할 수도 있었지만, 설교자와 청중을 연결하기 위한 것이었다.

피니는 메시지를 위한 원고 사용을 반대했다. 설교자가 말하려는 주요 요점들을 적은 간략한 개요 정도면 충분했다.[35] 부흥 운동 설교는 일상적인 대화체 언어와 사람의 관심을 불러일으키는 이야기들을 사용했다. 사람들이 그리스도를 따르기로 결심하게 만드는 것이 목적이었기 때문에, 설교자는 회중이 분명하게 이해할 수 있도록 전하는 과정에서 메시지를 조정했다.

---

[34] 피니 자신은 이 용어를 사용한 적이 없었다. 내가 알기로 이 용어는 19세기 후반에 등장했고, 20세기 초 전례 개혁가들이 무시하는 의미로 사용했다.
[35] 피니의 몇 안 되는 출판된 설교는 그가 즉흥적으로 설교하는 것을 비서가 녹음한 것이다.

피니는 설교자에게 회중과 시선을 계속해서 맞추고 그들의 언어적 피드백에 귀를 기울이라고 가르쳤다. 청중이 요점을 파악하지 못한 것 같으면, 설교자는 다른 말로 반복해야 했다. 설교자의 시선이 원고에 집중되어 있지 않았기 때문에, 이런 스타일의 설교에는 즉흥 연설이 효과적이었다. 원고 없이 하는 설교는 이 독특한 예전 단위의 중심 요소였다.

메시지
도입
짧은 성경 본문(길어야 한두 절)
(원고 없이 전하는) 메시지

메시지는 회중과 특히, 회심하지 않은 사람들에게 "열망하는 좌석"(anxious seat) 또는 "열망하는 벤치"(anxious bench)로 불리는 앞쪽에 마련된 좌석으로 나와 그리스도를 따르는 결단을 하라는 요청으로 끝을 맺었다. 잃어버린 자들에게 열망하는 좌석으로 나오는 것은 "그리스도인이 되겠다는 결심을 공적으로 표현하는 것"이었다.[36]

죄인은 예배 중 어느 때라도 열망하는 좌석에 앉기 위해 앞으로 나올 수 있었지만, 이 일은 대개 메시지가 끝난 후에 일어났다. 열망하는 좌석은 구원을 "열망하는" 이들에게 구원되기를 원하는 바람을 표현하는 자리를 제공했다. 목회자들과 다른 평신도 리더들은 그들과 함께 기도하고 그들이 특별한 사건으로 회심을 경험할 수 있도록 도왔다.

---

36 Finney, *Lectures on Revivals*, 248.

피니는 회심이 점진적 과정이 아니라 즉각적인 사건이라고 굳게 믿었다.[37] "죄인의 회심은 인간의 일이었고"[38] 설교자는 죄인들에게 그리스도를 위해 즉각적인 결단을 내리도록 직접적이고 강력하게 요청해야 했다. 감리교도들에게는 성찬대 난간이 열망하는 좌석으로 기능할 수 있었다. 거기서 죄인들은 성찬대 앞에 무릎을 꿇고 목회자와 함께 기도했다.

감리교의 영향 때문인 것 같은데, 19세기 말경부터 열망하는 좌석은 "제단 초청"으로 불리기 시작했다. 오늘날까지 일부 감리교회는 성찬대 난간을 (성찬대보다는) "제단"이라고 부른다. 같은 이유로, 남부 시골에 있는 작은 남침례교 교회들에서는 본당 앞쪽을 대개 "제단"이라고 부른다.

제단 초청

(설교자가) 메시지에 대한 결단/응답을 요청

('앞으로 나오거나' '손을 드는' 등) 응답의 표시

초청 노래(예를 들어, 〈내게 있는 모든 것을〉을 성가대나 솔리스트가 부를 수 있다.)

응답자와 함께하는 기도와 상담(인도자[들]는 응답자들과 개별적으로 대화한다.)

피니가 부흥 운동 집회를 위한 패턴을 제안하지는 않았지만, 준비단계, 메시지, 제단 초청이라는 예배의 삼중구조는 교회가 일 년에 한두 번 갖는 특별 집회에서뿐 아니라 주일예배에서도 표준이 되었다. 지역 교회의 목사들은 순회 부흥사들의 설교 스타일을 모방했다. 많은 개신교 교회, 특히 침례교회와 시골 감리교회들에서는 주일예배가 회심에 초점을 맞춘

---

37 피니: "사실, 중생 또는 회심은 점진적인 일이 아닙니다. 중생이란 무엇일까요? 결국 하나님에 대한 순종의 시작을 말하는 게 아닐까요? 그러면 무언가의 시작이 점진적일 수 있습니까?… 회심을 점진적인 일이라고 말하는 것은 당치도 않습니다"(*Lectures on Revivals*, 312).

38 Finney, *Lectures on Revivals*, 180.

부흥 운동 예배가 되었다.

8. 부흥 운동 예배의 진화

피니가 예견했듯이, 교회가 '사역의 규범에 안주하게 되자' 부흥 운동 예배는 참신함의 힘을 잃기 시작했다. 그러나 부흥 운동 예배는 19세기 중엽 이래로 여러 번 '부흥했다.'

드와이트 L. 무디(Dwight L. Moody, 1837-1899)와 빌리 선데이(Billy Sunday, 1862-1935)와 같은 세계적으로 유명한 부흥사들은 청중에게 익숙한 음악, 감성을 자극하는 설교, 제단 초청을 활용했다.

부흥 운동 집회는 20세기 후반까지 큰 인기를 끌었던 빌리 그레이엄(Billy Graham) 전도대회에서 텔레비전을 새로운 수단으로 사용했다. 1970년쯤에는 래리 노만(Larry Norman), 랜디 스톤힐(Randy Stonehill), 랜디 매튜(Randy Matthew) 같은 현대 기독교 음악(Contemporary Christian Music) 장르의 개척자들이 음악 공연과 개인 간증을 혼합하고, 마지막 노래를 부르면서 제단 초청으로 끝을 맺는 콘서트를 열었다.

1) 구도자 예배

현재 공적 예배로서 부흥 운동 집회를 가장 성공적으로 재탄생시킨 것은 일리노이주 배링턴에 소재한 윌로우크릭커뮤니티교회가 1980년대에 시작했던 구도자 예배다.[39]

---

[39] 2007년, 윌로우크릭은 구도자 예배를 포함한 교회의 수많은 프로그램에 참여하는 것은 제자로 성장하는 것과 아무런 관계가 없다는 결과를 얻은 자체 연구를 발표했다. 그 결과 윌로우크릭은 주말 예배를 포함한 다양한 사역을 다시 만들고 있다. 여기서

월로우크릭교회의 설립자이자 담임 목사인 빌 하이벨스(Bill Hybels)는 복음주의적이고 초교파적 계통의 교회 출신으로, 피니의 부흥 운동 방식에 푹 빠져 있었다.

그는 시카고 교외에 있는 초교파 교회에서 청소년 목사로 사역을 시작했다. 그곳에서 그는 교회 경험이 없는 청소년들에게 다가갈 수 있는 전도 방식을 처음으로 실험했다. 하이벨스는 성공적이었던 사역을 그만두고 교회를 개척했을 때도 이러한 초점을 계속 유지했다. 월로우크릭은 그 시작부터 '교회'에 대해 거의 알지 못하는 사람들을 위한 교회였다.

월로우크릭에서 개발된 구도자 예배의 목표는 "교회에 다니지 않는 사람들", 즉 그리스도와 밀접한 관계가 없고 교회에 다닌 경험이 전혀 없거나 거의 없는 사람들의 관심을 끄는 것이었다. 따라서 구도자 예배의 리더들은 잠재적 참석자들이 좋아하는 것과 싫어하는 것에 관해 잘 알고 있어야 했다.

월로우크릭은 교회에 다니지 않는 사람들이 매력을 느낄만 한 예배를 고안하기 위해 주저 없이 마케팅 원리를 사용했다.[40]

월로우크릭에 관한 G. A. 프리처드(G. A. Pritchard)의 연구는 교회에 다니지 않는 청년층과 중년층이 교회에 대해 어떤 불만을 품고 있는지 알아보기 위해서 하이벨스와 다른 '월로우크릭 사람들'이 교회가 형성되는 단계에서 배링턴 교외 주민들을 대상으로 진행했던 설문 조사를 설명한다. 대표적인 여섯 가지 불만 사항은 다음과 같다.

내가 설명하는 구도자 예배 모델은 그 연구 이전에 있었던 모델이다. Greg. L. Hawkins and Cally Parkinson, *Reveal: Where Are You?* (Barrington, IL: Willo Creek Association, 2007)을 참조하라.

[40] "월로우크릭 사람들은 그들이 하나님의 일을 하고 있다고 주장한다. 그들은 다른 비즈니스처럼, 그들의 비즈니스가 성공하려면 그들의 고객(과 고객의 필요)을 이해하고, 표적 시장을 명확하게 분석하고, 그러한 욕구를 충족시키는 상품을 개발하거나 제시해야 한다고 믿는다." G. A. Pritchard, *Willow Creek Seeker Services: Evaluating a New Way of Doing Church* (Grand Rapids, MI: Baker, 1996), 241.

1. 교회는 항상 돈을 요구한다(가장 일반적인 답변).
2. 음악에 공감할 수 없다.
3. 메시지에 공감할 수 없다.
4. 교회는 나의 필요를 충족시키지 못한다.
5. 예배가 뻔하고 지루하다.
6. 교회는 나로 죄책감이 들도록 만든다.[41]

윌로우크릭은 이러한 불만을 해소할 수 있는 예배를 만들었다. 그들은 기독교 음악 산업에서 급성장 중이었던 '소프트 록' 노래들을 사용했다. 그들은 멀티미디어 기술을 활용하여 예배에 록 콘서트의 시각적 효과를 주고 MTV의 음악 비디오를 모방한 미디어 클립을 사용했다.

비디오 프레젠테이션은 구도자 예배의 독특한 특징이다. 그들은 스크린에 노래 가사가 보이도록 했지만, 회중에게 대개 여러 곡 중 한두 개 이상의 노래를 따라 부르라고 요청하지는 않았다.

그 대신 무대 밴드가 청중을 위해 음악을 공연했다. 연주자들을 가까이서 볼 수 있게 전체 예배를 텔레비전으로 방송하는 동시에 대형 프로젝션 스크린을 통해 중계했다. 연주자들과 다른 인도자들은 (넥타이를 매거나 정장을 입지 않고) 평상복을 입었지만, 그날의 설교자는 스포츠 코트와 넥타이를 착용하기도 했다.

윌로우크릭은 전속 예술가들에게 메시지 주제와 관련된 짧은 드라마를 쓰고 공연하도록 했다. 설교는 실용적이고 간결했고, 설교자는 예화를 위해 소품을 사용했다. 설교는 (대략 35분 정도로) 길게 여겨질 수도 있었지만, 설교의 목표는 교회에 다니지 않는 방문자들이 건물에 들어서는 순간부터 경험하는 모든 것을 이해하도록 하면서 편안함을 느끼도록 만드는 것이었다.

---

41 Pritchard, *Willow Creek Seeker Services*, 55.

흥미로운 준비단계와 마음을 끄는 메시지. 여기까지는 부흥 운동 집회의 각본과 똑같다. 그러나 윌로우크릭 구도자 예배는 노골적인 제단 초청을 생략함으로써 부흥 운동 패턴에서 벗어났다. 배링턴 교외 주민들은 제단 초청이 가져올 수 있는 압박감과 죄책감을 싫어했다. 구도자 예배는 대립적인 제단 초청 대신에 교회가 제공하는 것에 대해 더 자세히 알아보라는 비대립적인 초대로 마무리되었다.

이것은 부흥 운동 모델에서 완전히 벗어난 것처럼 보일 수 있지만, 실제로는 제단 초청을 전적으로 포기한 것이 아니라 "새로운 수단" 접근법을 사용한 것이었다. 윌로우크릭은 부드러운 방식으로 접근하는 것이 장기적으로는 더 좋은 반응을 얻을 수 있다고 파악했고, 교회가 제공하는 서비스를 더 자세히 알아보려고 방문자 센터에 방문하는 사람들의 숫자가 이를 증명했다. 윌로우크릭은 제단 초청을 버리지 않았다. 그들은 더 성공적 방법을 찾았을 뿐이다.

교회에 다니지 않은 사람들의 첫 번째 불만은 교회가 항상 "돈을 요구한다"는 것이었다. 윌로우크릭은 주말 예배에서 헌금을 계속 받았지만, 새로 온 사람들에게는 청중 사이를 지나가는 플라스틱 바구니에 아무것도 넣지 말라고 부탁했다.

그러나 윌로우크릭이 이러한 불만을 통해 얻은 가장 중요한 정보는 교외 거주자들이 그들의 돈을 굉장히 귀하게 여긴다는 사실이었다. 그들은 받은 상품이 최상급일 때만 돈을 지불하고 시간을 투자했다. 그래서 윌로우크릭은 음악, 미디어, 드라마, 메시지가 가능한 한 최고의 기술력과 전문성을 갖추고 건물과 부지가 항상 **멋지게 보이도록** 노력했다.

배링턴 교외 주민들은 전통적 교회를 "뻔하고 지루하게" 여겼기 때문에, 윌로우크릭은 전통적 교회처럼 보일 수 있는 모든 것을 없애기로 했다. 윌로우크릭은 처음에 배링턴에 있는 극장에서 모였고(뉴욕의 채텀 극장에서 모였던 피니의 교회를 연상시킨다), 배링턴 캠퍼스에서 첫 번째 강당을 건축했을 때, 그 내부는 넓고 현대식 텔레비전 스튜디오와 매우 흡사했다. 텔레비전 스튜디오처럼 강당에는 종교적 분위기를 나타내는 전통적 기독교 상징이나 교회 같은 장식이 전혀 없었다.

윌로우크릭 지도부가 구도자 예배를 교회 교인들을 위한 예배로 간주하지 않았다는 사실은 중요하다.[42]

구도자 예배는 비교인들을 대상으로 했다. 윌로우크릭의 등록 교인 수는 주말에 출석하는 사람들의 수보다 훨씬 적었다. 교인들은 (적어도 최근까지) 수요일이나 목요일 저녁 예배에 참석했다. 예배로서 이러한 주중 예배는 한 달에 한 번 성찬식을 거행했고, 더 많은 등록 교인이 참여토록 했다.[43]

윌로우크릭 구도자 예배는 이 패턴의 표준이 되었고, 전 세계 수많은 교회가 모방했다. 이것은 부흥 운동 집회 전통을 따르는 예배로, 지금은 좀 더 정중하게 "교회에 다니지 않는 사람들"이라고 불리는 잃은 자들의 회심을 목표로 했다.

이 예배는 부흥 운동의 연극적, 감정 효과적, 기술 집중적인 특징을 가졌다. 예배의 구성 요소는 임의적인 "새로운 수단"으로, 그것이 만들어 내는 결과로 평가된다. 구도자 예배는 부흥 운동 집회처럼 전통적 예배 관행을 거부하고 새로운 것을 받아들인다.[44]

---

42 Pritchard는 다음과 같이 말한다. "주말 예배는 예배가 아니라는 것을 교회 스태프는 알고 있다." *Willow Creek Seeker Services*, 25. Joe Horness, "Contemporary Music-Driven Worship," in *Exploring the Worship Spectrum, 6 Views*, ed. Paul E. Engle (Grand Rapids, MI: Zondervan, 2004), 107도 참조하라.
43 *Reveal* 연구의 결과로, 최근에 교회는 성찬식을 주말로 옮겼다.
44 William Dyrness는 *Primer on Christian Worship: Where We've Been, Where We're Going, and Where We Can Go* (Grand Rapids, MI: Eerdmans, 2009), 62에서 약간 다른 비교표를 제공하지만, 전반적인 윤곽은 같다.

[부흥 운동 매크로 패턴]

부흥 운동	구도자 예배
준비단계	준비단계
환영	밴드가 공연하는, 시작 노래
인도자가 인도하는 회중 노래	환영
특별 음악, 솔로나 앙상블	회중이 부르는, 노래
음악을 동반한, 기도	밴드가 공연하는, 새 노래
특별 음악	음악이 계속되는 가운데, 기도
모금/음악	모금/음악
[간증]	[비디오 프레젠테이션]
	[짧은 드라마]
메시지	메시지
도입	도입
성경 본문/구절	성경 본문/구절
설교	설교
제단 초청	[제단 초청]
마침 기도	마침 기도
결단 요구	밴드가 공연하는, 마침 노래
사람들의 응답, 마침 노래	[다음 주에도 오라고 초청]
	[방문자 센터로 가라는 초청]

* [ ] 안에 있는 요소는 선택 사항이다.

> [부흥 운동/구도자 예배의 고유한 예전 단위와 성격 특성]
>
> 특별 음악/솔리스트, 앙상블 또는 성가대가 선곡한 노래
> 개인 간증
> 메시지(회중의 필요에 맞춘 설교)
> 교회에 대해 배우라고 초청
> 제한된 회중의 언어적 참여와 제스처
> 관심을 끌기 위해 참신하고 흥미진진한 것을 사용
> 메시지 주제와 관련된 드라마
> 일반적으로 음악과 함께하는 비디오 프레젠테이션
> 청중 중심
> "교회에 다니지 않은 사람들"이 쉽게 참여할 수 있도록 기획
> 등록 교인들만 하는 헌금

9. 부흥 운동 매크로 패턴에 대한 평가

피니 시대부터 현재까지, 부흥 운동은 칭찬과 비난을 함께 받았다. 그러나 교회를 평가할 때 효과와 진보의 원칙을 받아들이면, 기독교에 대한 부흥 운동의 소비주의적 접근법은 반박할 수 없을 것 같다.

교회 성장 설명서의 판매량, 교회 마케팅 전략의 인기, "브랜드"(복음적, 현대적, X-세대, 자유주의, 이머징, 진보 등) 교회들의 발전은 모두 생산성, 효율성, 진보성이라는 기술과 소비주의 원칙에 기반한다. 부흥 운동은 미국 기독교에서 다양한 신학적 전통의 교회에 계속해서 큰 영향을 미치고 있다.[45]

---

45 서부 해안 지역에 있는 루터교에 대한 Stephen Ellingson의 연구에 따르면, 출석 교인 숫자 감소에 직면한 루터교들은 전통적 루터교에는 맞지 않음에도 불구하고, 교회 성장의 한 방법으로 대형교회/구도자 모델을 전적으로 받아들이고 있다. *The Megachurch and the Mainline: Remaking Religious Tradition in the Twenty-First Century* (Chicago, IL:

교회가 참석자의 소비 기호에 따라 예배를 기획할 때 예배의 성격은 어떻게 되는가?

비평가들은 미국 부흥 운동의 마케팅 스타일이 교회로 하여금 사람들을 공산품 소비자로 보고 사역하게 하면서 복음의 의미를 왜곡한다고 주장한다.[46]

이전 세대의 그리스도인들은 '어떻게 하면 내 삶이 하나님을 예배하는 데 잘 맞도록 교회와 함께 만들어 갈 수 있을까'를 고민했을 것이다.

부흥 운동/구도자 모델은 참석자가 이렇게 질문하도록 이끈다.

"이 교회의 예배가 나에게 얼마나 잘 맞을까?"

그러한 예배는 나의 기분과 상관없이 무언가를 반드시 해야 하는 의무나 순종을 더 이상 요구하지 않는다. 회중의 관점에서 예배를 판단하는 가장 중요한 기준은 내가 그것을 좋아하는가이다.

청중-중심 예배에는 많은 인력과 재정이 요구된다. 설교자와 예배 인도자는 시간이 많이 소요되는, 참신하고 흥미진진한 프레젠테이션을 준비해야 한다는 엄청난 압박을 받는다. 청중-중심 예배에는 우수한 멀티미디어 장비와 기술자, 그러한 미디어가 잘 사용될 수 있는 강당도 필요하다.

구도자 예배에 대한 일반적인 오해 중 하나는 '가볍게'(casual) 보인다는 것이다. 잘 준비된 구도자 예배가 청중에게는 가볍게 느껴질 수 있지만, 지도부에게 가벼운 것은 하나도 없다.

구도자 예배는 세세한 부분까지 철저하게 계획한다. 조명이 들어오고, 충분히 연습한 밴드가 첫 곡을 시작한다. 설교자가 무대에 올라오고, 설교단과 소품이 마술처럼 나타난다. 드라마에 등장하는 배우들은 대사를 틀리지 않는다. 음향, 조명, 프로젝션이 모두 완벽하게 작동한다.

University of Chicago Press, 2007), 178-90을 보라.

[46] 한 예로, Philip D. Kenneson and James L. Street, *Selling Out the Church: The Dangers of Church Marketing* (Nashville, TN: Abingdon Press, 1997)을 보라.

내 경험에 비추어 볼 때 대형교회를 모방하려고 값싸고 불충분한 장비를 사용하는 작고, 준비되지 않고, 인력이 부족한 교회와 함께 예배하는 것은 고통스러울 수 있다. 기술적, 연극적 탁월성은 구도자 예배의 에토스에 필수적이고, 그러한 탁월성이 없이는 교회에 다니지 않는 사람들에게 매력적이어야 한다는 구도자 예배의 목표는 달성되지 못할 확률이 높다.

그러나 이러한 문제들에도 불구하고, 부흥 운동/구도자 예배 모델을 높이 평가할 점들이 많다.[47] 이 모델은 북미인들의 삶에서 토착화된 민주적이고 대중적인 에토스에 부합하고 북미 문화가 피할 수 없는 소비문화라는 점을 인식하기 때문이다.

교회가 역사적으로 특정 지역에서 예수 그리스도의 교회가 되기 위해 다양한 문화와 교류해 온 것처럼, 미국 교회들은 미국인들이 교회로 가져오는 민주적 성향과 소비주의를 무시할 수 없는데, 심지어 그러한 성향에 도전할 때도 그렇다.[48] 이것은 특히 지배문화와 먼저 소통해야 하는 전도 사역에서 중요하다.

부흥 운동/구도자 예배 모델은 예배 리더십의 수행을 중요하게 여긴다. 이것은 예배 리더들에게 부담을 줄 수 있지만, 긍정적으로 생각하면, 그것은 그들에게 최선을 다하도록 도전한다. 아무리 진정성이 있다고 하더라도 엉성한 리더십은 절대로 유익하지 않다. 예배가 교회의 가장 중심적이고 가시적인 활동이라면, 중요하게 잘 실행되어야 한다. 기도서에 실린

---

[47] 예배에 대한 이런 접근법에 감탄하지 않을 수 없는 이유를 강조한 "Sunday's Coming" 비디오에 대한 비평을 위해서는 Taylor Burton Edwards, "Sunday's Coming: A Companion Ritual Analysis," part 1을 참조하라. http://www.gbod.org/site/apps/nlnet/content.aspx?c=nhLRJ2PMKsG&b=5609115&ct=8398993, 2011년 8월 22일 접속; part two: http://www.gbod.org/site/apps/nlnet/content3.aspx?c=nhLRJ2PMKs-G&b=6745269&ct=8402463, 2011년 8월 22일 접속.

[48] Vincent J. Miller, *Consuming Religion: Christian Faith and Practice in a Consumer Culture* (New York, NY: Continuum, 2003), 20-31.

정해진 예식을 사용하는 교회도 유능한 예배 리더십을 필요로 한다.

이에 더해, 부흥 운동의 참신함에 대한 집착은 문제가 될 수 있지만, 현대 뇌과학에 따르면, 참신함의 경험과 인간의 집중력 사이에는 상관관계가 있다. 그에 대해서는 피니가 옳았다. 과학은 또한 지나친 참신함은 너무 강력해서 집중력 저하를 일으킬 수 있음도 보여 준다.[49]

마지막으로, 일부 비평가는 부흥 운동/구도자 교회가 미국 문화에 지나치게 타협했다고 비난하지만, 정반대의 결론에도 도달할 수 있다. 부흥 운동/구도자 모델은 회심을 최우선 목표로 삼음으로써, 교인들에게 그들이 삶의 방식과 종교가 기본적으로 기독교적 문화에 살고 있다는 착각에서 벗어나라고 도전한다.[50]

구도자 예배를 시작한 교회들은 건물을 세우면 사람들이 당연히 올 것으로 생각하지 않았다. 그 교회들은 신자가 아닌 사람들을 끌어들이기 위한 모델을 개발했다. 그리고 그들은 아직 회심하지 않았기 때문에, 경험 있는 그리스도인들이 할 줄 알거나 하기를 원하는 것들을 할 것이라고 기대하지 않았다.

윌로우크릭교회 지도부가 처음부터 구도자 예배를 신앙생활의 첫 단계로만 간주했다는 사실은 매우 중요하다. 교회의 등록 교인이 된다는 것은 제자훈련 소그룹에 들어가고, 세례와 성찬을 받고, 교회의 사역을 돕는 일에 더 많이 헌신하는 것을 뜻한다. 요컨대, 구도자 모델은 회중 예배

---

49 Daniel T. Washington, *Why Don't Students Like School: A Cognitive Scientist Answers Questions* (San Francisco, CA: Jossey-Bass, 2009), 8-10. 새로움의 필요성은 특정한 활동의 본질을 이해하는 방식과도 관련된다. 이것은 예배와 의례를 이해하는 방식에 관한 문제를 제기한다. 예배는 많은 참신함이 요구되는 엔터테인먼트와 유사한가? 아니면 신선하게 오래 유지될 수 있도록 약간의 새로움을 더하는, 매일의 일상과 더 비슷한가?

50 그러나 활동적이지 않은 그리스도인에게 "교회에 다니지 않는 사람"이라는 신조어를 사용하는 것은 문제가 있다고 생각한다. 그것은 마치 교회에 다니는 것이 당연한 생활 방식인 것처럼 들린다. 그것은 기독교 문화가 지배적인 곳에서만 타당하다.

가 모든 것을 할 수 있다고 여기지 않는다. 교회에 다니지 않는 사람들에게는 좀 더 초보적인 것이 필요하다.

(확장된) 부흥 운동/구도자 모델의 텔로스/에토스

	텔로스(목표)	에토스(성격의 특성)
19세기 유형: 부흥 운동	잃어버린 자 회심시키기. 의욕이 없는 사람들의 기운 돋우기.	감정적 효과 탁월한 기술 동기를 부여하는 전문 지식 전통적 규범 무시 참신함 대립적 상호 작용 청중-중심 내용 '무대' 연극성
현재 형태: 구도자 예배	교회에 다니지 않는 사람들에게 다가가기.	감정적 효과 탁월한 기술 동기를 부여하는 전문 지식 전통적 규범 무시 참신함에 대한 포용 (청중을 위한) 자연스러움 비대립적 상호 작용 소비자-중심 내용 시장-주도적 멀티미디어 의존성 '텔레비전' 연극성

좋아하든 싫어하든, 부흥 운동/구도자 예배 모델의 영향력은 엄청났다. "새로운 수단"을 비판하는 사람들도 예배의 진정한 효율성, 생산성, 진보성에 대한 피니의 주장을 기본으로 삼는 경우가 많다.

회중의 동기, 리더십의 효율성, 개인의 필요 충족, 문화에 대한 적절성, 전통적 관행과 사고방식에 대한 의심은 부흥 운동의 특징이고, 자유주의 신학 진보주의자와 보수주의 기술 진보주의자 모두가 이를 수용한다.

앞으로 살펴볼 다른 예배 모델들에서 우리는 찰스 G. 피니의 영향력을 계속해서 보게 될 것이다.

제4장

교육으로서의 예배

교회학교

> 일리노이주 대법원은 교회 재산세 면제에 관한 최근 판결에서 교회학교는 법이 고려하는 의미에서 예배가 아니라는 근거를 취한 것 같습니다.… 교회학교는 예배의 일부가 아니라는 법원의 주장을 우리는 옳지 않다고 생각합니다. 교회학교를 경험했던 이들은 알고 있듯이, 교회학교는 많은 어린이가 공적 예배로 참여하는 예배입니다. 법원이 교회학교를 공적 예배의 일부가 아니라고 가정하는 것은, 설교가 공적 예배에 포함되지 않는다는 말과 같습니다.
>
> "일리노이주 대법원, 교회학교는 공적 예배가 아니라고 판결하다"
> - 「노스웨스턴 크리스천 애드보컷」(*Northwestern Christian Advocate*)[1]

화요일 아침, 목사는 다음주일을 위해 주보를 준비한다.

그녀는 속으로 생각한다.

'무엇을 위해 합심으로 기도해야 할까?'

'서약 캠페인을 이제 막 마쳤는데, 재정 기부에 대해 말해야 하나? 다음 주일은 대림절 첫 번째 주일이기도 하니 그것에 대해서도 말해야겠다.'

---

1 Vol. 38, no. 2 (Jan 8, 1903): 54-55.

그녀는 웹 브라우저에 "청지기 캠페인 대림절 예배 자료"라고 입력한 후, 몇 번의 클릭만으로 다음의 자료를 발견한다.

> 은혜로우신 하나님!
> 이 기대의 계절, 대림절을 맞아 당신께 감사와 찬양을 올려드립니다. 당신 아들의 탄생을 준비하면서, 우리는 태어날 아이를 기대할 때처럼 기쁨과 설렘으로 십일조와 헌금을 드립니다.[2]

'거의 완벽하네. 크리스마스에 대한 기대와 나눔에 대한 설렘. 캠페인은 성공적일 것이고 우리는 준비가 되었다는 내용만 덧붙이면 되겠다.'

예배를 계획한다는 것이 회중이 한목소리로 읽을 특별한 교훈적인 기도문을 작성하는 일이라는 생각을 목사는 어디에서 얻었을까?

오늘날 많은 개신교 목사에게 이것은 당연한 절차가 되었지만, 교회의 역사 대부분에서 이러한 권한을 가졌던 목사는 없었다. 이러한 현대적인 생각은 19세기에 교회학교에서 생겨났다.

1. 교회학교의 발흥

교회에 교회학교가 항상 있었던 것은 아니다. 이는 공과 공부에 참석하거나 적어도 예배 전후에 자녀를 공과 공부반으로 데려오는 것을 주일과 동의어로 여기는 많은 개신교 신자에게 놀라운 말일 수 있다. 그러나 18

---

[2] http://www.gbod.org/site/c.nhLRJ2PMKsG/b.3784705/k.A0D8/Stewardship.htm, 2011년 12월 6일 접속.

세기 후반까지만 해도 이와 비슷한 개념은 존재하지 않았다.

1780년, 영국인 로버트 라이크스(Robert Raikers)는 고향인 글로스터에 가난한 노동자 계층 가정의 자녀들을 위한 최초의 교회학교를 설립했다. 라이크스의 학교는 일주일에 하루 쉬는 날을 이용하여 가난한 아이들에게 기독교 가치관을 심어 주고, 성경과 성공회 교리문답을 배울 수 있게 읽기를 가르쳤다.

교회학교에는 가난한 어린이를 그리스도와의 구원의 관계로 인도한다는 복음적 목표가 있었을 뿐 아니라 유용하고 법을 준수하는 영국 왕실의 신민을 형성하고자 했다.[3] 글로스터에서 실행된 이 사회실험은 영국 언론의 주목을 받았고, 곧 다른 도시들도 그들의 학교를 세웠다. 교회학교는 놀랍게 성장했다. 1787년 기준으로 가장 정확한 추정치에 따르면 영국 교회학교의 등록자 수는 25만 명에 달했다.[4]

영국 교회학교에 대한 소문은 신생국인 미국으로도 퍼졌다. 1970년, 필라델피아의 여러 교단의 교회 지도자들은 가난한 어린이들을 교육하기 위해 '첫째날협회'(First Day Society)를 설립했다. 이듬해 감리교 감독인 프란시스 애스베리(Francis Asbury)는 가난한 사람들뿐 아니라 감리교에 소속된 모든 이의 자녀들에게도 교회학교를 권장했고, 다른 교단들도 이러한 좀 더 포괄적인 접근 방식을 채택했다.[5] 따라서 미국의 교회학교는 사회 계층을 모두 아우르는 민주적 기관으로 발전했다.

---

3   Edwin Wilbur Rice, *The Sunday-School Movement and the American Sunday-School Union: 1780-1917* (Philadelphia, PA: American Sunday-School Union, 1917), 13-17.

4   Robert W. Lynn and Elliott Wright, *The Big Little School: 200 Years of the Sunday School* (Nashville, TN: Abingdon Press, 1980), 27-28. 교회학교의 일반 역사를 더 알고 싶으면, Lynn과 Wright의 연구 외에도 Anne M. Boylan, *Sunday School: The Formation of an American Institution, 1790-1880* (New Haven, CT: Yale University Press, 1988)도 참조하라.

5   James E. Kirby, Russel E. Richey, and Kenneth E. Rower, *The Methodists, Student Edition* (Westport, CT: Praeger, 1998), 171.

19세기 초에 이르렀을 때, 미국 개신교 교회들은 교회학교를 열성적으로 받아들였고, 19세기 중반에는 성인반도 만들었다.[6]

1824년 미국교회학교연합회(American Sunday-school Union)는 회원 교회들이 미국 어린이 인구의 약 1.5 퍼센트에 달하는 48,681명의 어린이를 등록시켰다고 보고했다.[7] 1833년에는 그 수가 76만 명의 '학생'과 80,913명의 자원 교사로 급증했다.[8] 1890년 감리감독교회(Methodist Episcopal Church)는 그들 교단에만 30만 명의 교사와 250만 명의 학생이 있다고 주장했다.[9]

교회학교 운동은 초교파적이었을 뿐 아니라 민족 차이도 뛰어넘는 운동이었다. 예를 들어, 아프리카감리감독시온교회(African Methodist Episcopal Church, Zion)는 1872년에 10만 명의 학생이 등록되어 있다고 주장했는데, 전체 회원 수는 그 수의 두 배에 불과했다.[10]

이러한 급속한 성장으로 교회학교 운동은 미국의 교회 생활에 큰 영향을 끼쳤다.

첫째, 교회학교 운동은 평신도 사역을 위해 중요한 새로운 장소를 제공했다. 성공회와 루터교에서는 성직자들이 입교를 준비하는 아이들을 위한 교리 교육 수업을 진행했지만, 다른 교단들은 그러한 시스템이 구축되지 않아서 부모들이 자녀들의 교리 교육을 책임졌다. 교회학교 운동은 어

---

6 1960년 감리감독교회 총회는 교회학교에 성인반을 의무화했다. Kirby, Richey, and Rowe, *The Methodists,* 202을 보라.
7 Boylan, *Sunday School,* 11.
8 *Ninth Annual Report of the American Sunday-school Union* (Philadelphia, PA: American Sunday-school Union, 1933), 3.
9 Kirby, Richey, and Rowe, *The Methodists,* 201.
10 *The Methodist Almanac* (New York, NY: Carlton and Lanahan, 1872), 19. *The Methodist Almanac*은 역사적으로 흑인 교단들의 교회학교 출석자 수와 회원 수 비율이 비슷하다고 보고한다.

린이를 위한 공식적인 종교 교육을 성인 자원봉사자의 손에 맡김으로써, 이러한 무게 중심을 옮겼다.

둘째, 교회학교는 계획과 실행에 많은 시간이 필요했고, 이로 인해 이미 꽉 차 있던 주일 모임 일정이 더 혼잡해졌다. 교회학교 운동의 가장 큰 논쟁 중 일부는 주일예배와 관련하여 가장 이상적인 수업 시간을 찾는 문제였다. 19세기 중반에 일부 교회는 교회학교로 '어린이 예배'를 대체하면서 공적 예배와 수업을 동시에 진행하는 실험을 했다.[11]

셋째, 교회학교는 모임 공간이 필요했다. 19세기 이전까지 개신교 교회는 주로 예배를 위한 모임 장소였다. 교회들이 교회학교 커리큘럼에 학년제를 도입하면서 아이들 교실을 위한 공간을 확보하기 위해 시설을 확장했다. 1872년, 오하이오주 아크론의 교회학교 교장이었던 루이스 밀러(Lewis Miller)와 그의 교회는 최초의 교회학교 건물을 설계하고 건축했다. '아크론 플랜'(Akron Plan)이라고 알려지게 된 설계 계획은 미국에서 50년 동안 가장 널리 사용된 건축양식이었다.

---

[11] "On Public Worship Suitable for Sunday School Children," *The Sunday School Teacher's Magazine and Journal of Education*, third series, vol. 1 (Jan 1844); 185-87.

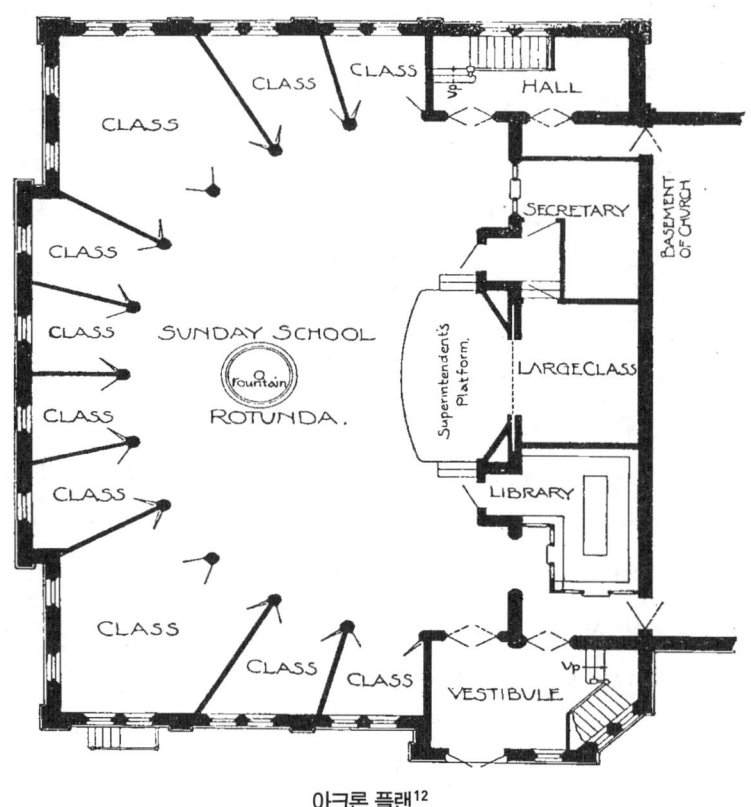

아크론 플랜[12]

그전까지 비슷한 것이 존재한 적이 없었기에, 당시 종교와 세속 언론은 모두 밀러의 교회학교 건물에 대해 보도했다.[13]

교실을 위한 이동식 칸막이와 구성원 전원의 활동을 위한 중앙 원형 홀을 갖춘 아크론 플랜은 과거에는 예배만을 위해 사용되던 공간을 포함한

12　Marion Lawrance, *Housing the Sunday School* (Philadelphia, PA: The Westminster Press, 1911), 87.
13　저명한 건축가인 George Kramer는 아크론 플랜 교회학교 모델에 대해 이렇게 말했다. "그것은 교회 또는 교회 건축에서 수 세기 동안 없었던 새로운 시대와 진보를 의미했다." George W. Kramer, *The What, How, and Why of Church Building* (New York, NY: n.p., 1897), 218.

'다용도' 공간이라는 혁신적 개념을 제안했다. 아크론 플랜의 인기는 20세기 초에 이르러 시들해졌지만, 당시에는 교회학교를 위해 충분한 공간을 고려하지 않고 교회 건축 프로젝트를 진행한다는 것은 상상할 수 없는 일이었다.

교회학교 도입으로 교회로 존재하는 데 드는 비용이 더 들게 되었다. 건축과 교육 커리큘럼을 위한 재정적 비용뿐 아니라 교육프로그램 운영을 위한 인적 자원 비용도 필요해졌기 때문이다. 교회학교의 상당한 요구 사항들은 불가피하게 공적 예배 실행을 포함한 교회 생활 전반에 영향을 끼쳤다.

2. 교회학교 집회: 개회와 폐회 활동

1828년, 미국교회학교연합회에서 저명한 회중교회 설교자인 라이먼 비처(Lyman Beecher)는 교회학교의 목표를 깔끔하게 요약한 발의를 제시했다.

> 이 회의는 국가의 지적, 도덕적 문화를 증진하고, 우리의 공화주의적, 종교적 제도를 영속시키고, 탁월한 국가적 번영과 도덕적 순수성, 미래의 행복을 조화시키는 데 이 기관[교회학교]이 매우 적합하다고 평가한 것을 결의했다.[14]

교회학교의 '텔로스'는 아이들의 기독교 지식과 품성을 기르고, 성인들의 이러한 특성을 강화하는 것이었다. 19세기 미국에서는 종교적 덕목뿐

---

14 "Annual Report," in *The Fourth Report of the American Sunday-school Union* (Philadelphia, PA: American Sunday-school Union, 1828), 13.

아니라 시민적 덕목을 형성하는 것도 여기에 포함했다.

교회학교의 '에토스'는 영적, 시민적 형성에 영향을 미치는 다양한 '활동'을 사용하는 교훈주의였다. 이 에토스는 교실 수업뿐 아니라 각 세션을 구성하는 노래, 기도, 합독과 같은 집회 개회와 폐회 활동에도 속했다.

'활동'으로 불리는 것은 공적 예배의 요소들을 교회학교 집회로 가져왔다. 미국교회학교연합회의 1839년 판 교사용 지도서에 따르면, "일반적인 개회 활동은 노래, 성경 읽기, 기도다."[15] 지도서는 다채롭고 아이들이 이해하기 쉬운 경건 활동에 약 20분을 할애하라고 권장했다.

교장은 그날을 위한 성경 본문을 읽으면서 어려운 단어나 문구가 나오면 설명을 위해 잠시 멈췄다. 봉독과 기도, 찬송에서 중요한 요건은 아이들의 감성과 능력에 대한 적합성이었다.

교회학교가 발전하면서 예배 활동도 점점 더 정교해졌다. 교회학교를 주도적으로 지지했고 훗날 감리교 감독이 된 존 빈센트(John Vincent)는 1871년 연수회에서 이 활동의 순서의 예를 제공했다.

I. 개회

1. 노래.

2. 교장과 전체 학생의 팔복 낭독(마 5:1-10).

3. 기도(모두 일어서서). 주기도문을 함께 암송하면서 마무리.

4. 노래.

5. 출석 확인

---

[15] Frederick Adolphus Packard, *The Teacher Taught, or an Humble Attempt to Make the Path of the Sunday-school Teacher Straight and Plain* (Cincinnati, OH: The American Sunday-school Union, 1939), 183 이하.

II. 성경 공부

공과 광고.

준비 기도.

30분간 공부.

암송 구절(Golden Text) 암송[마 5:6, 8].

총복습.

III. 폐회

1. 노래.

2. 마침 예식.

신호에 맞춰 모든 학생이 일어나 다음을 암송한다.

"나의 반석이시요 나의 구속자이신 여호와여 내 입의 말과 마음의 묵상이 주님 앞에 열납되기를 원하나이다."

그러면 교장이 다음과 같이 말한다.

"우리가 서로 떠나 있을 때 여호와께서 우리 사이를 살피시옵소서."[16]

빈센트의 순서는 주기도문, 암송 구절, 위의 예에서는 학생들과 교장 사이의 마무리 응답 등, 특정한 기어 활동이 순서에서 어떻게 고정된 부분이 되었는지를 보여 준다.

빈센트의 순서에서 분명하지 않은 것은 팔복 낭독이 학생들과 교장 사이의 교독으로 진행되었는가 하는 점이다. 영국 성공회와 미국 성공회는 오랫동안 시편 교독에 익숙했었지만, 다른 개신교 교회들에서는 책(기도서나 성경)을 입수할 수 있고 다른 사람과 함께 큰 소리고 읽을 수 있는 능

---

16 John H. Vincent, *The Sunday-school Institutes and Normal Classes* (San Francisco, CA: K. Thomas; Cincinnati, OH: Hitchcock & Waldern, 1872), 80-81.

력을 요구하는 이 관행을 피했다.

1855년 「뉴 잉글랜드인과 예일 평론지」(*The New Englander and Yale Review*)에 실린 회중교회 목사의 익명 논평은 공적 예배에서 사용되는 교독 방식에 대한 많은 사람의 우려에 대해 언급했다.

> 목사와 회중이 시편과 다른 성경 구절을 교독하거나, 전체 회중이 주기도문을 암송하는 방식을 우리 교회들이 시도한다면 분명히 실패할 것이다. 우리는 그런 종류의 어떤 것도 실패할 것이라고 확신한다. 감리교의 기도 응답 방식, 즉, 각 예배자가 "아멘"이라고 말하면서 간구 기도에 자신이 참여하고 있음을 표현하는 방식은 성경의 원래 사용법에 더 일치하고 따라서 우리 제도의 특성에도 잘 맞는다.[17]

이러한 반대에도 불구하고, 교회학교는 성경 읽기에 활기를 불어넣기 위해 학생들이 직접 참여하는 교독 방식을 채택했다. 학생들은 이미 교리 문답과 성경 공과의 문답 형식에 익숙해져 있었고, 교독 방식은 그 형식에 있어 매우 유사했다. 19세기 말에 출간된 교회학교용 찬송가에는 문답형 공과 내용이 포함되어 있었다.

수많은 에큐메니컬 및 교단 대회와 워크숍에서 교회학교 지도자들은 교독의 사례를 발표했다. 미국과 캐나다 전역의 '비전례적' 교회들의 교회학교 교사들은 매우 성공회식인 전례적 낭독 방식을 점진적으로 채택했다.

1872년, 미국교회학교연합회는 인쇄물 준비와 보급을 쉽게 하려고 일련의 통일된 공과를 채택했다. 이러한 통일된 공과로 인해 교회 자료 출판사들은 표준 공과 시리즈를 기반으로 학습 계획과 함께 찬송가, 기도문,

---

[17] "The Puritan Ritual," *New Englander and Yale Review*, vol. 13, no 4 (1855): 461.

어린이와 매 주일 성경 본문에 특별히 맞춰진 교독문이 포함된 보조 교재를 제작할 수 있었다.

이러한 출판물들은 콘퍼런스와 워크숍에서 홍보되면서 비전례적 교단들 사이에서도 전례적 자료의 보급이 늘어났다. 침례교회, 감리교회, 장로교회, 회중교회 지도자들은 통일관 공과를 꽤 열심히 받아들였다. 아이러니하게도, 예배와 설교를 위한 고정된 성서정과(lectionary) 개념에 완강하게 반대했던 그 교회들이 교회학교에서는 낭독과 기도, 찬송을 위한 고정된 에큐메니컬 성구집(lectionary)을 채택했다.

문이 한번 열리자, 비전례적 전통의 교회학교 교사들은 성가, 일정한 축도, 송영, 주기도문, 십계명, 사도신경 등, 전례의 다른 부분들을 가져오기 시작했다.[18] 20세기 초에는 예배로 부름과 그날의 공과 주제에 맞게 구성된 다양한 기도문에도 교독 방식을 사용하기 시작했다. 요약하면, 비전례적 교단들은 표준화된 성경 봉독, 시편 교독, 성경 본문, 예배로 부름, 기도문을 교회학교의 신앙 훈련으로 받아들였다.

3. 신앙 훈련에서 예배 강화물로

오늘날 교독, 성가, 신조, 암송, 송영의 현대적 사용이 교회학교 집회에서 비롯되었다고 말하면 직관적이지 않은 것처럼 들려질 수 있다. 그러나 19세기에 교회학교의 이러한 신앙 훈련은 전형적인 설교 중심의 예배와는 다른 방식으로 참여와 집중을 끌어냈다. 역사적 상황에서 이러한 신앙 훈련은 '어린이에게 적합했고', 전하는 바에 따르면 아이들은 이를 좋아했다.

---

18 John J. Matthias, *The Sunday School Manual* (New York, NY: Lane & Scott, 1848).

이러한 신앙 훈련이 성공적이었다는 가장 좋은 증거는 교회학교 신앙 훈련으로 형성된 어린이들이 성인 예배자로 성장하면서 이러한 참여적 관행을 가져왔다는 점일 것이다.

19세기 후반에 감리교회, 침례교회, 장로교회는 신앙 훈련을 "예배 강화물"(enrichments)로 칭하며 주일예배에 통합했다.[19] 실제로 (교육자인 클레이 트럼불[Clay Trumbull]이 설명했던 것처럼) "교회학교의 연합 기도와 찬양, 암송"[20]은 비전례적 교회에서 성인 예배자를 훈련할 때 사용하는 특별한 예전 자료가 되었다.[21]

규모가 크고 부유한 교회일수록 교회학교 관행과 전례서와 기타 자료를 예배 강화물로 주일예배에 통합시켰지만, 작은 시골 교회들은 회중 예배에 교회학교 활동을 사용하는 것에 덜 적극적이었다. 어린이 프로그램을 위해 별도의 강당을 건축할 여력이 있는 작거나 소수민족 교회들은 거의 없었다. 이러한 교회에서는 교회학교 집회와 공적 예배가 같은 공간에서 진행됐다. 게다가 많은 시골 교회는 매주 주일 오전 설교 예배를 위해 목회자를 고용할 여유가 없었다.

교회학교 집회에는 목사가 필요하지 않았기 때문에 교회들은 설교자가 다른 곳에 간 주에 교회학교 모임을 가졌다. 이러한 많은 교회에서는 평신도가 진행하는 교회학교 집회가 매주 정기적으로 예배하는 기회가 되

---

19   예를 들어, 한 유명 주간지는 이렇게 썼다. "성경 읽기의 문제와 교독 예식의 문제는 밀접하게 연관되어 있다. 실제로 우리가 공적 예배를 풍성하게 만드는 강화물에 대해 말할 때, 일반적으로 의미하는 것이 교독과 인쇄된 다양한 기도문들이다." *Public Opinion*, vol. 8, no. 20 (Feb 22, 1890): 476.
20   교회학교에 관한 유명한 예일대학교 강연에서 H. Clay Trumbull은 이렇게 말했다. "많은, 아주 많은 어린이가 교회학교의 연합 기도와 찬양과 암송을 통해 그리스도와 닮아가는 데 도움을 받았습니다." *The Sunday-school: Its Origin, Mission, Methods, and Auxiliaries, Yale Lectures on the Sunday-school* (Philadelphia, PA: John D. Wattles, 1888), 198.
21   다양한 예배 순서에 대해 불만을 토로했던 감리교 감독은 (제2장) 교회학교에서 비롯된 이러한 "강화물"을 언급하고 있다.

었고, 심지어 설교자가 왔을 때도 설교 예배는 교회학교 집회가 끝난 직후에 같은 공간에서 시작되었다.

20세기로 접어들면서, 시골 교회에서 교회학교 집회의 폐회 광고, 성경봉독, 기도, 교독, 노래가 설교 예배의 시작 부분으로 기능하거나, 목사가 설교하는 주일이 아닐 때 설교 예배를 대체하는 경우가 자주 있었다.[22] 일부 대형 아프리카계 미국인 교회는 교회학교 집회의 잔재인 광고와 기도로 예배를 시작한다.

4. 어린이 설교

위에서 언급했듯이, 교회학교 운동 초기에 어린이 모임과 공적 예배의 관계에 관한 논쟁이 일어났다. 많은 지도자는 국가 차원에서 교회학교를 "어린이 교회"로 부르는 것을 강력히 반대했다. 교회학교가 공적 예배를 대체할 수 있다는 뉘앙스를 줄 수 있었기 때문이다. 어린이는 교회학교와 공적 예배에 모두 참석해야 했고, 교회학교 집회는 온전한 공적 예배가 아니기 때문에 일반적으로 설교 순서가 없었다.

그렇지만 교장이나 교사는 공과에 대해 가르치면서 어린이들에게 적합한 실례를 제공했고, 교회학교 저널과 그날의 책에는 이러한 실례 자료가 가득했다. 이것이 설교는 아니었지만, 아이들이 이해하는 실례를 사용하는 설교의 유용성을 제안했다.

목사가 어린이를 대상으로 설교한 첫 번째 사례는 교회학교 오전 집회에서가 아니라 교회학교 프로그램에서 후원하는 어린이를 위한 월별 '콘

---

22 1980년대에 나는 교회학교 폐회 기도로 주일예배를 시작하는 세 곳의 시골 연합감리교회를 섬겼다.

서트'에서 이뤄졌다. 이러한 모임에서 목사는 교사들이 사용했던 것과 비슷한 실례를 포함한 설교를 했다. 한 교회학교 지도자는 전형적인 예를 설명했다.

> 목사는 교회에서 성인을 대상으로 했던 설교의 틀을 그대로 가져와서 그것을 아이들이 이해할 수 있는 교훈과 실례, 사실로 채움으로써 어린이 설교를 만든다.[23]

처음에는 이런 설교를 능숙하게 해내는 목사가 거의 없었다. 그래서 교회학교 저널에는 어린이 설교를 어색하게 시도하는 목사들에 대한 불만이 가득했다. 그렇다고 이 관행이 인기를 점점 더 얻는 것을 막지는 못했다. 심지어 성인 청중 중에도 그들의 목사가 실례를 사용하며 쉬운 언어로 설교하는 것을 좋아한다고 말하는 이들이 많아졌다.[24]

부흥 운동의 압박을 받은 설교자들은 더 연극적이고 도전적인 설교를 추구했지만, 교회학교의 영향으로 그들의 설교는 더 친화적이고 실용적으로 되었다. 1980년대에는 교단을 막론하고 많은 미국 교회 목사가 주일 오전 예배 시간에 어린이들을 앞으로 나오게 하여 그들을 위한 메시지를 간략하게 전했다. 짧은 성경 봉독과 실용적 실례가 포함된 현대 어린이 설교는 교회학교에서 비롯된 예전 단위다.

---

23 Erwin House, *The Sunday School Teacher,* vol. 3 (1868): 70.
24 일반적 의견이다. "그날 예배에서 어린이 설교가 가장 좋았다는 말을 종종 들었다." *Minutes of the Seventy-Eighth Annual Meeting of the Congregational Churches of Massachusetts* (Boston, MA: Congregational Publishing Society, 1880), 17.

5. 20세기의 발전

19세기의 종교 교육은 독서, 암송, 기계적 암기를 강조했던 학교 모델을 주로 따랐다. 20세기 초에 이르러, 교육 이론은 교육이 일어나는 현장에서 학생의 경험이 중요하다는 점을 강조하기 시작했다. 종교 교육자들 사이에서 이러한 논의는 '종교 심리학'이라는 범주 아래에서 발전하여 그 방법에 대한 근거를 모색했다.

윌리엄 제임스(William James)와 존 듀이(John Dewey)의 실용주의 철학은 과학적 범주로서 경험 탐구에 지적 무게를 실어 주었다.[25] 교육가들은 과학적으로 접근한 경험이 개인의 도덕적 삶을 좀 더 효과적으로 형성할 수 있다고 제안했는데, 그것은 바로 교회학교의 암묵적 텔로스였다.

얼마 지나지 않아 새로운 교육과학은 신학교 커리큘럼에 포함되었고, 신학교는 당시의 교육 방법으로 전문적인 종교 교육자를 양성하기 시작했다. 경험에 기반한 종교 교육은 성경과 교리문답을 가르치는 것 이상을 목표로 삼았는데, 어린이와 성인 모두를 "좀 더 윤리적인 사회 건설에" 역할을 감당하는 개인으로 형성하는 것이었다.[26]

앞에서 살펴보았듯이, 19세기 교회학교는 이미 집회의 신앙 훈련을 통해 체험 활동을 통합했다. 교회학교 지도자들은 아이들의 주의를 집중시키고, 그들의 신앙심을 고양하고, 다른 교인들과 주일예배에 참여하도록 훈련하는 방법으로 신앙 활동의 사용을 정당화했다. 20세기는 젊은이들의 사회적 가치관을 형성하는 방법으로 체험 활동으로서의 예배의 중요성이 더욱 강조했다.

---

[25] William James, *The Varieties of Religious Experience* (London: Longmans, Green, and Co, 1911); John Dewey, *Democracy and Education* (New York, NY: MacMillan, 1916).

[26] David Ralph Bains, "The Liturgical Impulse in Mid-Twentieth Century American Mainline Protestantism" (Harvard University unpublished PhD dissertation, 1999), 46.

뉴욕에 있는 유니언신학교의 종교 교육학 교수인 휴 하츠혼(Hugh Hartshorne)은 교회학교 예배에 관한 다수의 논문과 저서에서 예배의 사회적 중요성을 강조했다. 하츠혼은 종교적 감정을 불러일으키는 경건한 기도와 찬양의 중요성을 인정했다. 그러나 그는 이러한 관행이 예배자의 태도와 윤리적 습관에 끼치는 실제적 (그리고 윤리적) 영향을 강조했다. 그에게 예배는 "지도자가 사회적 가치관을 보존하고 발전시키기 위해 집단의 사회적 경험을 통제할 수 있는 수단"이었다.[27]

하츠혼에 따르면, 교회의 공적 예배와 교회학교의 예배 준비에서 태도를 변화시켜 윤리적 사회를 형성할 수 있는 예배 순서를 계획하는 일은 예배 기획자의 과제였다.

> 목사에게는 분명한 목적과 분명한 계획이 있어야 한다. 그는 회중이 새로운 관점을 갖거나 새로운 결심을 하길 원한다. 이를 위해 그는 음악, 찬송, 기도, 성경, 연설을 선택하고 조화롭게 하나로 엮어 청중의 마음에 원하는 변화가 일어나도록 유도한다.[28]

하츠혼의 발언이 과격하게 들릴지 모르지만, 그의 교회학교 예배 자료집은 대부분 성공회 전통의 역사적 자료에서 얻은 것들이다. 심지어 그가 추천한 현대 어린이 찬송가 가사도 전통적인 유럽 찬송가 곡조에 어울렸다.[29]

27　Hugh Hartshorne, *Worship in the Sunday School: A Study in the Theory and Practice of Worship* (New York, NY: Teachers College, Columbia University, 1913), 28. Bains, "The Liturgical Impulse," 46도 보라.

28　Hartshorne, *Worship in the Sunday School*, 115-16.

29　Hugh Hartshorne, *The Book of Worship of the Church School* (New York, NY: Charles Scribner's Sons, 1916).

그러나 얼마 지나지 않아 종교 교육자들은 예배에 대한 좀 더 혁신적인 접근법을 제안했다. 1935년, 보스턴대학교의 감리교 기독교 교육자였던 마리 콜 파월(Marie Cole Powell)은 그녀의 저서 『예배의 경험 안내』(Guiding the Experience of Worship)에서 경험에 기반한 교육 방법론을 사용했다. 그는 다음과 같이 직설적으로 말했다.

> 예배 자체는 일차적으로 형식이 아니라 경험이다.… 예배에서 가장 중요한 것은 경험의 질이다.[30]

파월에 따르면, 성공적인 예배 기획은 하나님에 대한 의미 있는 경험을 만들었다. 하츠혼과 마찬가지로 파월은 이를 위해서는 성경과 신학에 대한 이해 그 이상의 것이 필요하다고 믿었다.

> 예배 프로그램을 기획하는 사람은 신도일 뿐 아니라 무언가의 과학자, 예술가이기도 해야 한다.[31]

그러나 파월은 의미 있는 예배 경험을 만들어 내기 위해 전통적 전례 자료를 사용하기보다는 흥미로운 이야기, 토크-백 세션, 음악, 그림, 심지어는 음악에 맞는 영상 슬라이드를 사용하라고 장려했다. 1935년에 출간된 책에서 앞을 내다본 그녀는 미래의 교회들이 예배에서 경험을 만들어 내려면 "움직이는 그림"을 사용해야 할 것이라고 제안했다.[32]

---

30 Marie Cole Powell, *Guiding the Experience of Worship* (Cincinnati, OH: The Methodist Book Concern, 1935), 14. "예배 경험"(worship experience)이라는 용어에 대해서는 22쪽을 보라.
31 Powell, *Guiding the Experience of Worship*, 30.
32 Powell, *Guiding the Experience of Worship*, 159-60.

6. 교회학교 예배의 연중 계획

따라서 그리스도인의 형성적 경험을 통제하는 일은 예배 프로그램 기획에서 핵심적 문제였고, 이는 기도서 전통에 얽매이지 않은 교회의 경우 일 년 내내 매주 주일예배를 기획해야 하는 문제를 낳았다.

미국교회학교연합회의 통일된 공과 시리즈는 한 가지 형태의 계획을 제공했고, 여러 교단 및 초교파 출판사들은 학년별 학습을 위한 인쇄된 기도문과 예시 찬송가가 포함된 시리즈를 기반으로 공과 보조 자료를 출판했다. 그러나 그러한 신앙 보조 자료가 교회학교 전체 예배에 늘 적합하지는 않았다.

하츠혼은 교회학교 예배를 주제에 따라 유익하게 구성할 수 있다고 최초로 제안한 사람 중 하나다. 그는 교회학교 예배에 관한 첫 번째 책에서 추수감사절부터 부활절까지를 다루는 6주간 시리즈를 위한 주제의 틀로서 '감사, 선의, 공경, 믿음, 충성'이라는 그리스도인의 기본 태도를 제안했다.[33] 교회학교 예배를 주제별 시리즈에 따라 구성하는 관행은 20세기 중반에 교회학교 집회 자체가 점차 사용하지 않게 되면서 시들해졌다.

그러나 개신교 설교자들이 그 발상을 설교 시리즈 형식으로 채택했고, 이 형식으로 공적 예배에 들어갔다. 오늘날 대형교회 운동은 주제별 설교 시리즈 예배 관행을 부활시켰다.

교회학교 운동이 주제별로 예배를 기획하기 시작하는 데 사용했던 또 다른 방식은 일 년 중에 일반적인 '특별한 날들'을 장려하는 것이었다. 미국교회학교연합회가 장려한 첫 번째 특별한 날은 학생들이 새 학년으로 진급하는 매년 가을에 학교들과 함께 '랠리의 날'(Rally Day)을 기념하면서 교회학교 자체의 사역을 강조했다.

---

33 Hartshorne, *Worship in the Sunday School*, 50-51.

19세기 후반에 이르러서 교회학교는 (교육을 강조했던) 어린이날과 '결정의 날'(Decision Day, 고등학교 졸업생이 대학의 입학 제의에 수락할지 또는 거절할지 그 여부를 통보해야 하는 날 – 역자주)을 공인했다. 개신교도들이 역사적인 기독교 축제인 크리스마스와 부활절을 널리 (그러나 보편적이지는 않게) 기념하는 가운데, 교회학교는 이러한 날들과 함께 새해와 7월 4일 전 주일과 같은 법정 공휴일을 강조하기 시작했다.

추수감사절과 어머니날, 아버지날은 모두 교회학교가 장려했고, 교회 자료 출판사들은 교사들에게 이러한 날들에 적합한 개회 및 폐회 활동의 예시를 제공했다.

20세기 초, 국제교회학교협회(International Sunday School Association) 사무총장으로 수년간 봉직했던 마리온 로렌스(Marion Lawrance)는 이렇게 말했다.

> 북미의 교회학교에서는 200개가 넘는 특별한 날들이 지켜지고 있다.… 그 중 적어도 100개 이상은 꽤 유명해졌다.[34]

이 모든 날을 다 지킬 수 있는 교회학교는 없기에, 지도자들은 각자의 상황에 맞는 날들을 선택해야 했다. 로렌스는 모두 교회학교가 어린이날과 랠리의 날과 함께 성탄절과 부활절(우리 주님의 탄생과 부활을 기념하는 두 개의 큰 절기)은 지켜야 한다고 제안했다. 따라서 역사적으로 가톨릭 교회력을 거부했던 전통을 가진 개신교 교회들은 일종의 대안 교회력이 될 수 있는 특별한 날들의 표준 일정을 채택하기 시작했다.[35]

---

34 *Special Days in the Sunday School* (New York, NY: Fleming H. Revell Company, 1916), 7.
35 개신교도들이 20세기 후반에 좀 더 확장된 교회력을 다시 사용하기 시작하면서, 예를 들어, 오순절이 어머니날과 겹치는 등 충돌이 일어났다. 어머니들은 관심을 끌기 위한 싸움에서 성령과 경쟁할 때도 대개 승리했다.

VII. 친목 기간 118

생일 주일 – 방문자의 날 – 옛 캐럴의 날 – 음악의 날 – 노래의 날 – 환영의 날 – 페넌트의 날 – 추억의 날 – 낯선 사람의 날 – 교회의 날 – 성 밸런타인데이(심장의 날)

VIII. 레크리에이션 기간. 128

소풍의 날 – 5월의 날 – 스윙 축제– 행진의 날(오래 걷기의 날)

IX. 애국 기간. 137

애국의 날(국기의 날, 독립기념일, 자치령 제정 기념일) – 선량한 시민의 날 – 현충일 – 평화의 날 – 워싱턴 대통령 생일 – 링컨 대통령 생일 – 리 장군 생일

X. 민족 및 박애 기간 144

동문의 날 – 귀성일 – 재회의 날 – 달콤한 기억의 날 – 병자 방문의 날 – 작별주일 – 목사의 날 – 교장의 날 – 스승의 날 – 공려회의 날 – 에프워스 동맹의 날 – 침례교 청년 연합의 날 – YMCA의 날 – YWCA의 날 – 세계 교회학교의 날 – 국제교회학교협회의 날

XI. 교육 기간 154

교육의 날 – 대학의 날 – 주간학교의 날 – 직업의 날 – 도시 기관의 날(커뮤니티 기관의 날, 커뮤니티 훈련학교의 날) – 교사 훈련의 날 – 컨벤션 일요일(에코 일요일) – 성경의 날 – 책의 날 – 전람회 날 – 정비의 날 – 명예의 날 – 점검의 날 – 재고의 날 – 모범의 날 – 진급의 날

[교회학교의 특별한 날 목차 일부][36]

---

36 Lawrance, *Special Days*, 10.

모든 교단에서 좀 더 중요한 특별한 날들이 표준이 되면서, 특별한 날들과 관련되고 교회학교 자료에서 홍보되는 활동들 역시 표준화되었다. 학생들이 새 학년으로 진급하는 9월 마지막 주일에 열리는 랠리의 날은 보통 아이들이 깃발을 든 아이들의 행진으로 시작되었다. 미국에서 독립기념일에 가장 가까운 일요일에는 아이들이 손을 들고 국기에 대한 맹세를 암송하면서 성조기와 '기독교 기'에 경례했다.

특별한 날 프로그램은 꽤 공들여 만들어질 수 있었다. 부활절을 위한 효과적 프로그램의 한 예로, 로렌스는 "변화된 십자가"(Changed Cross)라고 불린 활동을 상세히 설명했는데, 길지만 인용할 가치가 있다.

> 거대한 십자가는 굵은 철조망과 대략 1/2인치 정사각형 철망으로 만들어진다. 십자가의 높이는 6피트이고, 앞면과 옆면의 폭이 10 또는 12인치고, 뒷면은 개방되어 있다.
>
> 교회학교 학생들은 대개 한 가지 색의 카네이션을 가져오도록 요구받는다. 학교도 많은 양을 구매하고, 혹 시간이 충분하다면 꽃집에서 쪼갠 버들가지(splits)라고 부르는 것도 충분히 구매한다. [여기서 그는 철조망 십자가에 꽃들을 가져오는 행렬을 설명한다.] 십자가 뒤에 서 있는 한 청년이 꽃들이 틀에 닿을 때까지 줄기들을 잡아 당긴다.
>
> 십자가가 덮이면, 마치 카네이션으로만 만들어진 것으로 보일 것이다. 네 팔이 만나는 십자가 중앙에 아름다운 부활절 백합을 꽂아놓고, 십자가 위의 준비된 철사 틀에 적당한 크기의 교사용 성경책을 편 채로 올려놓는다. 그리고 그 위에 청미래덩굴로 만든 작은 가지 모양의 장식품을 놓는다. 밑의 그림을 참조하면 완성된 십자가가 대략 어떤 모습일지 알 수 있을 것이다. 그림의 십자가는 여러 가지 색으로 만들어졌다. 십자가는 단색으로 만들어지면 더 아름답다.

이 시점에서 목사는 부활절 십자가에 대한 메시지를 전한다. 교회의 조명이 모두 꺼지고 교회학교는 〈주가 지신 십자가〉(In the Cross of Christ I Glory)를 노래한다. 노래가 시작될 때 십자가 내부의 전등이 켜진다. (당연히 배선 작업은 미리 완료되었고, 모든 전기 장치는 십자가 일부를 형성하지만, 전구를 제외하고는 눈에 띄지 않는다.)

위에서 언급한 작년 예배에서 카네이션은 모두 진한 붉은 색이었는데, 〈주가 지신 십자가〉가 불리는 동안 이 아름다운 핏빛 십자가가 어둠 속에서 빛을 발할 때, 청중이 받았던 감동은 말로 표현할 수 없다.

변화된 십자가[37]

---

[37] Lawrance, *Special Days*, 28.

물론 "변화된 십자가"에 대해 로렌스가 자세하게 설명한 내용을 그대로 따르는 교회는 거의 없을 것이다. 그러나 많은 교회가 부활절에 꽃들로 장식된 십자가를 사용했다. 오늘날까지도 미국 남부의 많은 교회는 부활주일에 꽃으로 덮인 철조망 십자가를 설치하고 있다.

7. 인쇄 자료로서의 예배

위의 예들이 보여 주듯이, 20세기 초까지 소위 비전례적 교단에 속한 개신교도들은 교회학교에서 점점 더 다양해지는 의례 관행을 받아들이고 있었다. 이러한 특별한 목적을 위한 의례 관행은 전문 종교 교육자들이 어린이와 청소년의 관심을 끌고, 마음을 사로잡고, 습관을 형성하는 예배 활동에 그들을 참여시키기 위한 아이디어를 공유한 책과 저널, 잡지를 통해 전파되었다. 교회학교 예배의 초기 사례는 주로 성경, 오래된 전통적 기도문, 전통적 찬송가 등에서 전례 자료를 가져왔다.

그러나 경건과 행동을 형성하는 경험의 힘을 새롭게 인식하게 되면서, 파월과 로렌스 같은 종교 교육자들은 창의력이 넘치는 의례 프로그램을 만들기 시작했다. 종교 교육자들이 주창한 새로운 예식 중 일부는 유럽 가톨릭과 루터교의 대중적 신심과 유사했다. 예를 들어, 로렌스의 "변화된 십자가"는 히스패닉 가톨릭 신자들이 성 십자가 축일에 행하는 대중적 신심 예식과 비슷했다.

그러나 로렌스가 이러한 유사성을 알고 있었던 것 같지는 않다. 더 잘 알려진 예는 대림절 화환이다. 대림절 화환은 북유럽 가정의 신앙 예식으로 시작된 것인데, 종교 교육 출판물에서 홍보되면서 미국 개신교도들의 공적 예배에서 인기를 얻었다.

적당한 가격의 인쇄기가 발명되면서, 지역에서 인쇄된 자료를 예배에서 사용하는 경우가 매우 늘었다.[38] 20세기 초에는 가난한 교회들도 교회학교 집회뿐 아니라 예배를 위해 주보를 제작하기 시작했고, 교회학교 자료 출판사들은 집회를 위한 복사용 예전 자료를 제공했다.

"예배 자료"(worship resources)라는 표현을 사용한 최초의 출판물은 1948년에 나온 청소년을 위한 자료집이다.[39] 1950년대에 전국교회협의회(National Council of Churches)에서 발행한 「국제 종교 교육 저널」(*International Journal of Religious Education*)에는 교회학교의 다양한 연령대를 위한 예배 순서가 포함된 예배 자료라는 섹션이 있었다.

얼마 지나지 않아, 예배 자료를 담은 자료집의 출판은 교회학교의 영역을 넘어 확장되었다. 그러나 예배를 위한 자료를 제작한다는 개념은 종교 교육자들 사이에서 비롯되었다.

"예배 자료"라는 개념의 발전은 우리가 이미 부흥 운동 모델에서 봤던 예배의 이해에 중대한 변화가 일어났음을 실증한다. 이전 세대의 그리스도인들은 공적 예배를 자신이 복종해야 하는 확립된 집단의 활동으로 이해했다. 이는 기도서를 사용하는 교단과 인쇄된 기도문을 사용치 않는 비전례적 교회 모두에게 해당하는 이야기였다.

목사들은 설교를 준비했고 음악가들은 음악을 선별했다. 그러나 주일 예배 순서나 내용을 실제로 계획하는 일에는 그리 신경 쓰지 않았다. 거의 표준화되었기 때문이다.

20세기 초, 교육 방법론에서 경험이 점점 더 강조되면서, 예배는 지도자들이 아이들을 효과적으로 참여시키기 위해 매주 구성해야 하는 프로그램이 되었다. 성경, 기도문, 찬송가, 대중적 경건 예식, 새롭게 출판된

---

[38] 교회 주보의 기원에 대해서는, David Russell, "A History of Church Bulletins," *Studia Liturgica* 35 (2005): 60-80을 보라.
[39] David R. Porter, Worship Resources for Youth (New York, NY: Association Press, 1948).

(교단 또는 기타) 자료는 예배 자료의 창고에서 어느 정도 동등한 품목들이 되었다.

8. 창의적 예배

20세기 후반에 이르러, 하나의 제도로서 교회학교 집회의 직접적인 영향력은 줄어들었지만, 교회학교에서 발전된 예배의 성격은 계속해서 교회에 영향을 미쳤다. 1960년대와 1970년대에 많은 개신교 지도자가 예배자의 마음과 생각을 형성한다는 목표를 다시금 열정적으로 받아들였다.

어떤 교회가 예배에 대한 열망을 표현하는 방식에서 볼 수 있듯이, 예배의 표어는 **적절성**이었다.

> 1900년대 초의 잘못된 '종교 음악'이나 '교회스러운' 고정관념을 제거하는 데 특히 중점을 두면서, 현대 생활에 적절한 엄선된 찬송가 가사를 제외하고, 19세기의 태도, 관습, 예술 형식의 예배를 완전히 없애 버린다.[40]

주류 교회들 사이에서 이것은 윤리적 적절성을 포함했고, 일반적으로 당시의 뜨거운 사회적 사안을 다루는 "예언적 목소리"라고 특징지어졌다. 그러나 그것은 개인적 차원의 적절성도 의미했고, 1960년대와 1970년대의 경건하지 않은 분위기 속에서 예배는 새로운 유희적 정신을 발견했다.

40　1960년대 후반 워싱턴 DC에서 열린 현대적 예배 모임인 "Church-O-Theque"에 대한 Kenneth S. Jones의 설명한 내용을 David James Randolph, ed., *Ventures in Worship,* vol. 1 (Nashville, TN: Abingdon Press, 1969), 6에서 발췌함.

그러면서 고루한 전통의 형태에서 벗어나 현수막과 풍선 같은 축제용 소품을 사용하는 '파티'로서의 예배를 채택했다.[41] 마임과 광대들이 설교자와 봉사자들 옆에 나란히 자리했고, 예배는 사교적으로 흥미를 유발하는 방식으로 '재밌게' 되었다.

(1970년대의 수많은 예배 자료집에서 표현된 자칭) 창의적 예배 운동은 교회 학교 예배의 교훈적이고 자료-중심적인 접근법과 일맥상통한다. 대학교 캠퍼스 사역은 많은 주류 신학교가 그랬던 것처럼 창의적 예배 운동을 환영했고, 대학 캠퍼스 사역의 창의적 예배는 지역 교회로 퍼져 나갔다.

창의적 예배는 표면적으로 전통적 형식(예배로 부름, 참회의 기도 등)을 사용했지만, 확실히 '유행에 따라' 변형된 경우가 많았다. 다음은 널리 사용된 자료집에 있는 크리스마스를 위한 예배로 부름의 한 예다.

> **인도자**: 안녕하세요!
>
> **회중**: 안녕하세요!
>
> **인도자**: 또 다른 한 주의 삶을 환영합니다.
>
> **회중**: 우리는 감사(gratitude)로 찬양하기 위해 왔습니다.
>
> **인도자**: 우리는 과거뿐 아니라 현재도 찬양합니다.
>
> **회중**: 우리는 그분이 태어난 날이나 장소를 기리지 않습니다.
>
> **인도자**: 그 장소와 시간은 아무것도 아니기 때문입니다.
>
> **회중**: 그분이 지금 여기에 함께 하신다는 사실과 비교하면 말입니다![42]

전례 어휘("감사")의 잔재가 있긴 하지만, 사용된 언어가 얼마나 '교회스럽지 않은지' 바로 알아차릴 수 있을 것이다. 그러나 위의 예배로 부름

---

41 예를 들어, David James Randolph, *God's Party: A Guide to New Forms of Worship* (Nashville, TN: Abingdon Press, 1975)를 보라.
42 Randolph, *God's Party*, 12.

은 단순한 언어를 사용했음에도 불구하고 분명히 교훈적이다.

예배자들은 소리 내어 읽으면서 그들이 감사로 찬양하기 위해 왔다고 선포하지만, 그들이 (예수라는 이름이 명시적으로 언급되지는 않았지만 아마도) 예수님께서 탄생하신 날이나 장소를 기리고 있는 것이 아니라 '지금 여기에' 계신 예수님을 찬양하고 있다고도 선포한다. 예배자는 놀랄지도 모른다.

"정말?

나는 베들레헴의 예수 탄생을 기리러 온 줄 알았는데?"

그러나 그것은 창조적 예배의 교훈적 방법 일부다. 예배자들은 그들 자신이 말하고 있는 내용에 대해 생각해 볼 수 있도록 문제가 될 수 있는 말을 하게 된다. 느낌표 사용은 예배자들이 이러한 진술을 열정적으로 낭송하도록 강하게 권면한다. 실제로 느낌표를 자유롭게 사용하는 것은 "안녕하세요"와 같은 평범한 인사와 마찬가지로 창조적 예배의 특징이다.

다음의 회중 고백은 윤리 의식을 불러일으키면서도 창조적 예배의 매우 개인적이고 특이한 성격을 잘 보여 준다.

> 주여 (잠시 멈춤), 주여 (멈춤), 주여. 내 말을 들어주십시오. 당신께서 내 말을 들으시는 줄 알지만, 가끔 이 세상, 이 도시, 이 공동체, 심지어 이 교회를 둘러볼 때면, 당신이 내 말에 귀를 기울이시지 않는 것 같아 두렵습니다. 이렇게 느끼는 것이 죄일까요?…
>
> 네, 아버지. 우리는 당신의 자녀 중 많은 이가 가난하다는 것을 알고 있습니다. 우리는 당신의 많은 자녀가 우리의 욕심과 이기심, 오해를 반영한 전쟁으로 인해 목숨을 잃고 있다는 사실을 알고 있습니다. 그러나 우리는 무엇을 해야 할지 몰라 아무것도 하지 않았습니다.
>
> 그리고 우리는 이 동네에서 경험하는 불신과 오해를 낳는 빈곤을 책임지고 있습니다. 우리는 지금 회의하는 중입니다. 아주 긴 회의입니다. 무언가를 해야 한다고 결정하는 데 100년이 걸렸고, 지금도 일부는 약간 의심쩍어하

는 것 같습니다.

아버지 (멈춤), 아버지 (잠시 멈춤), 우리의 말을 들으셨기를 바랍니다. 아버지 드릴 말씀은 더 많지만, 지금은 이 정도만 해야 할 것 같습니다. 우리는 당신의 용서를 받을 자격이 없다는 것을 알지만, 부디 우리를 용서해 주십시오. 용서해 주십시오. 그러나 주저앉기를 고집하는 우리의 발밑과 등 뒤에 열을 가하시어, 우리가 당신의 참된 도구가 될 수 있도록 자유롭게 하시옵소서. 아멘.[43]

기도문에 삽입된 멈춤은 읽기 속도를 늦춤으로써 교인들로 그들이 말하고 있는 내용을 생각해 보도록 돕는다. 일인칭 단수와 복수 사이의 전환, 매우 개인적인 분투에 관한 언어("이렇게 느끼는 것이 죄일까요?"), 반어법 사용("우리는 그것을 책임지고 있습니다. - 우리는 지금 회의하는 중입니다")은 기도문을 읽는 모든 사람이 기도문 작성자가 분명하게 느꼈던 윤리적 문제를 꽤 강하게 경험하도록 한다.

회중을 위한 자세한 의례적 지시("멈춤…. 잠시 멈춤")는 창의적 예배 순서의 독특한 특징이고, 예배 기획자가 회중의 수행을 통제한다는 사실을 보여 준다. 이러한 지시는 회중이 익숙하지 않은 의례에 참여하도록 만들기 위해 창의적 예배에서 필요하다. 지시 내용이 인쇄되어 있지 않은 경우, 창의적 예배 인도자들은 일반적으로 회중 참여를 위해 분명하고 때로는 길게 말로 지시를 내린다.

창의적 예배 모델의 또 다른 특징은 역사적인 신조나 신앙고백 대신에 새롭게 작성한 신앙고백을 사용한다는 점이다. 이러한 진술은 종종 종교적 신앙의 내재성을 강조하기 위해 역사적인 신조의 문구와 일상적 열망을 표현하는 문구를 결합한다. 다음은 전형적인 예에서 발췌한 내용이다.

---

[43] Randolph, *God's Party*, 21.

우리는 성령께서

풍선과 목사

데이지꽃과 몸을 비비 꼬는 아이들

울리는 심벌즈와 침묵

드라마와 예상 밖의 일

찬양대와 현수막

감동과 기도

즉흥성과 계획성

믿음과 의심

눈물과 웃음

인도와 뒷받침

포옹과 무릎 꿇기

춤과 움직이지 않음

을 통해 일하시는 것을 믿습니다.[44]

구속사나 신앙의 교리적 내용에 초점을 맞춘 역사적 신조나 신앙고백과는 달리, 위의 진술은 지역 교회공동체가 행하는 모든 것에 하나님께서 내재하신다는 사실을 확증하는 것으로 지역 공동체의 행동에 주목한다. 회중은 질문하게 될 것이다.

"성령은 풍선을 통해 어떻게 일하신다는 거지?"

다음은 창의적 예배가 어떻게 진행되는지 보여 주는 주보에 인쇄된 순서의 예다. 이 순서는 한 대학교 캠퍼스 인근에 있는 에큐메니컬 예배 공동체가 실제로 사용하는 것이다.

---

[44] Ann Weems, *Reaching for Rainbows* (Philadelphia, PA: Westminster Press, 1980), 17-18.

[한 대학교 캠퍼스 인근에 있는 에큐메니컬 예배 공동체(1975년 4월 20일)]

공동체 모이기

전주

인사

기원

교제

찬양의 행위

  인도자: 손뼉을 치라!

  회중: 발을 구르라!

  인도자: 주께 소리높여 찬양하라!

  회중: 하나님을 찬양하라! 할렐루야! 하나님을 찬양하라! 아멘!

찬송

신앙고백 하기

신앙고백

  인도자: 하나님의 은혜의 달콤한 맛이 우리 입 안에 남아 있습니다.
        우리의 신앙을 고백합시다.

  회 중: 하나님의 사랑은 공로에 상관없이 그분의 백성에게 부어집니다. 그분은 우리를 있는 모습 그대로 받아 주시고 영원한 생명을 주십니다. 그분의 사랑은 우리를 채우고, 우리가 다른 이에게 나눌 수 있도록 넘쳐흐릅니다. 우리는 다른 이들을 사랑하고, 그들을 위해 사용되면서, 하나님에 대한 사랑과 우리를 향한 그분의 사랑에 대한 감사를 표현합니다. 자기라는 선물, 생명의 포도주를 나누는 것이 우리의 사명입니다.

나눔과 기도하기

기쁨과 슬픔 나눔

목회 기도

특별 음악

말씀 경청하기

고대의 말씀: 마가복음 8:34-38

현대의 말씀: 생활 비용(참고: 경건 독서)

말씀에 대한 설명: 사랑 비용

죄 고백하기

고백

    인도자: 우리는 마음속에서 분노하고 행위로 상처를 주었습니다. 우리의 죄를 고백합시다.

    회   중: 주 하나님. 분노와 실망으로 시온의 노래를 부를 수 없을 때, 우리를 용서해 주십시오. 우리가 마음으로 괴로움과 원한을 품고 있을 때, 우리를 용서해 주십시오. 형제와 자매는 생각과 행동으로 솔직하고 정직해지기 위해 서로의 짐을 나눠 짊어져야 한다는 것을 우리에게 가르쳐 주십시오. 우리가 잊어버릴 때, 그리고 상처를 내려놓기보다는 소중히 여길 때, 우리를 용서해 주십시오. 그리스도 예수의 능력으로 기도합니다. 아멘.

섬기러 떠나기

광고

봉헌

사랑의 원(참고: 목사가 축도할 때, 회중은 손을 잡고 큰 원을 만든다.)

축도

자기 나눔(참고: 많이 포옹한다.)

이 순서에는 역사적 기독교 예배의 몇 가지 요소(기원, 고백, 신앙고백, 축도 등)가 포함되어 있지만, 모두 창의적인 변형이 가미되었다. 예를 들어, '신앙고백'은 역사적 신조의 교리적 진술을 전혀 담고 있지 않다. 오히려 회중은 일련의 종교적 태도를 선언한다.

우리는 다른 이들을 사랑하고, 그들을 위해 사용되면서.

이 예배 순서에는 성경(고대의 말씀: 막 8:34-38)과 더불어 현대적 독서(현대의 말씀: 생활 비용-주보에 나와 있지는 않지만 시일 수도 있다)가 포함돼 있다. 설교자는 '설교'나 '메시지' 대신 "말씀에 대한 설명: 사랑 비용"을 제공한다.[45] 설명적 표지가 붙은 순서의 각 부분("공동체 모이기", "말씀 경청하기", "섬기러 떠나기" 등)은 창의적 예배 모델에서 전형적 예식이다. 이 예배의 교훈은 참석한 대학생들이 서로에게 친절하고, 긴밀한 지원 공동체를 형성하도록 가르치는 것이다.

교회학교 모델에서와 마찬가지로 '어린이 설교'가 아이들을 위해 만들어졌듯이, 창의적 예배는 특정 회중의 예측된 필요를 위해 리더들이 특별히 구성한 예배이다. 나는 청년이었을 때 이 예배에 참석했었다. 나는 이 예배가 나를 온전하게 참여하도록 만들었고 예배에 대한 기대를 형성했다고 간증할 수 있다. 그 후 몇 년 동안, 목사가 된 나는 목회하는 회중을 위해 이런 유형의 예배를 만들기 원했었다.

---

45 창의적 예배는 '설교'나 '메시지' 같은 명칭을 피하는 경향이 있다. 위의 예 외에도, 설교에는 "예언 말씀", "해석", "증언", "봉독에 대한 응답" 등의 꼬리표가 붙여진다.

교회학교 매크로-패턴(의 전형적인 예)

개회 활동
[모임]
노래
교독(마태복음 5:1-10)
기도
주기도
[사도신경]
노래
출석
성경 공부
폐회
노래
성경 구절 암송
[경건 독서]
축도

창의적 예배 매크로 패턴(의 전형적인 예)

모이기
교제
예배로 부름
노래
신앙고백
시작 기도
기쁨과 슬픔 나눔
목회 기도
특별 음악
말씀 예식
봉독
설교
말씀에 대한 응답
고백
광고
헌금
섬기러 떠나기
축도
해산
교제

교회학교/창의적 예배 패턴의 독특한 예전 단위와 성격 특징

(성경이나 기도문, 기타 텍스트) 교독
함께 읽는 인쇄된 기도문(감사, 고백, 도고)과 표적 집단을 위해 구성된 다른 예전 자료
(응답하는) 예배로 부름
표적 집단을 위해 만든 신앙고백
어린이 설교
성경 외 독서 사용
예배 참여를 위한 글 또는 말로 하는 지시
춤이나 율동 사용
'소품'과 실례 사용
주제적 예배

9. 교회학교/창의적 예배 매크로 패턴에 대한 평가

교회학교 예배의 성격은 앞서 설명했듯이 부흥 운동 예배의 성격과 일부 유사하다. 부흥 운동 예배가 관심을 붙잡는 방법으로 참신함을 우선시했던 것처럼, 교회학교 모델도, 특히 20세기 초에, 예배에서 관심을 붙잡고 새로운 경험을 만들어 내기 위해 참신함을 사용했다.

두 모델의 예배 기획자들은 회중에게 영향을 끼칠 수 있는 예배를 만든다. 요약하면, 그들은 예배의 텔로스에 대한 (신학적이라기보다는) 철저한 인류학적 이해를 공유하고, 예배의 가장 중요한 가치는 하나님을 향한 표면적 섬김보다는 인간에게 미치는 영향이다.

그러나 부흥 운동 예배 형식과 교회학교 예배 형식 사이에는 중요한 차이가 있다. 부흥 운동 예배는 갑작스럽고 감정적으로 충만한 회심을 목표로 하는 데 반해, 교회학교 예배는 점진적이고 의도적인 그리스도인 형성을 목표로 한다. 부흥 운동 모델은 참석자를 예배 진행 시 비교적 수동적으로 참여하는 청중으로 취급한다. 반면 교회학교 모델은 교독과 같은 활

동을 통해 모든 참석자의 능동적 참여를 장려한다.

부흥 운동 예배와 교회학교 예배는 모두 예배를 기획하고 실행하는 강력한 리더에게 의존한다. 그러나 부흥 운동 예배는 '전문가'가 주도하고, 이러한 전문성은 부흥 운동 설교와 음악에 신비함과 능력을 부여한다. 교회학교는 평신도 기관으로 시작되었고, 지역 교회의 활동적 교인들 가운데서 리더를 선택했다. 따라서 교회학교 예배 모델은 부흥 운동 예배보다 훨씬 덜 세련되고, 덜 전문적이다.

간략히 말하면, 부흥 운동 예배는 설교자와 음악가들이 관객을 위해 공연을 펼치는 극장과 비슷하다. 교회학교는 예배 기획자들과 리더들이 교사나 코치처럼 회중에게 실습의 기회를 제공하는 교실이나 체육관과 유사하다.

교회학교 예배는 찰스 피니의 "새로운 수단"이 등장하기 전에 그리스도인들이 예배를 이해했던 것처럼, 생각과 습관을 형성하는 예전 의례의 힘을 인정한다.[46] 그렇지만 교회학교는 초기 그리스도인들의 예배 이해와는 매우 다른 차이를 보여 준다. 교회학교에서는 예배의 거의 모든 의례가 사실상 예배를 기획하고 만드는 이들의 손에 맡겨지기 때문이다.

위에서 언급했듯이, 19세기와 20세기 초의 교회학교 지도자들은 교회학교 시장을 위해 출판된 책에서 예배 자료를 선택하는 경우가 많았다. 교회학교 예배가 영향을 끼치기 전에는 회중이 매주 바뀌는 기도문을 큰 소리로 읽지 않아도 됐다. 교회들은 즉흥 기도를 사용했는데, 말 그대로 교인들이 함께 낭송하도록 인쇄되지 않았다.

교회학교는 비전례적 교회에 인쇄된 기도문과 응답형 예배를 도입함으로써 이를 바꿔 버렸다. 교회학교에서 형성된 아이들은 성인이 되면서 주일예배에서도 인쇄되고 응답하는 형식을 사용하길 원했다. 그러나 매주

---

[46] 새로운 수단에 대한 자세한 내용은 이 책의 제3장을 참고하라.

인쇄되는 주보가 등장하면서, 예배 인도자들은 매주 직접 작성한 자료를 회중이 낭독할 수 있도록 인쇄할 수 있게 되었다.

이전에는 목사가 인도하던 대표 기도, 도고 기도 같은 기도들도 회중의 입으로 하게 되었다. 교회학교 집회의 응답형 예배를 채택한 교회에서는 읽기가 예배 참여에 필수적인 기술이 되었다.

그 패턴이 창의적 예배로 진화함에 따라, 그러한 예배는 공동체적이고 역사적으로 공유된 의례적 패턴과 기도 양식에 참여하기보다는 낯선 텍스트를 읽는 것을 의미하게 되었다. 예배 자료의 선택은 전적으로 예배 인도자의 재량에 달렸다. 기능적으로 창의적 예배는 자유를 극대화했다. 그러나 회중을 위해서가 아니라, 회중이 드릴 모든 기도, 회중이 고백할 모든 믿음, 회중이 수행할 모든 행위를 결정하는 예배 기획자를 위해서였다.

이는 공식 기도서를 사용하는 교회의 전례가 기능하는 것과는 상당히 다르다. 성공회의 『공동기도서』(*Book of Common Prayer*)는 분명히 성공회 신자들을 위한 예배 내용을 통제한다. 그러나 선택권은 책에 규정되어 있어서, 회중이 낭송하거나 수행해야 하는 것 중 사제에게 전적으로 맡겨지는 것은 거의 없다.

따라서 『공동기도서』는 예배에 대한 성직자의 지배권을 완화한다. 사제조차도 모든 성공회 신자가 기도서에서 공유하는 사회적 계약의 일부이기 때문이다. 회중의 응답 대부분은 매주 바뀌지 않기 때문에 정기적으로 예배에 참여하면 자연적으로 외워진다.

반면 창의적 예배 모델의 특별한 내용은 회중이 예전을 외우지 못하도록 만든다. 아이러니하게도 전통에서 벗어난 창의적 예배는 우리가 논의할 예배 패턴 중에서 가장 성직자 지배적인 예배다. 그러한 예배의 언어가 아무리 '유행에 민감하고' '개방적이고' '개인적으로 적절하게' 들리더라도, 그 언어는 여전히 교회의 예배를 통제하는 리더들의 수중에 있다.

그들은 자신들이 선택한 말을 각 참여자의 입속으로 집어넣는다.

전통적 성공회 전례에서 "자비로우신 하나님, 우리가 생각과 말과 행동으로 당신께 죄를 지었음을 고백합니다"라고 참회 기도를 정기적으로 하는 것과 예배에 와서 "주님, 저는 허세를 많이 부립니다"로 시작하는 새로운 고백 기도를 읽는 것은 전혀 다른 일이다.[47]

그러나 우리는 분명히 "허세를 많이 부리지만" 성공회의 일반적 참회 기도는 위엄 있는 언어와 일인칭 복수 대명사 뒤에 숨음으로써 우리로 그러한 사실을 인정하지 않게 만들 수 있다. 이것이 창의적 예배의 강점이다. 무언가를 불러일으키고, 개인적이고, 일상적인 언어를 통해서 하나님 앞에서 우리가 어떤 존재인지를 생각하도록 자극한다.

교회학교 전통은 우리가 믿는 것에 대해 교육한다. 우리가 기계적으로 말하는 것을 성찰하게 만든다. 무엇보다도, 예배가 그리스도인의 성화에 영향을 미친다면, 예배는 우리의 삶에 지극히 적절해야 한다는 사실을 계속해서 인식하도록 한다.

---

[47] Kathryn Rogers Deering, "Prayer of Confession," in David James Randolph, *Ventures in Worship*, vol. 3 (Nashville, TN: Abingdon PRess, 1973), 46.

	텔로스(목표)	에토스(성격의 특성)
19세기 유형: 교회학교 집회	그리스도인의 성품 형성 시민의 의무를 다하도록 형성	교훈적 효과 교실 환경 능동적 참여 강조 함께 하는, 교독 성경 중심 인쇄물(기도문, 읽을거리) 사용 기도문 암송/응답 회중(어린이)을 위한 각색 평신도 중심 리더십
현재 형태: 창의적 예배	사회적으로 적절한 증인으로 그리스도인 형성	경험적 효과 체육관 환경 능동적 참여 강조 함께 하는, 교독 성경 중심 참신한 기도문(ad hoc) 회중을 위한 각색(적절성) 강력한 리더십 통제 소품 사용 주제별 구성

    미국의 종교 교육은 지난 수십 년 동안에 교회학교를 넘어서 크게 발전해 왔다. 그러나 회중이 공적 예배를 기본적으로 큰 소리로 읽거나, 주보를 인쇄하거나 스크린에 투사하거나, 예배 기획자가 자료를 활용해서 만들거나 자신의 창의적 아이디어로 구상하는 것으로 생각하게 된 교회에서, 우리는 교회학교 패턴이 불완전한 영향력을 끼치고 있음을 지금도 발견한다.

    이러한 관련성이 거의 잊혔다는 것은 교회학교가 개신교도들이 교회로 존재하는 방식을 얼마나 효과적이고 근본적으로 변화시켰는지를 보여 주는 증거다. 우리는 다른 예배 패턴들을 고찰할 때 교회학교의 영향을 계속 발견하게 될 것이다.

제5장

예배, 예술, 사회계층
미적 예배

> 청교도 예배의 특징이었던 단순한 예배 순서는 청교도 안식일과 함께 사라졌다. 다양한 음악 형식, 정교한 의례, 교회 장식 및 교회 건축양식이 도입되어 이전에는 단순했던 예배를 정교한 미학적 측면이 중요시되는 예배로 바꾸었다. 부유한 지역에서는 인상적인 건축물을 짓는 데 비용을 아끼지 않았다.… 고가의 예술품과 호화로운 장식으로 꾸며진 값비싼 도시 건물에서 미학적으로 아무런 꾸밈이 없는 시골의 '예배당'(meeting house)으로 갈 때, 이런 질문이 강렬하게 떠오른다.
>
> "이러한 현대적 형태의 예배가 가진 의미와 가치는 무엇일까?"
> – 손 퍼햄 하일란(John Perham Hylan), 1901[1]

퍼스트교회(First Church)는 음악 프로그램으로 유명하다. 파이프 오르간은 훌륭한 악기고, 교회는 항상 지역 대학교의 음악학과에서 숙련된 오르간 연주자를 고용하여 잘 연주되도록 했다. 대부분 지역 사회의 자원자들로 구성된 성가대도 꽤 훌륭한데, 한 가지 이유는 교회가 보수를 지급하

---

1 *Public Worship: A Study in the Psychology of Religion* (Chicago, IL: Open Court Publishing, 1901), 7.

는 네 명의 전문 성악가가 각 세션을 이끌고 있기 때문이다. 아름다운 가운을 입은 성가대가 설교단 뒤 상층에 서서 고전 성가곡 중 하나를 봉헌송으로 부를 때 회중은 감탄하며 듣는다. 회중은 그들이 도시에서 가장 훌륭한 성가대를 보유하고 있음을 잘 알고 있다.

같은 도시에 있는 훨씬 더 작은 교회에도 성가대 프로그램이 있지만, 규모는 아주 작다. 초급반 학생을 가르치던 교인이 작은 전자 오르간을 연주한다. 몇 명의 여성과 두 명의 나이 든 남성으로 구성된 성가대는 주로 익숙한 찬송가를 3부 합창으로 편곡해 최선을 다해 부른다.

성가대원들이 몇 년 전 바자회 수익금으로 구매한 허름한 가운을 입고 강대상 뒤 상층에 서 있을 때, 교인들은 그들의 헌신에 감사한다. 그러나 퍼스트교회가 이 도시에서 가장 훌륭한 성가대를 보유하고 있다는 사실은 알고 있다.

최소한의 자원을 가진 이 작은 교회는 왜 예배에 성가대의 찬양 시간이 있어야 한다고 생각할까?

이는 19세기 후반에 시작된, 내가 '미적 예배'(Aesthetic Worship)라고 부르는 패턴으로 인한 결과이다.

1. 미국의 예배와 미적 문화의 발흥

지금까지 우리는 미국 개신교 예배에 극적 영향을 끼친 19세기의 두 가지 주요 운동인 부흥 운동과 교회학교에 대해 살펴봤다.

부흥 운동은 인간의 정서적, 감정적인 부분을 다룸으로써 개인의 극적인 기독교적 회심을 추구했다. 부흥 운동의 모델은 전문 공연장이었고 회중은 감동해서 눈물을 흘리길 원하는 수동적인 청중이었다. 부흥 운동은 열정을 불러일으키기 위해 감정을 겨냥했다.

반면에 교회학교는 회심을 점진적 형성 과정으로 보면서 인간의 지적 측면을 다뤘다. 교회학교의 모델은 정신 및 신체 활동을 통해 개인의 성격을 다듬는 교실 또는 체육관이었고, 기독교적 지식, 태도, 습관을 형성하기 위해 머리를 겨냥했다. 부흥 운동의 목적과 방법이 철저하게 대중주의적이었다면, 교회학교는 교육을 통해 미국 교회의 지적, 시민적 수준을 높이고자 했다.

19세기 중반에 이르렀을 때, 미국에서는 교회학교의 종교적 및 시민적 형성에 관한 관심에 병행하여 일어난 또 다른 운동이 있었다. 미국이 점점 더 번영하고 안정되면서, 교육받은 미국인들은 국가의 음악, 예술, 문학의 수준에 대해 더욱더 많은 관심을 두게 되었다.

물론, 미술과 음악, 문학은 기본적으로 일상과 문화 일부다. 사람들은 무언가를 만들고, 노래를 부르고, 이야기를 전한다. 북미 원주민들은 다양한 토착 예술을 하고 있었고, 아프리카 노예들은 그들의 문화 전통의 영향을 지켰다. 유럽 식민지 개척자들은 고국의 문화를 가져왔다. 그들이 가져온 문화 중 일부는 유럽 고급문화의 미술과 음악, 문학에서 비롯되었고, 다른 것들은 민요와 이야기 형태로 왔다. 그러나 19세기까지는 유럽계 미국인들이 고급예술과 대중예술의 경계를 구분하지 않는 것처럼 보였다.

로렌스 레빈(Lawrence Levine)은 19세기 초 셰익스피어의 작품들이 문학과 연극 모두에서 큰 인기를 끌었음을 보여 준다. 셰익스피어의 희곡들은 미국 전역에서 아마추어 극단과 전문 극단에 의해 공연되었다. 극단들은 관객들이 좀 더 쉽게 다가갈 수 있도록 셰익스피어의 희곡들을 자유롭게 짧게 줄이고, 때로는 미국인들의 취향에 맞게 각색하기도 했다.

셰익스피어의 『햄릿』은 평판이 좋지 않은 극작가들이 쓴 신파조의 저속한 작품이나 외설적 희극과 동시 공연도 했다. 다시 말하자면, 미국 초창기에 셰익스피어는 최상류 문화라기보다는 대중문화였다. 마찬가지로 유럽의 고전 음악과 오페라는 많은 대도시와 중소도시의 콘서트홀 프로그램을 채웠는데, 음악 프로그램들은 일반적으로 엄선된 오페라에 〈즐거운 우리 집〉(Home Sweet Home)과 같은 미국의 대중 노래를 결합한 것들이었다.

요약하면, 미국인들은 풍부한 음악과 무대 예술 문화를 가지고 있었지만, 19세기 초에는 '고상한 예술'과 '저속한 예술'을 구분하는 인식이 강하지 않았다. 오히려 미술, 음악, 연극은 대중적 엔터테인먼트였다.[2]

이러한 초기 시대에 예술에 대한 미국 개신교 교회들의 태도는 무관심에서 반감에 이르기까지 다양했다. 일반적으로, 교회 예술과 건축양식은 꾸밈이 없고 기능적이었다. 교회 음악은 무반주로 부르는 회중 찬송가였다. 예배에서 노래를 인도하거나 곡을 연주할 수 있는 악기와 훈련된 성가대를 갖춘 개신교 교회는 거의 없었다.

이에 더해, 인간의 작품인 예술이 과시적 표현이 될 수 있다는 우려 때문에 종교 지도자들은 소박함의 가치를 설교하면서 맞섰다. 음악과 연극 형태의 예술이 엔터테인먼트가 될 수 있기에 종교 지도자들은 착실하고 생산적인 생활의 필요성을 설교했다.

19세기 후반에는 미국에서 레빈이 '문화 계층'이라고 부르는 현상이 나타났다. 부유한 예술 후원자들은 관객이 마음대로 담배 피우고, 환호하고, 야유하고, 무대의 배우들에게 대꾸하는 등 멋대로 행동해도 괜찮은 공연장에서 연극이나 음악을 관람하길 더 이상 원치 않았다. 그들은 대중화에 오염되지 않은 진지하고 순수한 셰익스피어와 고전 음악을 원했다.

대도시에 있는 문화적으로 최상류층에 속한 극장과 오케스트라는 대중적인 엔터테인먼트의 시끌벅적하고 저속한 희극과 차별성을 두기 시작했

---

2   Lawrence W. Levine, *Highbrow Lowbrow: The Emergence of Cultural Hierarchy in America* (Cambridge, MA: Harvard University Press, 1988)를 참조하라. 용어들의 기원이 인종 차별적이어서 조심스레 사용했다.

다. 박물관들도 원래는 별난 가공품을 보관하던 곳에서 중요하고 독창적인 예술품을 소장해 놓는 곳으로 진화하고 있었다.[3]

미국인들은 '고상한' 예술과 '저속한' 엔터테인먼트를 구분하기 시작하면서 고급예술을 종교와 비슷한 문화적 가치를 지닌, 즉 신성한 것으로 이해하기 시작했다. 유럽 낭만주의의 영향을 받은 예술 비평가들과 후원자들은 종교적 가치의 언어를 사용하여 예술을 "신성한", "영적인", "아름다운" 것으로, 예술가들을 "대제사장"으로 묘사했다.[4]

고급예술은 사회적 미덕과 영적 계발을 위한 문화적 힘이었다. 이런 과점에서 예술을 대중적인 엔터테인먼트로 전락시키는 것은 단순히 '저급한' 행위가 아니었다. 그것은 신성모독이었다.[5]

개신교 교회들은 음악, 미술, 건축양식의 종교적 가치를 재고하면서 새롭게 부상하는 문화 계층과 고조되는 예술의 신성화에 대응하기 시작했다. 부흥 운동은 이미 개신교도들이 음악과 극적 공연의 감정적 힘을 효과적인 "새로운 수단"으로 인식하도록 만들었고, 대형교회는 부흥 운동 집회뿐 아니라 주일예배에도 유능한 연주가들과 가수들을 고용하고 있었다.

그러나 부흥 운동의 감정적 과잉이 복음의 가치를 떨어뜨린다고 생각한 일부 영향력 있는 지도자에게 피니의 부흥 운동 방식은 연극의 엔터테인먼트와 너무 비슷했다.[6]

---

3 Levine, *Highbrow Lowbrow*, 146-60.
4 Levine, *Highbrow Lowbrow*, 134-35.
5 Levine은 이러한 19세기의 발전을 "문화의 신성화"라고 부른다. *Highbrow Lowbrow*, 132-46을 참조하라.
6 John Williamson Levine은 "자극적인 영적 노래의 시끄러운 소리에 둘러싸여" 열망하는 좌석에 앉은 사람들을 자극하기 위해 사용되는 감성적 음악의 효과에 대해 한탄했다. 그는 피니의 부흥 운동에 대해 이렇게 말한다. "그러한 모임의 분위기가 신나고, 들뜨게 하고, 당혹스럽게 할 수도 있다. 그러나 헌신으로 이끄는 힘은 전혀 없다. *The Anxious Bench* (Chambersburg, PA: Office of the Weekly Messenger, 1843), 47-48

반면에 교회학교는 교독, 노래책 등 예배를 위한 다른 '강화물'을 사용함으로써 음악과 서면 기도문에 대한 새로운 접근법을 장려했다. 이를 통해 비전례적 개신교도들은 교회 음악과 인쇄된 예배 자료를 새롭게 인식하게 되었다.

부흥 운동이 기독교 지도자들로 회중에게 동기를 부여하는 음악의 힘을 고찰하게 했다면, 교회학교 운동은 음악과 예술을 존중할 만한 기독교 관행으로 보게 했다. 따라서 피니의 부흥 운동 방식과 교회학교 운동은 미국 교회가 상당히 다른 방식으로 음악과 예술을 주일예배에 통합하도록 이끌었다.

19세기에 변방 정착지들이 카운티 소재지로 발전하면서 교회들은 성가대, 연주자 등 미적 강화물을 사용하기 시작했을 뿐 아니라 레빈이 묘사한 문화 계층 상승에 부합하는 방식으로 교회 음악과 예술의 미학적 수준을 인식하게 되었다.

성공회 신자들은 '고급' 예술을 수용하는 경향이 있는 반면에, 침례교도들은 (특별한 경우를 제외하고는) '수준이 낮은' 예술을 계속 사용했다. 장로교회, 감리교회, 회중교회는 이러한 양극단 사이에 있었다.

그러나 교단에 상관없이 '고상한' 예술에 대한 선호도는 사회계층에 직접적으로 상응했다. 부유한 도시 교회는 시골 교회가 감당할 수 없을 정도로 고급스러운 건축양식과 음악을 선호했다.[7] 이는 종종 교회들이 의사

---

[7] 1929년, H. Richard Niebuhr는 교단들의 예전 스타일과 사회계층 사이의 상관관계를 설명했다. 중산층 교단들은 형식을 갖춘 의례를 선호하는 반면, "선거권이 박탈된 사람들의 교회"는 형식을 갖추지 않은 의례를 선호했다. 후자의 교단에 대해 그는 이렇게 말한다. "따라서 그러한 집단에서 격식을 갖춘 의례 행위는 감정적 신앙의 표현과 단순하고 때로는 조잡한 상징주의를 위해 기회를 제공하는 약식 행위로 대체된다. 지적으로 훈련되고 전례적으로 정통한 성직자는 종교의 정서적 필요에 좀 더 적절하게 부응하고 다른 한편으로는 우월한 삶의 방식으로 살아가는 지배계층의 문화와 관심사에 동조하지 않는 평신도 독자들을 위해 거부된다." *The Social Sources of Denomination-*
을 보라.

와 변호사, 성공한 젊은 사업가를 교인으로 등록시키려는 경쟁으로 이어졌다.[8]

뉴욕의 한 감리교 신자가 「시온 헤럴드」(*Zion's Herald*)에 보낸 아래의 편지는 사회계층에 대한 우려를 보여 주는 대표적 예이다.

> 뉴욕 감리교 역사를 연구했던 모든 사람이 목격하고 한탄했던 한 가지 사실은 이 문제를 해결하는 데 결정적인 역할을 해야 한다. 그것은 도시에 사는 감리교 가정들의 사회적 지위와 생활 양식이 교회의 건축과 가구 양식과 너무 다르다는 사실이다.… 언뜻 보면, 일요일에 부유한 상인들이 저택에서 나와 대중의 편의에 맞춘 자유롭고 꾸미지 않은 교회에 앉는 것은, 마치 그들 자신의 개인적 취향과 습관을 전혀 중요하게 여기지 않는, 고상한 모습처럼 보인다.
>
> 하지만 그 사람들은 어디 있는가?
>
> 그들은 젊은 친구들과 함께 브로드웨이나 주택 지구에 있는 우아한 교회에서 쿠션이 있는 좌석에 앉아 고딕 양식 또는 그리스 양식의 아치형 구조물 아래에서 웅장한 오르간 음악을 즐기고, 성소의 아름다움과 조화를 이루는 스타일의 설교를 듣고 있을 것이다.[9]

편집자에게 보내진 이 편지는 북쪽과 남쪽에 있는 교회 지도자들 모두에게 큰 반향을 불러일으켰고, 여러 출판물에 그 발췌 내용이 실렸다.[10]

---

    alism (Hamden, CT: Shoe String Press, 1929, reprinted 1954), 30을 참조하라.

8 David R. Bains, "The Liturgical Impulse in Mid Twentieth-Century American Mainline Protestantism" (Cambridge, MA, Harvard University unpublished dissertation, 1999), 29-30. Bains는 Louise F. Bensen, "The Presbyterian Cultus," *The Presbyterian Journal*, vol. 23 (Feb 1882): 2를 재인용하고 있다.

9 L. D. Huston, "Methodist Church Edifies," *The Home Circle* 2 (May 1856): 255에서 인용된 편지.

10 논란이 없지는 않았다. *The Christian Advocate*는 이 편지를 "연합에 소속된 감리교도

사회적 특권계층의 미국인들은 문화적 고상함에 점점 더 관심을 두게 되었고, 도시의 개신교 교회들은 부유하고 교육받은 교인들이 자신들의 허름한 건물을 떠나 높은 수준의 음악과 예술을 갖춘 도시로 옮겨 갈 것을 걱정했다.[11] 예배의 건축학적 환경은 교회가 그들의 사회적 지위를 어떻게 이해하고 있는지를 보여 주는 장소였다.

물론, 예배에서 음악과 예술은 사회계층 이상의 것을 보여 주었고, 모든 개신교 지도자가 단순히 특권층을 끌어들이는 방법으로 음악과 예술을 생각했던 것은 아니다. 일부 개신교는 좋은 예술을 접하는 것이 선하고 고귀한 그리스도인들을 형성하는 데 중요한 역할을 할 수 있다고 주장하기 시작했다.

감리교 목사이자 열렬한 노예제도 폐지론자였던 하이럼 매티슨(Hiram Mattison)은 당시에 새롭게 건축된 일부 교회 건물에 대한 1856년의 비평에서 그러한 건물들이 미학적 요소를 고려했다고 칭찬했다. 그는 순수미술과 음악, 건축양식에 반감을 보여 왔던 개신교의 역사를 인정한 후, 좋은 예술에 대한 종교적 정당성을 피력했다.

> 자연이나 예술에서 아름답고 진실하고 고상한 것을 포기하는 종교는 단순한 겉치레에 불과하거나 언젠가는 신자들을 은둔자의 독방이나 수도원으로 몰아넣을 것이다. 진정한 종교는 예술과 과학을 대상으로 전쟁을 벌이

들이 무시하기에는 너무나도 진실하고 무게 있는 내용"이라고 평했다. 그러나 한 남부 감리교도는 편지에 표현된 정서가 '매우 가볍고 거짓'이라고 믿었다. 화려한 교회 건물에 대해 그 사람은 이렇게 비난했다. "교만과 허영을 위해 바친 이러한 엄청난 제물에 대해 심판의 날에 누가 하나님께 대답할 것인가? 이 모든 것이 낭비된 돈보다 더 나쁘다는 것을 누가 설명할 것인가?" (Huston, "Methodist Church Edifices," 226).

11 Bains는 Edwin Whitney 감독의 말을 인용한다. "많은 젊은이, 특히 대학생들은 영적 욕구까지는 아니더라도 미적 욕구를 채우기 위해 성공회로 자연스럽고 편안하게 찾아온다" in Bishop's essay "Public Worship," in *Recent Christian Progress*, ed. Lewis Bayles Paton (New York, NY: Macmillan, 1909), 370.

기보다는, 예술과 과학 모두를 장려하고 성화시켜서 자신의 발전과 하나님의 영광에 이바지하도록 만들어야 한다.

기독교가 이 땅에서 발전하게 되면 과학과 예술이 이 땅에서 녹아 없어지는 것이 아니라, 그와는 반대로 무지와 죄를 압도할 때 진보할 것이다. 즉, 그리스도께서 '만물을 회복'하고 승리로 죽음을 삼키러 오실 때, 과학과 예술은 마지막 때의 영광 속에서 절정에 달하고, 영원하고 고귀한 그리스도의 복음을 증명하는 빛으로 발할 것이다.[12]

매티슨은 교회가 번성하려면 예술을 "영원하고 고귀한 그리스도의 복음"에 이바지하고 증명하도록 사용해야 한다고 말한다. 물론, 모든 예술과 음악이 이러한 목적을 성취할 수 있는 것은 아니다. 매티슨은 연극, 오페라, 춤, 댄스홀 음악을 "악을 수반하는" "세상의 오락물"이라고 격렬하게 반대했다.[13]

그러나 교회는 음악과 예술이 음악당과 극장에서 해방되고 종교의 발전이라는 신성한 목적으로 돌아갈 수 있는 고상한 환경을 제공했다.

매티슨이 이러한 주장을 했던 최초의 중도 개신교도 중 한 명일 수 있지만, 헨리 워드 비처(Henry Ward Beecher)를 포함한 다른 저명한 목사들은 순수 예술이 가진 종교적 가치를 지지하는 데 힘을 보탰다.[14] 이처럼 도시의 대형 개신교 교회들은 특권층을 끌어들이기 위해 화려한 건축양식과 음악에 관심을 기울였고, 개신교 지식층은 부유한 도시 교회들이 갈망하는 예술과 음악에 대한 신학적 정당성을 발전시키고 있었다.

---

12 "Methodist Architecture," *The National Magazine* (Feb 1, 1856): 124.
13 Hiram Mattison, *An Appeal to Methodists, in Regard to the Evils of Card-Playing, Billiards, Dancing, Theatre-going, etc.* (New York, NY: Carlton & Porter, 1867), 82.
14 Levine, *Highbrow Lowbrow*, 150.

2. 미적 경험으로서의 예배

부흥 운동과 교회학교 운동처럼, 미적 예배 운동은 예배에 참석하는 사람들의 주관적 경험에 관심을 기울였다. 그러나 19세기에 이러한 운동들이 발흥하기 전의 개신교 그리스도인들은, '예배 서비스'(worship service)라는 문구가 보여 주듯이, 예배를 주로 '서비스'의 범주로 이해했다.

기독교 예배는 하나님께 드리는 서비스였고, 그와 동시에 그리스도인들에게 하나님의 은혜를 받도록 했다. 다시 말해, 실제로 예배는 실시간으로 **무언가를 했다**. 즉, 하나님께 서비스를 드렸다.

그러나 19세기 말에 이르러, 개신교 그리스도인들은 예배를 주로 **서비스**로 생각했던 것에서 **경험**으로 생각하는 것으로 바꾸기 시작했다. 예배에서 가장 중요한 것은 하나님께 드려지는 서비스보다 예배자에게 끼치는 영향이었다. **예배 서비스에서 예배 경험으로**의 움직임은 현대 기독교 예배에서 가장 중요한 개념적 발전이라고 할 수 있다.

20세기 초에 이미 예배에 대한 이러한 경험적 개념을 비판하는 이들이 있었는데, 그들은 예배가 만들어 내는 심리적 효과를 지나치게 부추기는 것이 위험할 수 있음을 인식했다.[15]

1920년에 철학자 제임스 비셋 프랫(James Bissett Pratt)은 이 문제를 면밀히 분석한 『종교 의식』(*The Religious Consciousness*)이라는 영향력 있는 책을 출간했다.

프랫은 윌리엄 제임스(William James)의 실용주의 철학을 바탕으로, 종교의 기능은 개인의 주관적 경험을 표현하고 형성하는 것이라고 이해했다.[16] 그렇다고 종교적 교리가 무의미하다는 뜻은 아니었다. 오히려 "종

---

15 예를 들어, John P. Hylan, *Public Worship*, 88.
16 James Bissett Pratt, *The Religious Consciousness* (New York, NY: Mcamillan, 1920), 6.

교는 신학이 아니라 삶이고, 추론되기보다는 **살아내는** 것이다. 요컨대, 종교는 이론이 아니라 현실이다."[17]

프랫은 종교를 경험으로만 다루면 안 된다고 말한다. 신실한 신자들은 그들의 경험이 하나님과 세상에 대한 분명하고 객관적인 '사실적' 이해에 근거하고 있다는 것도 알고자 하기 때문이다.

> 종교는 단지 감정이 아니다. 제임스 교수의 말처럼 "새로운 사실을 가정하는 것이기도 하다." 종교 의식은 필연적으로 종교를 주관적일 뿐 아니라 객관적인 것으로 간주한다. 종교의 가치가 [프랫이 현대 개신교의 입장이라고 했던] 주관적일 뿐이라면, 적어도 종교는 이것이 사실임을 몰라야 한다. 왜냐하면, 종교가 그 비밀을 알게 된다면, 종교와 그 가치는 더 이상 주관적이지도 않게 될 것이기 때문이다.[18]

다시 말해, 프랫은 현대 개신교가 가장 중요하게 여기는 가치, 즉 현대인의 주관적 신앙과 도덕적 가치관을 형성하기 위해서는, 자신이 기독교의 "객관적 타당성"이라고 칭한 것을 잃으면 안 된다고 주장했다. 프랫은 이것이 현대 개신교의 위험이라고 보았다.

> 단순히 주관적인 종교적 효과를 만들어 내려는 시도는 실패할 확률이 매우 높다. 앞에서 살펴봤듯이, 종교는 객관적 타당성이 있다는 신념을 수반하기 때문이다.… 개신교 교회의 예배자는 가톨릭 신자가 미사에서 느끼는 것처럼, 의식 속에서 주관적인 변화가 일어나고 있다는 것 외에도 무언가가 정말로 일어나고 있다고 느끼도록 만들어져야 한다.… 다시 말해,

---

17 Pratt, *The Religious Consciousness*, 7.
18 Pratt, *The Religious Consciousness*.

개신교 예배에서 무엇보다 중요한 것은 예배의 객관적 측면을 발전시키는 일이다.[19]

개신교 예배는 객관적 현실과 관련이 있는가?
아니면 단지 조작된 효과에 불과한가?
이것은 프랫의 분석 연구가 제기하는 중요한 질문이다.

프랫은 개신교 예배가 "객관적 타당성"을 되찾아야 한다고 제안함으로써, 예배를 신을 위한 달램이나 로마가톨릭 교회의 화체설과 같은 기적으로 다시 이해할 것을 요구하지 않았다. 그는 과학적 사고를 지닌 현대인들에게는 예배에 대한 그런 조잡하게 객관적인 이해가 불가능하다고 생각했다.

그런데도 그는 진정한 현대 예배는 예배에 대한 굳건한 믿음, 즉 예배란 기도와 찬양으로 살아 계신 하나님과 진정으로 교제하는 것이고, 객관적으로 현실적인 무언가를 실제로 행하는 것이라는 믿음을 반드시 포함해야 한다고 주장했다. 그렇지 않으면 예배는 단지 감정의 조작일 뿐이고, 감정의 조작은 사람들이 조종되고 있다는 것을 모르는 한에서만 효과가 있다.

요약하면, 프랫은 감정 효과를 너무 크게 강조하는 부흥 운동의 "새로운 수단"뿐 아니라 교회학교를 통해 장려되는 예배의 임의적 "강화물"에도 도전했다.

프랫이 제기한 문제에 적지 않은 기독교 지도자들이 주목하기 시작했다.[20] 그중 시카고의 저명한 목회자인 폰 옥덴 보그트(Von Ogden Vogt)와

---

19 Pratt, *The Religious Consciousness*, 307.
20 Pratt과 그의 저서 *The Religious Consciousness*은 대부분 잊혔지만, 그의 연구는 20세기까지 예배에 대해 글을 쓰는 목사들과 학자들에게 큰 영향을 끼쳤다. 또한, 그의 책은 1934년 남감리감독교회(Methodist Episcopal Church, South)를 시작으로 감리교회

하버드신학교의 학장인 윌라드 스페리(Willard Sperry)는 경험에 대한 현대적 견해를 저버리지 않으면서 개신교 예배의 객관적 핵심을 되찾으려는 책들을 저술했다. 그들에게는 미적 경험이 열쇠였다.

보그트는 제목과는 달리 예술로서의 예배에 관한 유명한 책인 『예술과 종교』(*Art and Religion*)를 통해 그 길을 인도했다.

> 예배의 예술은 모든 것을 포괄하는 예술이다. 다른 어떤 예술도 포괄적 경험을 원하는 인간 본성의 욕구를 만족시킬 수 없다. 또한, 모든 예술의 도움 없이는 그런 경험에 유리한 조건을 새롭게 다시 만들어 낼 수 없다.[21]

보그트는 예술은 종교와 밀접하게 연결되고 예배에서 종교를 표현하고, 그래서 인류 역사에서 예술과 종교의 기원은 사실상 같다고 주장했다.

> 종교는 역사적으로 예술의 위대한 원천이었고, 예배의 예술은 모든 예술의 어머니였다.[22]

예술과 종교의 관계는 단순히 역사적일 뿐 아니라 경험적이기도 하다.

> 아름다움[예술의 표현]을 지각한다는 것은 하나님을 지각할 때 수반되는 똑같은 감정의 흐름에 의해 움직여지는 것이다. 아름다움을 창조한다는 것은 어떤 의미에서 하나님의 성품에 참여하는 것이다.[23]

(Methodist Church)에서 1944년까지 감리교 목사들을 위한 (연구 과정) 필독 도서 목록에 올라가 있었다.
21 Von Ogden Vogt, *Art and Religion* (New Haven, CT: Yale University Press, 1921), 4.
22 Vogt, *Art and Religion*, 18.
23 Vogt, *Art and Religion*, 23. 철학적으로 Vogt는 진리와 선과 함께 아름다움을 하나님의 초월적 속성과 존재의 근원으로 이해했다. "아름다움은 세 가지 최고의 가치 범주 중

종교가 경외, 감사, 의존의 감정을 통해 하나님의 실재를 파악하듯이, 예술은 "실재의 느낌, 존재의 맛, 세상의 질감"을 파악한다.[24] 따라서 예술가는 종교 교사와 본질적으로 똑같은 목적, 즉 이성적 사고만으로는 얻을 수 없는 "좀 더 가깝고 즉각적인 실재의 경험"을 추구한다.[25]

윌라드 스페리 역시 개신교 예배가 객관적 핵심을 나타내려면 미학을 회복해야 한다고 주장했다. 스페리에게 예배의 목적은 하나님을 추구하고, 하나님의 임재 안에서 자기 자신을 인정하는 것이다. 예배는 개인의 도덕적 삶에 늘 영향을 미친다. 그러나 이것은 하나님 추구라는 참된 목적의 간접적 효과일 뿐이다.

마찬가지로 예술은 아름다움과 진리 이외의 다른 목적을 위한 수단이 아니다. 스페리는 여기에 개신교 예배의 심각한 결함이 있다고 주장했다.

> 개신교 예배는 예배 자체가 목적이 아니라고 무의식적으로 암시하기 때문에 오늘까지 모든 곳에서 실패하고 있다.… 개신교 예배는 하나님이 아니라 사람에 대해 말하고, 자기-표현, 감사, 헌신보다는 자립을 위한 수단이다.[26]

하나이다. 종교는 아름다움과 직접적으로 관련된다. 종교는 최고의 가치에 대한 경험이기 때문이다. 인간은 얽혀 있는 세 가치를 끊임없이 경험한다. 진실하고 선한 것은 아름답다. 아름다운 것은 진실하고 선하다. 거짓된 것은 아름다운 것이 아니라 추악한 거짓말이다. 나쁜 것은 아름답지 않고 추악한 성질에서 나온다. 당신이 인식하든 그렇지 않든, 진리 안에 즐거움이 있고, 선을 묵상하면 만족이 있는데, 그것들은 어느 정도 미학적인 감정이다"(23). 이런 식으로 Vogt는 예배와 윤리의 연관성을 암시적으로 다룬다. 아름다움, 진리, 선은 현실의 통일성을 구성하는 서로 다른 측면들이다. 각 측면은 항상 다른 측면들과 완전히 얽혀 있다.

24 Vogt, *Art and Religion*, 25.
25 Vogt, *Art and Religion*, 26. Vogt는 Frederich Schleiermacher의 낭만적 신학을 인정하지 않지만, 그에게 영향을 받은 것은 사실이다.
26 Willard R. Sperry, *Reality in Worship* (New York, NY: MacMillan, 1925), 249-89.

이러한 맥락에서 스페리는 예술에 대해 이렇게 주장한다.

> 여기서 예술가가 단순히 다른 목적을 위한 수단인 것보다 그 자체가 목적인 것이 우리에게 더 깊은 감동을 준다고 말할 때, 그는 우리를 바로 세우게 된다.[27]

바로 이런 이유로 스페리는 예술이 예배에서 아주 중요하다고 주장했다. 좋은 예술은 객관적 예배에 대한 프랫의 관심사를 다루는 방식으로 실재에 접근하도록 한다. 예배는 예배자 개인이 생각하지 못했던 실제를 경험하게 한다. 예배는 미적 경험의 형태로서 선하시고, 참되시고, 아름다우신 하나님의 실재를 경험하는 것이다.

그러나 예배가 예술이라면 올바른 목적, 즉 선하시고, 참되시고, 아름다우신 하나님께 영광을 돌리는 데 도움이 되는 좋은 예술이어야 한다. 유감스럽게도 스페리와 보그트, 그리고 그들을 따르는 많은 개신교 예배학자들은 개신교 예배 대부분이 미적으로 대단치 않다고 평가했다. 교회가 계속해서 선한 문화적 힘이 되려면 무언가가 바뀌어야 했다.

3. 예배의 미적 형식

1936년, 유명한 목사이자 뉴욕 유니언신학교 총장이었던 헨리 슬론 코핀(Henry Sloane Coffin)은 새로운 세기로 전환되는 시점에서 개신교 예배에 대해 다음과 같이 언급했다.

---

[27] Sperry, *Reality in Worship*, 249.

비전례적 교회들에서 의례는 공식적으로 격식을 차리지 않았다. 찬양, 기도, 가르침이라는 패턴이 있었지만, 많은 목회자가 '격의 없는' 방식으로 편하고 친근하게 다가가고자 했다.… 이런 종류의 건축양식과 의례, 가정적인 분위기를 가진 교회들은 '인간적인' 하나님의 인상을 심어 주기 위해 설계되었다. 예배에 경외의 요소는 부재했다.

하나님을 향한 태도는 스스럼없었다. 예배는 보이지 않는 아버지의 자녀들이 모인 가족 모임이었다. 최고의 예배는 하나님의 친근하심을 매개했고, 그런 예배를 통해 형성된 진정한 기독교적 성품과 영향력 있는 기독교 운동을 감히 폄하하는 이들은 아무도 없었다. 그러나 그것은 너무 인간적으로 되어서 신성에 대한 암시가 중단되는 위험을 늘 안고 있었다.[28]

코핀이 이렇게 서술했을 때, 그와 다른 많은 지도자는 북미인의 문화 수준이 계속해서 높아질수록 예배에 대한 가벼운 접근법이 더 이상 효과적이지 않게 되겠다는 생각을 더 많이 하게 되었다.[29]

교회학교의 영향으로 개신교 교회들은 이미 다양한 역사적 전례 요소, 특히 성공회 전례 요소(주기도문, 사도신경, 교독, 〈글로리아 파트리〉[영광송] 또는 〈테 데움 라우다무스〉[하나님 당신을 찬미합니다] 같은 성가)를 예배의 '강화물'로 사용하기 시작했다.

그러나 '격의 없는' 예배에 테 데움을 더하는 것으로는 더 나은 미학에 대한 열망과 예배의 객관적 핵심에 대한 깊은 욕구 모두를 해결할 수 없었다. 보그트는 특히 개신교 예배 순서를 신랄하게 비판했다.

---

28 Henry Sloane Coffin, "Public worship, in Samuel McCrea Cavert and Henry Pitney Van Dusen, eds., *The Church through Half a Century: Essay in Honor of William Adams Brown* (New York, NY: Charles Scribner's Son, 1936), 187-88.

29 Coffin은 "문화가 급속하게 확산되면 공적 예배의 형태에 영향을 미치지 않을 수 없다"라고 말했다. ("Public Worship, 185).

최근에 많은 개선의 시도가 있었고, 그중 일부는 의미 있고 성공적이었다. 그러나 대부분 그것들은 '예식의 강화', '형식의 사용', '정교한 예배 순서'로 표현된다. 이러한 표현 중 어느 것도 많은 것을 설명하거나 진정한 예술적 성취를 보여 주지 않는다. 다만 애석하게도 개선이 필요한 무언가에 대한 불만을 나타낼 뿐이다.

그러나 필요한 것은 그 이상의 형식주의나 강화물이나 정교화가 아니다. 통일성, 단순성, 아름다움이 필요하다. 뮤지컬 수록곡, 성가대의 응창, 예복, 기도문 낭독이 추가된 전형적이고 꼴사납고 평범한 미국적 순서로 구성된 많은 '강화된' 예배가 있는데, **흔한 소도시의 예배 순서를 일종의 도시 형태로 미화시킨 것**이다. 그러나 이 모든 것이 함께 뒤섞여 정교화되고 세부적으로 아름다워도 고귀한 전례가 될 수는 없다. 일치와 조화, 온전함이 없으면 그 어느 것도 아름답지 않다.[30]

보그트와 스페리는 "일치와 조화, 온전함"을 보여 주는 미학적으로 아름다운 형태의 개신교 예배를 위해 체계적인 원리가 필요하다고 제안했다. 그들은 이사야의 소명에 대한 성경의 기록(사 6:1-8)에서 그 원리를 찾았다.

보그트는 이사야의 소명에서 다섯 단계를 확인했다.

---

30   Vogt, *Art and Religion*, 42.

> **[이사야의 소명에 근거한 예배 순서(6:1-8)]**
>
> | | |
> |---|---|
> | 환상 | "내가 본즉 주께서 높이 들린…" |
> | 겸손 | "화로다 나여 망하게 되었도다 나는 입술이 부정한 사람이요…" |
> | 찬미 | "… 만군의 여호와이신 왕을 뵈었음이로다" |
> | 조명 | "그것(핀 숯)을 내 입술에 대며…" |
> | 헌신 | "내가 여기 있나이다 나를 보내소서…" |
>
> Von Ogden Vogt, *Art and Religion*, 1921

첫 번째 단계인 환상은 예배하는 자들에게 하나님의 영광에 대한 영감과 감동을 주어야 한다. 행렬 성가는 응답을 요구하는 예배로 부름으로 이어지거나, 목사의 성경 구절 봉독과 '하나님의 실재와 성품'을 선포하는 성가대의 응답송이 수반되는 (좀 더 세련되게 들리는) 입당송(introit)으로 이어진다.

그 후 자연스럽게 다음 단계인 겸손으로 이어지는데, 죄의 고백과 찬양의 찬송(높임)이 여기에 해당한다. 성경 봉독, 대표 기도, 목회 기도, 신조, 응답이 조명을 구성한다. 마지막으로 예배 순서는 헌신으로 마무리되는데, 기본적으로 봉헌을 의미한다. 이 5단계의 순서는 예배의 전반부로, 그다음에 설교와 폐회 찬송이 뒤따랐다.[31]

스페리는 약간 다르게 접근했다. 이사야서 본문이 정반합의 순서를 보여 준다고 분석했다.

---

31 Vogt, *Art and Religion*, 161–62. Vogt는 이런 비교를 싫어하겠지만, 나는 이 다섯 단계가 부흥 운동 패턴의 준비 단계를 대신할 수 있다고 본다. 20세기까지 설교와 예배학을 가르치는 이들은 개신교 예배 순서를 위해 Vogt의 모델을 사용했다. 나도 1979년, 캔들러신학교(Candler School of Theology)에서 신학 공부를 하던 중 기독교 교육 수업에서 이 패턴을 소개받았다.

> **[이사야의 소명에 근거한 예배 순서(6:1-8)]**
>
> 정   "내가 본즉 주께서 높이 들린…"
> 반   "화로다 나여 망하게 되었도다 나는 입술이 부정한 사람이요…"
> 합a   "그것(핀 숯)을 내 입술에 대며…"
> 합b   "내가 여기 있나이다 나를 보내소서…"
>
> Willard Sperry, Reality in Worship, 1925.

실제로 스페리는 이러한 '정반합'의 구조를 기도, 시편, 찬송 같은 예배의 모든 역사적 행위의 형식으로 이해했다. 그는 독자들에게 이렇게 질문했다.

> 종교 예식은 왜 이 순서를 확실하게 따르지 않는가?
> 다른 어떤 순서를 따를 수 있는가?[32]

스페리와 보그트가 이사야의 소명을 유대-기독교 예배 패턴의 기원이라고 믿었던 것은 아니다. 오히려 이사야의 소명은 유대-기독교적이든 그렇지 않든 상관없이, 모든 인간이 신과 만나는 "중요한 형식"의 대표적인 예였다. 예배는 인간이 미학적 대상을 만나는 형식과 유사했다.

이사야의 소명에서 볼 수 있듯이, 교회가 예배의 미적 형식에 충분한 관심을 기울인다면, 예배는 "어떤 예술보다 더 고귀하고 더 나은 즐거움"을 제공할 수 있을 것이다.[33]

따라서 보그트와 스페리는 공적 예배의 형식과 내용, 성격에서 미학의 신학적, 실천적 중요성에 대한 비전례적 개신교의 정당성을 제공하는 일

---

32 Sperry, *Reality in Worship*, 293.
33 Vogt, *Art and Religion*, 164.

에 앞장섰다. 한 예로, 시카고신학교 총장인 앨버트 파머(Albert Palmer)는 예배에 관한 책을 썼는데, 첫 장에 "오늘날 예배가 실패하는 곳"이라는 직설적인 제목을 붙였다.[34]

파머는 주로 엄숙함과 경외감, 좋은 예술의 부족, 그로 인한 유의미한 회중 참여의 부족을 들었다.[35] 파머와 다른 많은 사람은 좋은 미학이 하나님의 객관적 실재를 되찾아 사람들에게 제시하는 방법이라고 생각했다. "좋은 미학"은 특히 출세 지향적 중상류층의 고상한 감성과 기질을 의미했다.

4. 미적 예배와 건축양식

그러한 예배에는 어떤 종류의 건축양식이 적합한가?

부흥 운동의 영향으로 교회 건축양식은 강당이나 심지어 극장의 실용주의적 양식을 취했다.[36] 부흥 운동의 설계에 따라 지어진 교회는 극장과 유사하게 강당 중앙에 걸쳐 있는 좌석들과 측면 통로가 있었다. 무대는 컸는데, 중앙에 연단이 있었고, 그 뒤에는 연주자들과 성가대를 위한 널찍하고 눈에 잘 띄는 약간 높은 공간이 있었다.

반면에 교회학교의 영향으로 일부 교회는 차분한 색깔, 창문 커튼, 카펫으로 꾸며진 편안한 집이나 어린이 놀이방과 비슷한 예배 환경을 조성하기 시작했다.

---

34 Albert W. Palmer, *The Art of Conducting Public Worship* (New York, NY: Macmillan, 1939), 4-16.
35 1944년에 Palmer의 책은 감리교 연구 과정을 위한 도서로 추천되었다.
36 Jeanne Halgren Kilde, *When Church Became Theatre: The Transformation of Evangelical Architecture and Worship in Nineteenth-Century America* (New York, NY: Oxford University Press, 2002)를 보라.

그러나 미적 예배는 경외감과 공경심을 끌어내는 건축양식을 요구했고, 이를 위해 설계자들은 중세 유럽의 건축양식, 특히 고딕 양식에 주목했다. 고딕 양식의 교회 건물은 19세기 중반부터 부유한 도시 교회들 사이에서 널리 사용되었다.

고딕 양식의 구조물뿐 아니라 실내장식을 처음으로 모방한 것은 성공회였지만, 미적 예배 운동은 이제 모든 개신교 교단에 고딕 양식의 실내장식을 권장했다. 특히, 보그트는 고딕 양식 교회들의 아름다움과 경외감을 칭찬했지만, 또한 고딕 양식 예배당을 권장하는 몇 가지 실용적 이유도 제시했다.

> 어떤 사람들에게는 종교와 교회에 관한 이유가 예술적 이유보다 중요하다. 중앙에 있는 설교단은 예배의 중심을 설교에 두는 경향이 있는데, 그런 방식은 다른 예배 활동의 가능성과 가치를 매우 최소화한다. 훌륭한 내진(chancel, 예배 때 목사와 성가대가 앉는 자리 - 역자주)은 예배가 시작되기 전부터 예배의 분위기를 훨씬 더 잘 조성한다.
>
> 그리고 예배가 시작된 후에는 모든 부분을 통해 경외심을 불러일으키는데,… 묘하게도 설교단의 활력이나 기능을 잃지 않으면서 이 모든 것을 성취한다. 따라서 목사는 내진을 떠나 설교단에 오름으로써, 자기가 하고 싶은 말이나 주어진 예언의 말씀을 전하는 지정된 장소로 그곳을 선택한다. 설교는 축소되지 않지만, 시선을 집중시키는 대상이 더 중요해지고, 중앙식 내진 설계로 예배 행위를 위한 움직임이 다양해짐으로써 예배의 다른 부분이 크게 향상될 수 있다.[37]

---

[37] Vogt, *Art and Religion*, 216.

그러한 방식은 하나님 앞에서 경외심과 공경심을 불러일으킬 뿐 아니라, 성직자에게 올바른 예전 리더십의 중요성을 각인시키고 실제로 그 방향으로 나아가도록 할 것이다.

그런 건물에서 자유롭거나 경박하거나 형태가 없는 예배를 드리는 것은 어렵다.[38]

도시의 대형교회들은 고딕 양식으로 실내를 장식했다. 이는 소형 교회들과 시골 교회들도 마찬가지였다. 예를 들어, 감리감독교회 건축국은 고딕 양식의 내진을 강력하게 옹호했고, 중형교회들이 고딕 양식으로 실내 장식을 하도록 장려하기 위해 그들이 감당할 수 있는 설계를 제공했다.[39]

---

38 Vogt, *Art and Religion*, 216.
39 J. Hastie Odgers and Edward G. Schutz, *The Technique of Public Worship* (New York, NY: The Methodist Book Concern, 1928), 61.

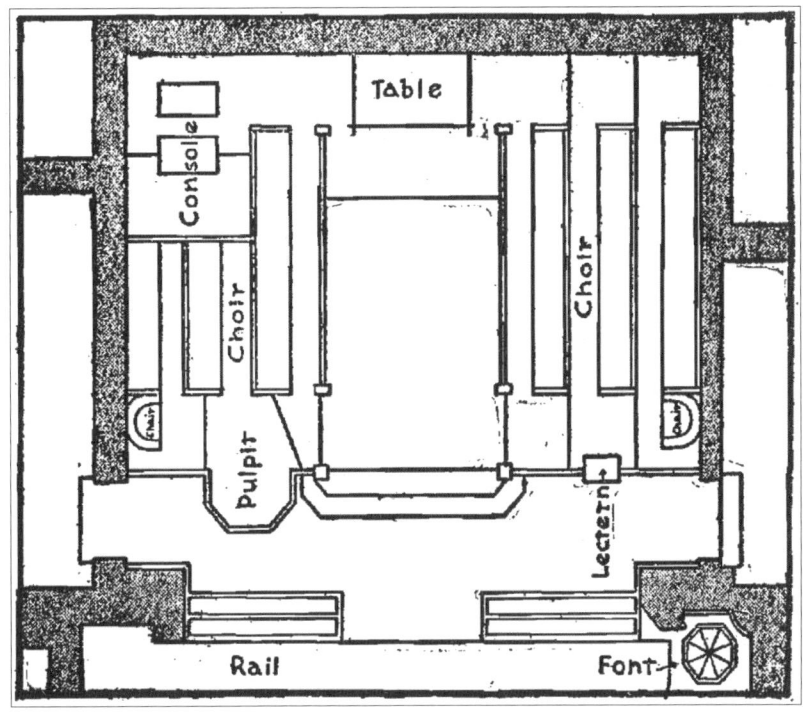

따라서 20세기에는 개신교 예배당과 예배 강당이 고딕 양식의 내진과 회중석(nave)으로 대체되었다. 개신교도들 사이에서 '내진'과 '회중석'이라는 새로운 언어도 새로운 전례 미학을 분명하게 보여 주었다. 중앙 좌석들은 행렬을 위해서 중앙 통로로 대체되었다. 성가대와 연주자들은 분리된 내진 양쪽에 자리를 잡았다.

설교단은 내진 무대의 한쪽으로 옮겨졌고, 낭독대는 반대쪽에 놓였다. 작은 성찬대는 더 크고 더 견고한 '제대'로 대체되고, 바닥에서 높이 올려져서 내진 뒷벽 중앙에 설치되었다. 공연장에 있는 것처럼 화려하고 드러나 있는 오르간 파이프들은 (일리노이주 에번스턴의 제일연합감리교회의 웅장한 제단 뒤 장식벽처럼) 웅장한 예술품이거나 휘장 앞에 걸린 십자가가 될 수 있는 제단 뒤의 장식벽(reredos)이 되었다.

고딕 양식 건물과 내진은 부유한 개신교 교회들에서 두드러졌지만(특히, 감리교 건축부의 영향을 받은 교회 건물들), 중앙 설교단은 일부 교단에서 너무도 굳어져서 고딕 감성에 호소하는 것으로는 쉽게 극복될 수 없었다.

대도시와 중소도시의 유럽계 미국인 교회들과 아프리카계 미국인 교회들은 늘어나는 부를 드러내는 표시로 고딕 양식 건물을 지었지만, 부흥운동 스타일의 중앙 설교단, 중앙 성가대 상층, 중앙 좌석은 유지했다.[40] 그럼에도 불구하고, 20세기 전반에는 고딕이 개신교의 지배적 건축양식이었고, 그런 건물들 내부에서 행해지는 예배의 종류에도 영향을 끼쳤다.

5. 미적 예배의 매크로 패턴과 예전 단위

미적 패턴의 예배 순서는 일반적으로 설교까지 보그트의 다섯 단계를 따르지만, 그가 설명한 이사야의 패턴을 완전히 채택한 교회는 많지 않았다. 미적 패턴에 확실하게 영향을 끼친 또 다른 하나는 성공회『공동기도서』의 매일 아침 기도회다. 일부 성공회 교회에서는 아침 기도회에 헌금, 설교, 축도를 추가하여 완전한 아침 예배로 드렸다.

설교를 순서 마지막에 배치하고, 신조, 기도, 봉헌 같은 다양한 예전 단위들로 성경 봉독과 설교를 떼어 놓은 것은 미적 모델의 전형적인 특징이다. 인쇄된 순서지에서 가장 주목할 만한 특징은 예배의 여러 순서에 입당송, 송영, 글로리아 파트리, 시편집(psalter), 봉헌, 설교 등 역사적이고

---

[40] 애틀랜타대학교(Atlanta University)의 감독하에 이뤄진 W. E. B. DuBois의 사회 연구 보고서인 *The Negro Church*와 1903년 5월 26일 애틀랜타대학교에서 열린 흑인 문제 연구를 위한 제8회 콘퍼런스의 발표논문(Google eBook), 72. 아프리카계 미국인 교회의 이러한 건축양식의 최근 사례에 대한 설명과 그림을 위해서는, Brenda Eatman Aghahowa, *Praising in Black and White: Unity and Diversity in Christian Worship* (Cleveland, OH: United Church Press, 1996), 50-54를 보라.

전문적인 명칭을 (특히, 라틴어로) 붙여 사용했다는 점이다.

이 매크로 패턴의 다른 특징은 목사와 성가대가 예복을 착용하는 것으로, 대부분 학위 가운에서 유래했다. 성직자는 검은 예복과 스톨, 성가대는 가운과 스톨을 착용했다. 실제로 성가대 합창은 성가집과 고전 음악에서 선택한 곡, 또는 합창을 위해 편곡된 찬송가를 선호하는 것과 마찬가지로 미적 예배를 구성하는 필수 요소다.

이 패턴은 몇 가지 독특한 예전 단위를 발전시켰다. 그중 이 패턴에서만 찾을 수 있는 것은 하나도 없지만, 그럼에도 불구하고 이 패턴의 특징이다.

미적 예배는 일반적으로 예배로 부름이나 찬송가를 부르면서 성가대와 예배 사역자들이 행렬하는 것으로 시작된다. 예배로 부름으로 시작하는 관행은 청교도 전통에서 비롯된 것이다. 물론 그 전통에서 행렬은 없었다. 역사적으로 개회 행렬 찬송의 목적은 성가대와 성직자가 적당히 위엄 있게 그들의 자리로 가도록 하는 것이었다.

미적 예배는 대개 목사의 예배로 부름으로 시작한다. 그다음에 목사는 첫 번째 찬송가가 불리는 동안 성가대의 행렬에 합류하기 위해 옆 통로로 서둘러 내려간다. 이것은 『웨스트민스터 예배 규칙서』의 관행과 앵글로-가톨릭 의례를 융합한 것이다.

행렬 중에 봉사자(acolyte)가 제단 초에 '불을 붙이는 것'과 폐회 찬송 중에 '불을 끄는 것'은 많은 교회에서, 심지어 공식적 행렬 순서가 없는 교회들에서도 일반적인 관행이 되었다. 이것은 20세기의 혁신이다. 사실 19세기 후반 이전에 비전례적 미국 개신교도들은 성찬대에 초를 놓지 않았었다.[41]

---

41 1927년 말, 아이오와주 더뷰크에 소재한 성누가감리교회(St. Luke's Methodist Episcopal Church)의 저명한 목사인 Hugh D. Atchison은 최근의 예배 발전에 대해 비평하면서 이렇게 말했다. "제단과 심지어 초들도 도입되고 있는데, 때로는 진부하고, 때로는 꽤 우스꽝스러운 결과를 낳는다." "A More Adequate Service of Worship in Methodist

죄의 고백은 보그트의 패턴에 따라 개회 행렬의 뒤를 이었는데, 이는 1928년 판 『공동기도서』의 아침 기도회의 순서와도 일치한다. 성공회와 루터교를 제외하고, 개신교 교회에서 공식적인 죄의 고백은 20세기에 미적 운동이 일어나기 전까지 예배에 포함되지 않았었다.

교독은 교회학교의 영향으로 많은 개신교 예배에 도입되었다. 그러나 시편 교독은 미적 운동에 의해 받아들여졌다.

'글로리아 파트리' 다음에 오는 사도신경(또는 좀 더 현대적인 신앙고백)은 특히 남부 지역 교회들에서 지금도 볼 수 있는 있는데, 미적 운동에서 발생한 또 다른 소산이다. 목사가 인도하는 중요한 기도(목회 기도)도 이 순서에 속한다.

돈을 걷는 것을 중심으로 정교한 의례 순서를 만든 것도 미적 예배에서 파생된 가장 중요한 혁신일 것이다. 미국 개신교 교회들 대부분은 19세기 후반까지 예배 중에 정기적으로 돈을 걷지 않았었다. 대신 교회 운영 자금은 본당의 좌석을 대여하거나(일정 비용을 내는 교인은 매주 특정한 좌석에 앉을 수 있는 권리를 부여받았다.-역자주) 교회 관리인들의 정기적인 개인 방문과 같은 방법들을 통해 모금되었다.

1880년경에 장로교와 감리교는 주일예배에 돈을 걷는 시간을 포함하기 시작했다.[42] 종교적 의미를 분명하게 드러내는 '봉헌'(offering)이라는 단어가 좀 더 일반적인 '모금'(collection) 대신에 이 예식을 가리키는 선호되는 이름으로 서서히 자리를 잡았다. 교회들이 모금을 봉헌이라고 부르기 시작하자 돈을 걷는 것에 대한 의례적 관심이 급격하게 높아졌다.

감리감독교회의 공식 순서에서 봉헌의 발전은 이러한 진화를 잘 보여준다. 예식개정위원회는 1888년 총회에서 주일 공적 예배를 위한 새로운

Episcopal Churches," *The Methodist Review* (May 1927): 360.

[42] James Hudnut-Beumler, *In Pursuit of the Almighty's Dollar: A History of Money and American Protestantism* (Chapel Hill: University of North Carolina Press, 2007).

순서를 제안했는데, 이전의 감리교 순서들처럼 돈을 걷는 것은 포함하지 않았었다. 그러나 논의 중에 한 대의원이 새 순서에 모금을 넣자는 수정안을 성공적으로 제안했다.

그다음 주요 개정은 1905년에 『감리교 찬송가집』(Methodist Hymnal)과 미적 예배의 여러 특징을 보여 주는 한 순서와 함께 이뤄졌다. "신약성경 봉독"은 "광고, 모금의 순으로 이어졌다. 돈을 걷는 중이나 이후에 봉헌(offertory)이 드려질 수 있었다." 여기서 봉헌이라는 말은 여전히 모금으로 불리는 돈을 바치는 행위보다는 음악곡을 의미했다.[43]

1920년에 감리교도들은 몇 가지를 더 개정했다. 그들은 모금이라는 용어를 버리고 "봉헌송(Offertory)이 드려지는 중이나 그 후에 십일조와 헌금을 바치는 예배"로 대체했다.[44] 1932년, 감리교도들은 봉헌에 관한 긴 지시문(rubric)을 추가하면서 순서를 다시 개정했다.

> 여기서 적절할 때 성가가 불릴 수 있다. 헌금을 걷어 목사에게 경건하게 가져가고 그동안에 회중은 일어선다. 그리고 노래하거나 기도하면서 성찬대 위에 놓아야 한다.[45]

지시문은 헌금위원의 경건한 태도를 언급할 정도로 의례의 중요성을 놓치지 않았다. 이것은 1888년과 비교할 때 상당한 변화였다.[46] 일반적인 예배 주보에서 봉헌 관련 순서가 차지하는 공간은 이 예전 단위가 얼마나

---

43 *The Doctrines and Discipline of the Methodist Episcopal Church, 1904*, par. 70, *The Doctrines and Disciplines of the Methodist Episcopal Church, South, 1910*, par. 224.
44 *The Doctrines and Discipline of the Methodist Episcopal Church, 1920*, par. 72.
45 *The Doctrines and Discipline of the Methodist Episcopal Church, 1932*, par. 511.
46 모금의 역사를 좀 더 길게 다룬 논의를 위해서는, L. Edward Phillips, "Eucharist and Money," in *A Wesleyan Theology of the Eucharist: The Presence of God for Christian Life and Ministry*, ed. Jason Vickers (Nashville, TN: General Board of Ordained Ministry of The United Methodist Church, 2016), 223-28을 보라.

중요한지를 잘 보여 준다. 주보에 봉헌 순서에 관한 설명이 네 줄 이상 있는 것은 드문 경우가 아니다.

> 봉헌 [목사는 "십일조와 헌금을 주님께 바칩시다"와 같은 관례적인 말로 봉헌 순서를 알린다.]
> 봉헌송 [성가대의 성가일 수 있다. 음악이 흐르는 동안 헌금위원들은 앞으로 나와 목사로부터 헌금 접시를 받는다. 그들은 회중석 앞에서부터 뒤로 접시를 돌린다.]
> 송영 [헌금위원들이 헌금 접시를 가지고 앞으로 나가 성찬대에 있는 목사에게 건네는 동안 회중은 일어서서 노래한다.]
> 봉헌 기도 [목사는 성찬대 쪽으로 돌아서서 접시를 들어 올리고 기도한다.]

따라서 미적 예배 모델에서 봉헌은 가장 의례화된 부분으로 발전했다. 여기서 회중은 예배의 객관성에 대한 프랫의 고민에 대한 답을 찾았다. 헌금에서 "무언가가 실제로 행해지고 있다."

요약하면, 헌금의 발전은 예배에 가장 중요한 현실성을 제공하고 가톨릭 예배에서의 성찬 봉헌의 역할을 했다. 20세기 중반에 이르렀을 때, 도시와 시골의 크고 작은 교회들은 헌금위원들이 현금과 개인 수표가 담긴 접시들을 중세의 장엄 미사(high mass)에서처럼 성대하게 하나님께 '바치는' 방식으로 헌금을 의례화했다.

일반적으로 설교는 헌금 순서 다음이다. 미적 모델의 한 가지 특징은 여러 예전 단위로 성경 봉독과 설교를 분리한 것이다.

마지막 '초청의 찬송'이나 '헌신의 찬송' 앞에 나오는 '제자도로 초청'은 많은 미적 예배 순서에서 볼 수 있는 마지막 예전 단위다. 이 단위는 부흥 운동 모델의 제단 초청을 미학적으로 표현한 것이다.

오늘날에도 여전히 미적 예배를 받아들인 교회들은 자신들을 전통적 교회라고 알린다. 보그트와 스페리가 주창한 완전한 고딕 양식을 유지하는 교회는 많지 않고, 유지하는 교회들은 대개 규모가 (줄어드는 경우가 많지만) 크고 역사적으로 부유한 도시 교회들이다.

최소한 전통적 예배는 찬송가, 가운을 입은 성가대, 고전 형식의 성가, 오르간, 인쇄된 교독문, 예배로 부름, 죄의 고백, 주기도문, 정교한 봉헌, 학위 가운을 착용한 성직자 등을 사용하는 것을 의미한다. 일부 순서에서는 목회 기도와 봉헌이 설교 앞이 아니라 뒤에 오는데, 이는 제8장에서 논의할 말씀과 식탁 모델의 영향을 실증한다.

마지막으로, 전통적 예배에는 거의 항상 어린이 설교가 포함되는데, 이는 교회학교 모델의 지속적 영향을 보여 준다.

6. 예배 순서

1) 전형적인 미적 예배 순서
예배 순서 II, 『감리교 찬송가집』(*Methodist Hymnal*) **1935**

사람들이 예배당에 들어오면 무릎을 꿇거나 고개 숙여 침묵 기도를 하도록 한다.

전주: 사람들은 경건하게 묵상한다.

예배로 부름: 말이나 노래로 할 수 있다.

찬송가: 만약 행렬 성가라면, 찬송가는 예배로 부름 앞에 오고, 사람들은 2절을 부를 때 일어서서 함께 노래한다.

기원: 주기도문으로 마무리된다. 사람들은 자리에 앉아 고개 숙인다.

성가 또는 찬가: 베니테(Venite, 아침 기도 시간에 송가로 쓰인 시편 95편-역자주), 테 데움(Te Deum, 찬미의 노래-역자주) 또는 주기도.

교독

사도신경

나는 전능하신 아버지 하나님 천지의 창조주를 믿습니다. 나는 그의 유일하신 아들, 우리 주 예수 그리스도를 믿습니다. 그는 성령으로 잉태되어 동정녀 마리아에게서 나시고, 본디오 빌라도가 다스릴 때 고난을 받아 십자가에 못 박혀 죽으시고, 장사 된 지 사흘 만에 죽은 자 가운데서 다시 살아나셨으며, 하늘에 오르시어 전능하신 아버지 하나님 우편에 앉아 계시다가, 거기로부터 살아 있는 자와 죽은 자를 심판하러 오십니다. 나는 성령을 믿으며, 거룩한 공교회와 성도의 교제와 죄를 용서받는 것과 몸의 부활과 영생을 믿습니다. 아멘.

글로리아 파트리

영광이 성부와 성자와 성령께, 처음과 같이 지금도, 그리고 영원히. 아멘.

성경 봉독

목회 기도: 사람들은 자리에 앉아 고개 숙인다.

헌금

봉헌송(헌금과 함께할 수 있다.)

봉헌: 기도나 봉헌 구절과 함께.

찬송가: 사람들은 자리에서 일어선다.

설교

기도: 사람들은 자리에 앉아 고개 숙인다.

제자도로 초청

찬송가 또는 송영: 사람들은 자리에서 일어선다.

침묵 기도 – 축도: 사람들은 자리에 앉아 고개 숙인다.

후주

2) 전형적인 전통적 예배 순서[47]

전주

전주는 예배의 시작을 알립니다. 묵상과 기도로 이 시간을 보내십시오.

입당송: 〈주 성전 안에 계시도다〉, 성가대

예배로 부름(교독)

* 찬양의 찬송가

* 고백의 기도(제창)

  (침묵으로 고백하는 시간)

* 용서의 선언과 글로리아 파트리

새로운 교인 환영

어린이를 위한 시간

신약성경 봉독

성가: 〈놀라운 사랑〉, 성가대

성경 봉독

설교

* 응답의 찬송

회중 기도와 주기도

봉헌 구절

십일조와 헌금 봉헌

봉헌송(오르간 독주)

* 송영과 헌신의 기도

* 헌신의 찬송

---

47 주보에 적혀 있는 그대로 쓴 것이다. 괄호 안은 나의 설명이다. 별표는 회중이 일어서야 하는 순서를 나타낸다.

* 축도

* 응창 "아멘" 성단소 성가대

* 후주

    * 가능한 분들은 자리에서 일어서 주십시오.[48]

미적/전통적 예배 패턴의 독특한 예전 단위와 특징

가운을 입은 성가대와 목사들
성가대 찬양
고딕 양식의 내진, 제대, 설교단, 낭독대
예배의 요소에 전통적인 교회 언어 사용(예. **글로리아 파트리**, 입당송[*introit*])
주보에 인쇄된 예배 순서
즉흥 기도보다 인쇄된 기도문 사용
교독(성경이나 기도, 다른 텍스트)
인쇄된 기도문(감사, 고백, 도고)과 기타 전례 자료
성가대와 성직자 행렬
예배로 부름(응답)
성가대의 입당송
참회의 기도, 제창으로 낭독
정교한 봉헌 순서
제자도로 초청

---

[48] 이것은 테네시주 메리빌에 있는 뉴프로비던스장로교회(Providence Presbyterian Church)의 전통적 예배로, 기본적인 순서의 실례로 게시되었다. http://www.new-providencepres.org/traditionalbulletin1, 2012년 3월 14일 접속. 허락받고 사용한 것임.

7. 미적/전통적 예배 패턴에 대한 평가

미적 예배는 19세기 미국에서 발흥한 문화 계층에 대한 반응으로 시작되었다. 많은 개신교 신자가 더 세련된 예배가 더 많이 교육받고 사회적으로 성공한 예배자들을 더 끌어들일 수 있다고 믿었다. 미국 내 문화 계층의 발흥에 대한 레빈의 설명은 이러한 믿음이 사회학적으로 정당했음을 보여 준다.[49]

실제로 문화 계층은 백인 개신교도들과 흑인 개신교도들의 문화적 차이를 미국 전역으로 확산시켰다. 부유한 유럽계 미국인 교회들이 변방 지역의 활기 넘치는 방식을 버리고 있을 때, 20세기 초 아프리카계 미국인 지도자들도 감정적 조작을 덜 하는 설교와 더 '지적인 예배'를 촉구했다.

일부 흑인 지식인은 새로운 흑인 교단들이 그 수가 점점 더 많아지는 교육받은 흑인 중산층의 이러한 요구를 충족시키고 있다고 믿었다.[50] 주로 앵글로-미국인 주류 교단들에 소속된 아프리카계 미국인 교회들은 미적 예배 모델로 강하게 끌렸다.[51]

그러나 미적 예배를 비판하는 이들은 항상 있었다. 그들은 고딕 양식이 만들 수 있는 종교적 효과가 무엇이든 간에 미국 회중은 그것을 이해하지 못할 것이라고 걱정했다.

헨리 슬론 코핀(Henry Sloane Coffin)은 다음과 같이 불평했다.

---

49 또한 제1장에서 언급했듯이, Mark Chavez는 사회경제적 계층이 예배에 대한 선호도를 나타내는 매우 강력한 지표라는 것을 보여 주었다. (교육 수준과 경제력으로 표시되는) 사회계층이 높을수록 예배에서 고급예술, 건축양식, 음악에 대한 선호가 높아진다.
50 DuBois, *The Negro Church*, 62, 123, 162에 실린 여러 보고서를 참조하라.
51 Aghahaowa, *Praising God in Black and White*, 4-6, 60-68.

고딕 건축양식은 개신교에 조화되지 않는 요소를 도입한 책임이 있다. 스테인드글라스 창은 미국 교회들에 아무런 의미가 없는 그림들을 들여오거나 모방했다. 이러한 교회들에서 예배하는 사람들은 그러한 상징적 표현을 이해할 수 없었다.[52]

더욱이 이사야 6장에서 예배의 본질적 형식을 찾으려는 노력에도 불구하고, 목회자들은 역사적 예배의 다양한 예전 단위를 '강화물'로서, 즉 역사적 의미와는 상관없이 사용하는 임의적인 전례 조각들로 계속해서 취급했다.

요약하면, 미적 예배는 대도시와 카운티 소재지에서 큰 인기를 얻으면서 미학의 '벼락부자'(nouveau riche) 스타일을 계속해서 보여 주었다. 혹독한 비평가는 이렇게 결론 내릴 수 있다. (미적 예배 문헌에서 "경건"을 의미하는) 더 교양 있고 세련된 성격을 지향하는 예배는 단지 얄팍하게 감춰진 계급주의에 지나지 않는다고 말이다. 실제로 보그트의 "흔한 소도시의 예배 순서"라는 폄하적인 발언은 그의 사회 계급적 편견을 나타냈다.

그러나 20세기 미적 운동의 지도자들은 부자들의 취향에 부응하기보다는 예배를 위해 더 많은 것을 원했다. 그들은 교회학교의 강화물이나 부흥 운동의 새로운 수단보다 더 많은 본질을 보여 주는 예배를 갈망했다. 그들은 개척 시대의 열광적인 개신교 기도회나 가톨릭의 미사처럼 객관적 현실성을 느끼게 하면서도 현대적 감성을 모욕하지 않는 예배를 열망했다.

52　Henry Sloane Coffin, *Public Worship: The Church through Half a Century: Essays in Honor of William Adams Brown* (New York, NY: Charles Scribner's Sons, 1936), 183-206. 매사추세츠주 스프링필드에 소재한 트리니티감리교회는 스테인드글라스 창에 찰스 린드버그(Charles Lindbergh)의 이미지를 넣음으로써 이 문제를 해결하고자 했다.

개신교 예배가 더 지적인 형태를 가질 수 있다면, 그 예배의 예술이 더 높은 수준을 갖게 된다면, 기도가 덜 평범해진다면, 건축양식이 경외심을 불러일으키는 하나님의 객관적 실재에 더 잘 부합한다면, 현대 개신교도들은 초월적인 하나님의 객관적 실재를 경험할 것이라고 그들은 믿었다.

그들은 교회 전통이라는 창고를 뒤져 모델을 찾았고, 서구 교회의 역사는 유럽의 미학 문화의 발전과 깊은 관련이 있기 때문에, 미적 예배는 유럽의 문화 전통에 특권을 주었다. 이것 역시 미적 예배의 특징 중 하나다.

미적 예배 모델이 지적으로 진지한 옹호자들에 의해 장려되면서, 거룩한 하나님의 임재 속에서 '경외감'을 경험하는 데 초점이 맞춰졌다. 이는 예술 작품을 접할 때의 경험과 유사했다. 이것은 캠프 모임이나 부흥 운동 집회의 열광적 경험이 아니라, 차분하고 세련된 묵상의 경험이었다. 경외감을 불러일으키는 고딕 양식의 건축과 예식은 특히 이것에 적합했다.

그러나 결국 미적 예배는 고딕 예술의 본질 없이, 즉 고딕 양식의 배경이 되는 가톨릭의 신학적 세계관 없이 고딕 예술의 효과만을 조장했다. 그 결과 개신교도들은 그들의 교회와 성례 신학에 맞지 않는 의례와 예술, 건축양식을 사용하는 부조화로 이어졌다.

1927년, 한 감리교 비평가는 미적 예배에 대해 다음과 같이 말했다.

> 그러나 우리 예배에는 교리적 연관성이 노골적으로 거부되는 방법과 상징을 그대로 모방하는 것보다 더 나은 무언가가 있어야 한다.[53]

---

[53] James A. Beebe, "Some Reflections on Public Worship," *The Methodist Review*, vol. 43, no. 3 (May 1927): 346.

그러나 방법들의 '교리적 연관성' 없이 남은 것은 감정적 효과뿐이다. 예술적으로는 더 세련됨에도 불구하고 효과만 남게 되었다.

20세기 내내 부유한 개신교 교회들은 미적 예배의 효과로 그들의 사회적 지위를 표시했다. 또한, 다른 모델들에서 보았듯이, 덜 부유하고 시골에 있는 교회들은 대도시 교회의 예배를 모방했다. 작은 교회들은 정교한 봉헌 의례, '교회다운' 언어로 인쇄된 주보, 가운을 입은 성가대(일부는 목사들의 예복 착용을 계속해서 거부했어도)와 성가를 사용했다. 그들은 교회의 재정과 인적 자원에 대한 부담에도 불구하고 이렇게 했다.

그러나 이러한 교회들은 한 가지 이유로 미적 예배 옹호자들에게 아주 중요한 '경외감'을 거의 경험하지 못했다. 미적 예배를 잘 수행하려면 엄청난 재정과 기술이 필요하다.

탁월한 베토벤 소나타 연주가 평범한 연주와는 질적으로 다른 경험을 선사하듯이, 미적 예배는 효과적 실행을 위해 음악, 예술, 건축, 웅변의 거장들을 요구한다. 경외심을 불러일으킬 정도로 예배를 잘 실행할 수 있는 자원을 가진 교회들은 거의 없다. 이것은 미적 예배가 모델로서 안고 있는 심각한 문제다.

개신교 교회들이 예배를 전통적이라고 알릴 때, 그 예배는 찬송가, 가운을 입은 성가대, 인쇄된 기도문, 예복을 착용한 성직자가 있는, 아주 최근에 생긴 미적 예배 전통의 일부 잔재를 의미한다. 그들은 그러한 예배가 모든 카운티 소재지에 있는 높은 첨탑 교회의 특징이었던 20세기 중반에 대한 향수를 불러일으키려는 것일 수도 있다.

그러나 중산층 미국 개신교도들은 미적 예배의 과시적 스타일에 점점 더 불만을 품게 되었다. 간략하게 설명하기에는 너무 복잡한 여러 이유가 있지만, 일반적으로 미국인들은 20세기 초에 그랬던 것처럼 고상한 예술의 엘리트주의를 더 이상 숭배하지 않는다. 문화적 열망이 변화함에 따라, 개신교도들은 미적 예배 모델의 암묵적인 계급주의에 경계심을 갖게 되었다.

미적 예배의 고상한 언어를 엄격하게 고수하거나 유럽식 합창 음악이나 오르간 연주곡만을 수용하는 교회들은 거의 없다. 미적 예배는 "옷을 잘 차려입어야 하는" 하나의 사교 행사이고, 오늘날 백인 중산층 미국인들은 어떤 일에도 옷을 잘 차려입지 않는다.

그러나 이것이 이러한 예배 스타일이 의미하는 전부는 아닐 것이다. 많은 교회의 전통적 예배는 경외감을 불러일으키지는 못할 수 있지만, 경건함을 전달할 수는 있다. 현대 미국인의 삶에서 경건함이 그리 인기 있는 것이 아니기 때문에 일부 교회에서 전통적 예배는 계급주의가 아니라 현대 중산층 교회의 격식을 차리지 않는 종교에 대한 저항의 형태가 되었다.

	텔로스(목표)	에토스(성격의 특성)
19세기 말-20세기 초 유형: 미적 예배	세련된 교회를 위한 세련된 영성 하나님의 임재에 대한 경외심	고상한 예술 고딕 건축양식의 효과 하나님의 초월성을 강조하는 찬송가와 기도 고상한 언어 과시 인쇄 지향적 기도문과 의례 학위 가운 스타일의 예복 고전 음악(주로 오르간) 성가대 합창
현재 형태: 전통적 예배	경건한 영성 하나님을 향한 경건함	예술에 대한 강조 고딕 건축양식의 효과 찬송가 사용 다소 고상한 언어 향수 인쇄 지향적 기도문과 의례 고전적 음악(주로 오르간) 성가대 합창

20세기 초에 형성된 미적 예배는 약 50년이라는 시간이 흐르면서 그 영향력이 점차 줄어들고 있다. 그러나 이것은 예배에 대한 미학적 접근법을 전적으로 거부한 것이라기보다는 미적 취향이 진화된 결과일지 모른다. 그럼에도 불구하고, 많은 미국 개신교도가 미적 예배를 전통적 예배로 계속 받아들이고 있다. 이 '전통'이 겨우 한 세기에 불과하다는 아이러니를 알지 못한 채 말이다.

제6장

영적 능력과 육체적 환희

오순절 예배

주님, 예전처럼, 오순절에
당신께서는 당신의 능력을 나타내셨습니다 -
정화하고 정제하는 불꽃으로,
오늘 우리에게 내려오소서.

후렴:
주님, 옛 능력, 오순절의 능력을 보내소서!
당신의 복의 문을 우리에게 활짝 여소서!
주님, 옛 능력, 오순절의 능력을 보내소서!
죄인들이 돌이키고 당신의 이름을 영화롭게 하소서!

"오순절의 능력"(Pentecostal Power)[1]

- 찰스 H. 가브리엘(Charles H. Gabriel), 1912

나는 예배가 시작하기 약 30분 전에 교회에 도착한다. 거의 텅 빈 예배당에 들어서자 무대 앞에서 무릎을 꿇고 있는 작은 무리의 여성과 남성이

---

[1] 퍼블릭 도메인 http://library.timelesstruths.org/music/Pentecostal_Power/, 2017년 12월 23일 접속.

보인다. 그들은 기도하고 있다. 아니 그들은 주님 앞에서 동시에 소리 높여 노래하며 울고 있다. 어떤 이들은 머리 위로 팔을 흔들고 있고, 다른 이들은 가슴 높이로 손바닥을 위로 향해 들고 있다. 한 사람은 다른 사람의 어깨에 손을 얹고 있다.

다른 교인들이 도착해 자리를 찾아 앉는 동안에 연주자들이 서서히 무대에 오른다. 드럼 연주자가 드럼을 몇 번 치고, 기타 연주자는 매우 시끄러운 전기기타로 몇 개의 코드를 연주한다. 마치 개러지밴드(garage band)의 리허설이 시작할 것 같지만, 곧 연주자들이 매우 율동적이고 반복적인 노래, "당신을 찬양합니다. 예수님, 나는 당신만을 찬양하길 원합니다"를 부르기 시작한다.

음악 소리는 너무 커서 뼈까지 울릴 정도다. 회중은 별다른 초청 없이도 함께 노래하기 시작한다. 그들은 일어서서, 노래하고, 어떤 이들은 몸을 흔들기 시작하고, 다른 이들은 뛰고, 다른 이들은 팔을 흔들며 춤을 춘다. 탬버린을 가져온 사람들도 꽤 있다. 이 노래가 언제 끝나서 다음 노래가 시작될지 거의 알 수 없다. 예배 시작시간이 이미 지났다는 것도 알아차리지 못한다. 예배는 이미 진행되고 있다.

"예수님을 찬양하십시오!"

이것이 오순절 예배다.

1. 오순절 예배: 하나님의 실재를 구현

제5장은 미국인의 문화적 취향이 더욱 세련되어지면서 미적 예배가 발전했다고 제안했다. 많은 도시 개신교도가 좀 더 교양 있는 교인들을 유치하고 유지하기 위해 품위 있는 예배를 원했다. 미적 예배 운동이 교회 학교의 교훈적 훈련을 문화적 취향을 세련되게 만드는 방향으로 밀고 갔

다면, 현대 오순절 운동은 부흥 운동의 정서적 힘을 취해서 완전히 구현되고 더욱 활기찬 예배 형식을 지향하는 반대 방향으로 발전시켰다.

부흥 운동과 교회학교의 패턴처럼 오순절 예배는 경험에 초점을 맞추고, 미적 예배처럼 실제적인 것과 만남으로서 경험을 추구한다. 미적 예배가 예배의 '실제적인 것'과 만나는 방법으로 예술을 사용한다면, 오순절 패턴은 은사와 강렬한 영적 체험을 통해 구현되는 영적 능력의 적나라한 표현을 '실제적인 것'으로 기대한다.

이것은 다른 패턴에서처럼 지적 활동이나 신성한 존재의 현존에 대한 단순한 인식으로서의 경험이 아니다. 오순절파에게 예배는 하나님의 능력에 전적으로 참여하여 풍성히 경험하는 것이다.

오순절 운동의 특징(방언, 영적 치유, 신적 예언, 기적)은 하나님의 임재에 대한 강렬한 인식을 나타내고, 이러한 임재에 대한 특징적 반응은 그것에 항복하는 것이다.[2] 이것이 오순절 모델 예배의 객관적 핵심이자 텔로스다. 즉, 하나님의 성령과의 구현되고, 참여적이고, 환희 넘치는 만남이다.

오순절 운동은 20세기에 세계적 운동으로 급속히 퍼지기 시작했지만, 그랜트 왜커(Grant Wacker)의 오순절 운동 역사에 관한 호의적인 연구에서 알 수 있듯이, 많은 흐름이 함께 모여 이 운동을 탄생시켰다. 진정한 회심을 강조한 대각성 운동, 개인의 성결에 관심을 둔 김리교, 이러한 주제들을 반복한 19세기 피니의 부흥 운동은 모두 오순절 운동의 선도자다.[3]

마찬가지로 오순절과 유사한 현상의 조짐은 초기 감리교 기도회에 대한 기록에도 나온다. 거기서 참석자들은 노래하고 기도하고 소리쳤으며, 일부 예배자는 바닥에 쓰러졌고(오순절파는 이것을 "영으로 죽임당하기"[being

---

2   Gerardo Marti, "*Maranatha* (O Lord Come): The Power/Surrender Dynamic of Pentecostal Worship," *Liturgy* 33, no. 3 (2018): 20-28.
3   Grant Wacker, *Heaven Below: Early Pentecostals and American Culture* (Cambridge, MA: Harvard University Press, 2001), 1-3.

slain in the spirit]라고 부른다), 어떤 이들은 하나님에 대한 환상을 보았다.⁴

19세기 초 변방 캠프 모임도 오순절 예배를 예기했는데, 이는 제자회(Disciples of Christ) 창립자 중 한 명인 바톤 스톤(Barton Stone)의 목격담에 기록되어 있다. 1801년 켄터키주 렉싱턴 근교에서 열린 케인 리지(Cane Ridge) 캠프 모임에 참석했던 스톤은 이렇게 회고한다.

> 금세기 초에 흥분으로 인해 몸을 흔들거나 움직이는 의식은 다양했고, 다양한 이름으로 불렸다. 쓰러지는 행위는 모든 연령대와 계급의 성인들과 죄인들, 철학자에서 광대에 이르기까지, 모든 계층에서 매우 흔했다. 이런 행위를 하는 사람들은 대개 날카로운 비명을 지르면서 바닥이나 땅, 진흙 위에 쓰러져 있는 통나무처럼 죽은 듯이 보였다.
>
> 경련이 그렇게 쉽게 묘사될 수 없다. 때때로 경련의 주체는 신체 일부나 전체에 영향을 받기도 했다. 머리에만 영향을 받았을 때는 앞뒤로 또는 좌우로 움직였는데, 너무 빨라 얼굴의 특징을 구별할 수 없을 정도였다. 몸 전체에 영향을 받은 사람도 봤는데, 머리가 거의 바닥에 닿을 정도로 앞뒤로 빠르게 계속해서 움직였다.
>
> 춤추기. 이것은 대개 경련으로 시작했고, 종교학 교수들에게 기이하게 보였다. 그 주체는 얼마간 몸을 떤 후에 춤추기 시작했고, 그때 경련이 멈췄다. 그러한 춤은 구경꾼들에겐 그야말로 천상의 것이었다. 그 안에는 경박한 행동 같은 것이 없었고, 보는 사람들이 경박한 행동을 하도록 의도되지도 않았다. 하늘의 미소가 그 주체의 얼굴에서 빛났고, 전체적으로 천사와 같은 모습이었다. 동작이 빠를 때도 있었고, 느릴 때도 있었다.

---

4 Henry D. Rack, *Reasonable Enthusiast: John Wesley and the Rise of Methodism* (Nashville, TN: Abingdon Press, 1989), 194-97.

그래서 그들은 같은 통로에서 힘이 다한 것처럼 보일 때까지 계속해서 앞뒤로 움직였다. 옆에 서 있는 사람들이 잡아 주지 않으면 바닥이나 땅에 쓰러져 엎드려져 있을 것 같았다. 그러는 동안에, 나는 그들이 하나님께 올려드리는 엄숙한 찬양과 기도를 들었다.

(반대자들이 경멸하듯 부르는) 짖는 행위는 단지 경련일 뿐이다. 특히, 머리 쪽에 경련을 일으키게 된 사람은, 세상에, 갑작스러운 경련으로 인해 끙끙거리는 소리나 짖는 소리를 내곤 했다.…

웃는 행위도 빈번했지만, 종교적인 사람들에게 제한되었다. 크고 떠들썩한 웃음이었지만 독특했다. 누구에게도 웃음을 자아내지 않았다. 주체는 엄숙해 보였고, 그의 웃음은 성자와 죄인의 엄숙함을 불러일으켰다. 정말 형언할 수 없었다.

달리는 행위는 이러한 몸의 흔들림으로 인한 두려움 때문에 도망치려고 시도하는 것에 지나지 않았다. 그러나 대개 그들은 얼마 가지 않아 쓰러지거나, 몸이 너무 떨려서 멀리 달려가지도 못했다.

나는 노래하는 행위에 대해 말하면서 본 장을 마무리하겠다. 노래하는 행위는 내가 봤던 것 중에 가장 설명하기 힘든 것이다. 매우 행복한 상태에 있는 주체는 입이나 코가 아니라 온전히 가슴으로부터 소리를 내면서 매우 선율적으로 노래한다. 그러한 음악은 모든 것을 침묵시키고, 모든 이의 관심을 끌었다. 그것은 정말로 천상의 것이었다. 아무리 들어도 싫증 나지 않을 것이다.

J. P. 캠벨(J. P. Campbell)과 나는 어떤 모임에 함께 참석했고 그런 행위를 행하는 한 경건한 여성에게 주목했다. 우리는 그것이 세상에서 알고 있는 그 어떤 것보다 뛰어난 것이라고 결론지었다.[5]

---

5   James R. Rogers, *The Cane Ridge Meeting-house*. 여기에 B. W. Stone의 자서전과 William Rogers가 그린 David Purviance의 스케치가 첨부되어 있다. (Cincinnati, OH: The Standard Publishing Company, 1910), 159-62.

스톤이 케인리지캠프 모임을 관찰한 내용은 오순절 모임의 주요소가 될 육체적 현상과 유사하다. '노래하는 행위'에 대한 스톤의 묘사는 오순절 전통의 '성령 안에서 노래하는 것'과 유사하고, 방언에 관한 불분명한 언급일 수도 있다. 왜냐하면, 그것이 "세상에서 알고 있는 그 어떤 것보다 뛰어난 것"이었다고 말하기 때문이다.

아프리카계 미국인 그리스도인의 경험과 실천은 현대 오순절 운동의 또 다른 매우 중요한 원천이고, 오늘날 흑인 오순절파 교단들은 미국 오순절파에서 큰 부분을 차지한다. 아프리카 노예들이 캠프 모임에 참석하는 것은 드문 일이 아니었고, 스톤이 목격한 현상은 아프리카계 참석자들의 영향을 받아 발전된 것일 수 있다.

많은 아프리카 노예가 원래 이슬람교도들이었거나 아프리카의 전통 종교를 따르는 이들이었지만, 그들을 노예로 삼은 백인 그리스도인 주인들에 의해 강제로 그리스도인이 되었다. 그들은 상황이 허락하는 한 고국의 활기찬 전례 행위를 유지했고, 외워서 알고 있던 그들의 관습에 백인 그리스도인들의 관습을 적응시켰다.

일부 주인은 그들의 노예들이 유럽계 미국인 교회의 예배에 참석하도록 허락하거나 심지어 요구했지만, 일부는 노예들끼리 예배하는 모임을 허용하기도 했다(아니면 그런 모임에 대해 몰랐을 수도 있다). 이러한 예배는 활기찬 노래, 기도, 춤, 외침으로 가득했다. 종종 문맹이었지만 성령의 능력으로 감동된 설교자들은 성경의 이야기들을 외워서 설교했고(또한, 소리치고 노래했고), 그들의 회중은 외치고 응답하면서 설교에 동참했다.[6]

따라서 미국에서 독특한 비유럽계 형식의 기독교 예배는 유럽 계몽주의의 육체에서 이탈한 영적 세계관에 얽매이지 않는 형식으로 진화했다.

---

6 Marva Wilson Costen, *African American Christian Worship* (Nashville, TN; Abingdon Press, 1933), 특히 제6장, "Worsihp in the Invisible Institution," 26-49는 이에 대해 간략하게 설명한다.

이러한 아프리카계 미국인 예배자들에게 정신적, 영적인 경험은 단순히 육체적인 경험이었고, 이는 그들의 예배 관행이 유럽계 미국인들의 심신 이원론을 채택하지 않았음을 보여 준다.

그 뿌리가 무엇이든 간에, 현대 오순절 운동의 전통적 역사는 찰스 F. 파햄(Charles F. Parham)과 윌리엄 J. 시모어(William J. Seymour)라는 두 사람의 얽힌 이야기에서 싹이 텄음을 보여 준다.

파햄은 캔자스 출신의 백인 설교자이자 신앙 치료사였다(한때는 감리교 순회 설교자였다). 그는 사도행전과 고린도전서에 나오는 초대 교회의 방언, 치유, 다른 기적적인 경험에 관한 기사에 오래도록 흥미를 가졌다.

파햄은 토피카에서 추종자들과 소그룹을 만들어 성령의 온전한 은사를 간절히 구하기 시작했다. 그리고 1901년, 그와 다른 그룹원들은 방언의 은사를 경험하기 시작했다.[7] 캔자스에서 어느 정도의 성공을 거둔 파햄은 1905년에 휴스턴으로 이주했고, 오순절 부흥을 가르치는 성경 학교를 설립했다. 그의 추종자들은 곧 시카고와 뉴욕시, 다른 주요 도시로 그 운동을 확산시켰다.[8]

그의 가장 유명한 학생은 아프리카계 미국인 성결교 설교자인 윌리엄 J. 시모어였다. 그는 캘리포니아주 로스앤젤레스에서 '아주사거리선교회'(Azusa Street MIssion)라고 칭한 사역을 시작하기 전에 파햄의 강의를 수강했었다.

---

7   T. P. Thigpen, "Parham, Charles Fox," in *Dictionary of Christianity in America* (Downers Grove, IL: InterVarsity, 1990).

8   Wacker, *Heaven Below*, 6. Parham은 처음에 Seymour를 지지했지만 아주사 거리 부흥 운동에 인종이 섞인 일로 갈라섰다. Parham은 당시 백인 우월의식의 성향을 갖고 있었다. 오순절 운동의 인종을 초월한 기원에 대한 설명을 위해서는 Gastón Espinosa, *William Seymour and the Origins of Global Pentecostalism* (Durham, NC: Duke University Press, 2014), 96–108; Wacker, *Heaven Below*, 228–35를 참조하라.

아주사거리선교회의 예배는 일련의 개별적 모임이라기보다는 매일 열리는 하나의 파도치는 행사와 같았다. 아주사거리교회의 교인이었던 프랭크 바틀맨(Frank Bartleman)은 자기의 경험에 대해 다음과 같이 썼다.

> 예배는 거의 계속해서 이어졌다. 밤낮으로 거의 모든 시간에 능력으로 영혼을 찾았다. 그 장소는 문이 닫히거나 비어 있던 적이 없었다. 사람들은 하나님을 만나러 왔다. 하나님은 항상 거기에 계셨다. 그래서 만남이 계속되었다.[9]

일요일 오전에 사람들이 더 많이 참석하게 되면, 그 모임은 정해진 매일 모임 시간보다 길어졌다. 그러나 축도하고 무리를 집으로 돌려보내는 사람은 없었던 것 같다.

그 선교회를 설립한 시모어는 지도자였고 많은 모임에서 설교했다. 그러나 설교가 예배를 지배하지는 않았고, 성령의 감동을 받은 사람은 누구나 간증하거나 설교할 수 있었다. 실제로 아주사 모임 초창기에는 예배 공간에 연단이나 설교단이 없었다. 모임의 유일한 규칙은 하나님의 성령에 응답해야 한다는 것이었다.

바틀맨은 이렇게 주장했다.

> 우리에게는 어떤 인간적인 프로그램도 없었다. 모든 것은 성령의 명령에 따라 즉흥적으로 이루어졌다. 우리는 누구의 입을 통해서든 하나님의 말씀을 듣기 원했다.[10]

---

9   Frank Bartleman, *Azusa Street* (Plainville, NJ: Logos International, 1980), 58.
10 Bartleman, *Azusa Street*, 57-58.

바틀맨은 그러한 모임이 어떻게 진행되었는지를 감동적으로 묘사한다.

처음 모임에 도착했을 때 우리는 가능한 한 사람들과 접촉하고 인사하는 것을 피했다. 우리는 먼저 하나님을 만나고 싶었다. 우리는 구석에 있는 의자 밑에서 고개를 숙이고 기도했고, 더 이상 "육체를 좇지 않는" 성령에 사로잡힌 사람들을 만났다. 모임은 간증과 경배와 찬양으로 자연스럽게 시작되었다.…
우리에게 시간에 맞춰 진행해야 할 미리 계획된 프로그램은 없었다. 우리의 시간은 주님의 것이었다. 우리에게는 생생한 경험에서 비롯된 진솔한 간증이 있었다. 그렇다 않다면, 간증은 짧은 게 낫다. 열 명 정도가 동시에 일어나 하나님의 강한 능력에 떨고 있었다. 우리에게는 인도자들의 신호가 필요 없었다. 그리고 우리는 무법으로부터 해방되었다. 우리는 모임에서 기도할 때 하나님 앞에서 잠잠하게 되었고, 마음을 그분께 집중했다.…
주께서 누군가를 통해 갑자기 나타나실 것 같았다. 우리는 이것을 위해 계속 기도했다. 마침내 누군가가 기름 부음을 받고 일어나 메시지를 전했다. 모든 사람은 이것을 알아차리고 양보하는 듯했다. 그 누군가는 아이일 수도, 여성일 수도, 남성일 수도 있었다. 뒤쪽 좌석에 있는 사람일 수도 있었고, 앞에 있는 사람일 수도 있었다. 누구든 아무런 문제가 되지 않았다.…
어떤 이는 말하고 있었을 수도 있다. 갑자기 성령이 회중 위에 임했다. 하나님께서 직접 제단 초청을 하셨다. 사람들은 마치 전쟁터에서 전사한 것처럼 모두 바닥에 쓰러지거나, 아니면 하나님을 찾기 위해 제단으로 일제히 달려갔다.…
나는 당시에 제단 초청을 받은 적이 없었다. 하나님께서 그들을 직접 부르셨다. 그리고 설교자는 언제 그만둬야 할지를 알았다. 하나님께서 우리는

모두 순종했다.… 하나님의 임재는 진짜였다.[11]

분명히 성령에 대한 자발적인 순종은 그러한 모임의 특징이었다. 하지만 그렇다고 해서 인식할 수 있는 패턴이 없었다는 말은 아니다. 실제로 바틀맨이 묘사한 몇 가지 특징은 오늘날에도 오순절 예배에서 나타나는 전형적인 모습이다. '경배와 찬양'으로 시작하여 긴 시간의 간증과 설교, 그리고 마지막으로 긴 제단 초청으로 이어진다.

제단 초청 시간에 예배자들은 구속이나 치유, 성령 세례를 위한 열렬한 기도로 하나님의 음성에 응답하는데, 예배자들의 몸에서 육체적 현상이 수반되었다.[12]

아주사 거리 오순절 예배의 '텔로스'와 오늘날 오순절 운동의 목표는 '성령 세례'다. 성령 세례는 성령의 능력을 개인의 삶에서 평생토록 경험하는 시작점이 된다. 이것은 지극히 개인적이면서 동시에 공동체적이다. 성령 세례를 받았다는 증거는 주로 방언을 하는 것이었다. 다른 증거로는 거룩한 웃음, 영으로 죽임당하기, 외침, 신유, 예언이 있는데, 모두 성령을 만났다는 구체적인 증거였다.

예배자들의 공동체는 이러한 현상들을 격려하고 확인했다. 만약 어떤 사람이 '방언으로 메시지'를 말했다면, 다른 사람이 일어나 '그 메시지를 해석했다.' 그렇지 않으면 거짓된 것으로 단정되었다. 만약 누군가가 '영으로 죽임당했다면' 바닥으로 쓰러질 때 동료 예배자가 도움을 주었다. 예배자들은 문제로부터 '해방'되길 원하거나 성령 세례를 구하는 사람의

---

11 Bartleman, *Azusa Street*, 59-60.
12 Bartleman의 설명 이후 불과 3년 뒤에 시카고 오순절 모임에 대한 비슷한 설명이 게재되었다. 이를 위해서는 Frederick G. Henke, "The Gift of Tongues and Related Phenomena at the Present Day," *The American Journal of Theology* vol. 13, no. 2 (1909): 196-99을 참조하라.

머리, 어깨, 또는 등에 손을 얹어 접촉했다.

간증과 설교는 일종의 태그 팀 행위가 될 수 있었다. 한 사람이 메시지를 시작하면 교회에 말씀을 전하라는 강한 '기름 부음'을 느낀 사람이 그 메시지를 마무리했다.

오순절 예배에서 찬양은 활기찬 공동체적 사건으로, 대개 외워서 불렀고, 오순절 운동 초기에는 미리 계획된 경우가 거의 없었다. 찬양 인도자나 회중의 다른 구성원이 성령의 인도를 느낄 때 찬양을 시작했고, 찬양에서 기도와 간증으로 자연스럽게 넘어갈 때까지 한 노래에서 다른 노래로 쉬지 않고 이어졌다.

아주사 거리에서 가장 주목할 만한 음악적 관행은 바틀맨이 "성령 안에서 노래하기"라고 불렀던 것으로, 한 세기 전 캠프 모임의 "노래하기"(singing exercise)와 유사해 보인다.

> [성령 안에서 노래하기]는 세상의 어떤 말로도 묘사할 수 없는 자발적인 현상이자 환희의 표현이었다.… 때로는 침묵으로, 때로는 '방언'으로 노래했다. 사람들에게 미친 영향은 굉장했다. 천사들이 와서 우리와 함께하는 것처럼 천상의 분위기를 조성했다.… 태초에 하나님이 주신 노래의 영은 그 자연스러움과 감미로움이 마치 에올리언 하프 같았다. 사실 그것은 바로 인간의 심금이나 인간의 성대를 연주하는 하나님의 입김이었다. 그 음들은 감미로움과 음량과 길이에서 놀라웠다. 그것은 '성령 안에서 노래하는 것'이었다.[13]

아주사 거리에서의 많은 예배는 활기가 넘치거나 심지어 귀에 거슬리기도 했지만, 성령 안에서 노래하는 것은 좀 더 절제되었고 즉흥적으로

---

13 Bartleman, *Azusa Street*, 56-57.

조화되는 매우 공동체적인 실천을 수반했다.

아주사거리선교회 자체는 지역 언론의 관심을 끌었고, 회의론자들과 단순히 호기심을 갖는 사람들 생겨났다.

가장 큰 비판 중 하나는 성별과 인종에 대한 참석자들의 무차별적 태도에 관한 것이었는데, 오순절 운동은 처음부터 성령이 이끄는 여성의 사역을 열렬히 긍정했고 미국 문화의 인종 및 민족적 장벽을 무시했기 때문이다. 그 운동이 여러 오순절파 교단들로 진화함에 따라 모든 그룹이 한창때의 아주사 거리의 놀라운 평등주의를 유지하지는 않았다.

많은 오순절 그룹과 교단은 강력한 가부장적 신학을 장려했다. 그들의 가부장적 신학은 지도자로서 여성보다 남성의 명백한 우월성을 주장했는데 (자주 사용된 용어는 "우두머리의 권위" [headship]였다), 심지어 가정과 관련해서도 그랬다. 그러나 오늘날에도 많은 오순절 교회가 일부 전통적 교단보다는 여성의 사역에 더 개방적이고, 일부 도시 오순절 교회는 많은 주류 개신교 도시 교회보다 인종적으로 더 다양하다.[14]

그러나 평등주의를 넘어서는 오순절 운동의 광범위하고 급속한 확장은 20세기 초 많은 미국인 그리스도인이 오순절 운동이 제공하는 활기찬 예배 스타일을 갈망하고 있었음을 시사한다.[15]

나는 오순절 운동의 선정주의적인 측면이 실제로는 주요 개신교 교단들에서 보이던 공식 종교의 비인격적이고 비육체적인 형식에 반대하는

---

14 Kevin D. Dougherty, "How Monochromatic Is Church Membership? Racial-Ethnic Diversity in Religious Community," *Sociology of Religion* vol. 64, no. 1 (Spring 2003): 65-85.
15 의외로 웹사이트에 이런 종류의 노래가 거의 없다. http://wn.com/Singing_in_Tongues에서 한 예를 찾아볼 수 있다. 2016년 4월 5일 접속.

광범위한 문화적 반응의 일부였다고 생각한다.

19세기 후반에 이르러 피니의 부흥 운동은 사람들에게 '정말 진짜로' 느껴지는 경험을 제공하는 방식으로서 시들해졌고, 사람들은 그 틈을 메워 줄 무언가를 갈망했다.

반면에 교회학교 예배와 미적 예배 형식은 교육 수준이 높고 세련된 신자들의 관심을 끌 수 있는, 감정적으로 '좀 더 냉담한' 내용으로 좀 더 지적 신앙 스타일을 추구했다. 이러한 예배 형식들이 종교적 감정을 상상적 시뮬레이션으로 조장했다면, 오순절 운동은 하나님의 능력에 대한 실제적이고 육체적인 경험을 추구했다.

2. 주류가 된 오순절 운동: 은사 운동

오늘날 미국에서 오순절 운동은 처음 시작되었던 자유-교회와 성결교 유형 교회들보다 훨씬 더 광범위하다.[16] 실제로 20세기 중반이 되었을 무렵에 오순절 형태의 영성은 주류 교단으로 확산됐다. 1960년대, 성공회 사제인 데니스 베넷(Dennis Bennett)은 자신의 방언 경험을 기록하기 시작했다. 이는 은사 갱신(Charismatic Renewal)이라고 불린 것의 시작을 촉발했다.

은사 갱신은 이내 감리교, 장로교, 루터교 및 다른 주류 교단들로 확산되었다. 1970년대 후반에 이르러 활기 넘치는 가톨릭계 은사 운동이 바티칸으로부터 조심스럽지만, 진심 어린 지원을 받았다. 노트르담대학교(University of Notre Dame)는 1967년에 가톨릭 오순절파들을 위한 연례 모임

---

16 오순절 예배의 역사에 관해서는, Swee Hong Lim and Lester Ruth, *Lovin' on Jesus: A Concise History of Contemporary Worship* (Nashville, TN; Abingdon Press, 2017)을 보라.

을 주최하기 시작했고, 이러한 바티칸의 지원으로 1974년까지 25,000명이 넘는 인원이 모임에 참석했다.[17]

빈야드 운동(Vineyard movement)을 창시한 록 음악가인 존 윔버(John Wimber)는 오늘날 '오순절/은사 갱신의 제3의 물결'(Third Wave of the Pentecostal/Charismatic Renewal)을 대표한다. 빈야드의 예배 음악과 특히 영적 친밀감에 대한 강조는 전 세계의 오순절파들뿐 아니라 개신교들과 가톨릭 신자에 엄청난 영향을 미치게 되었다.[18]

주류 개신교와 가톨릭 은사파는 하나님과의 실제적 관계를 자극하는 성령과의 직접적 만남이라는 경험을 개신교 오순절파들과 공유한다. 또한, 은사파와 오순절파는 하나님의 임재가 성령의 선물을 통해 나타난다는 믿음을 공유한다. 자유교회 오순절파는 성경을 문자 그대로 믿는 경향이 있다. 오순절/은사파의 영성은 가톨릭과 성공회 신자들이 성례전, 도유 예식, 치유 의례에 더욱 집중하도록 만들 수 있다.

은사파와 자유교회 오순절파는 공통점이 많아 오순절/은사 운동이 에큐메니컬 운동의 남아 있는 진지한 현상이라고 해도 지나친 표현은 아닐 것이다. 가톨릭과 개신교 은사파들과 자유교회 오순절파들에게 함께 예배하는 것은 놀라울 정도로 쉬운 일일 때가 많다.[19]

---

17 Thomas J. Csordas, *Language, Charisma and Creativity: The Ritual Life of a Religious Movement* (Berkeley and Los Angeles: University of California Press, 1997), xiv. 참고로, 가톨릭 은사파들은 초기에 자신들을 "가톨릭 오순절파들"이라고 부르는 경향이 있었다.
18 Brian Spinks, *The Worship Mall: Contemporary Response to Contemporary Culture* (New York, NY: Church Publishing, 2010), 95ff.
19 Daniel E. Albrecht, *Rites in the Spirit: A Ritual Approach to Pentecostal/Charismatic Spirituality* (Sheffield, UK: Sheffield Academic Press, 1999), 36-41을 보라.

3. 오순절/은사 예배의 성격

오순절/은사 예배는 예배자들이 그들의 몸과 감정에 직접 관여하시는 하나님과 만남을 기대하는 사건이다. 따라서 나는 이러한 예배 형태의 '텔로스'를 하나님과의 속박받지 않는 (집단적) 만남으로 특징짓는다.

이러한 만남은 대개 사람들이 성령의 직접적 능력을 경험하고, '방언의 은사', 즉 평소에 자연스럽게 사용하지 않는 '언어'로 기도할 수 있게 능력을 부여받는 특별한 사건인 '성령 세례'로 시작된다.[20]

이러한 영적 경험은 매우 개인적이지만 또한 공동체적이기도 하다. 영적 은사의 완전한 행사는 신자들이 함께 모인 몸에 속한 것이기 때문이다. 실제로 오순절 예배는 교회의 의미를 '표현'하는 데 그치지 않고, 교회를 살아 있고 복잡하지만 통일된 몸으로 '창조'한다.

오순절 예배의 '에토스'는 인도자들과 회중의 신체적 몸짓과 움직임, 풍부한 감정, 평등한 참여, 하나님과의 친밀함, 환희의 표현을 강조한다. 오순절 예배에서 시각적 의례 상징은 매우 적다. 성경, 설교단, 설교자, 찬양팀 정도다. 예를 들어, 성찬대는 뚜렷이 구별되는 가구라기보다는 회중과 무대 사이에 있는 열린 공간이다.

그러나 의례 상징은 주로 시각적 예술과 (기능적이고 소박한 경향이 있는) 가구를 통해 표현되지 않고, 청각적이고 운동 감각적인 '이콘들'(icons)을 통해서 표현된다. 그 이콘들은 오순절 예배의 전형적인 소리(찬양 음악, 할

---

[20] 특히, 선교지에서 사람들이 그들의 실제 언어로 듣는 '방언'으로 기도하는 사람들에 대한 일화적 보고가 많다. 그러나 '방언'은 일반적으로 실제 언어가 아니라 (화자의 관점에서) 언어의 흐름이 있는 '아무런 의미가 없는' 음절의 모음이다. 방언은 예배에서 함께 기도하는 일환으로 공적 예배에서 개인들이 사용할 수 있지만, 혼자 몰두하여 기도할 때도 사용될 수 있다. 오순절 전통에서 성령의 인도로 한 사람이 회중에게 '방언으로 메시지'를 전할 경우, 다른 사람이 그 의미를 전달하기 위해 '통역의 은사'를 받아야 한다. 그러나 여기서 '통역'은 언어학적 의미의 번역이 아니다.

렐루야의 외침, 방언)와 움직임(춤추기, 흔들기, 손 들기 등)이다.

알브레히트(Albrecht)가 보여 주듯이, 오순절 예배의 이러한 청각적/운동 감각적 이콘들은 동방정교의 이콘들이 회중을 위해 신적 세계를 매개하는 것과 거의 같은 방식으로 참여자들을 기능적으로 영적 세계로 집어넣는다.[21]

브렌다 이트맨 아그하호와(Brenda Eatman Aghahowa)의 한 오순절 교회의 예배에 대한 설명에서 볼 수 있듯이, 이러한 하나님과의 강렬하게 개인적이고 육체적인 만남에는 에로틱한 측면이 분명히 있다.

> 종종 나는 파이어 뱁타이즈드(Fire Baptized)와 다른 유사한 예배를 드리는 흑인 교회들에서 청중 참여와 예배 전반에 나타나는 관능적이고 거의 성적인 성향으로 인해 충격을 받는다. 몸을 흔드는 것, 바닥에서 뒹구는 것, 울부짖는 것, 극도의 흥분 상태에 이르도록 음악을 크게 하는 것(그리고 그에 반응하는 것), 전반적인 광분, 이러한 예배에서 파생되는 극도의 영적 도취 모두는 거의 오르가슴처럼 보인다고 말하는 것 말고는 달리 표현할 길이 없다. 최고의 성교처럼, 파이어 뱁타이즈드와 다른 교회들에서의 예배 경험은 완전히 지쳐 버리게 하는 동시에 완전히 흥분시키는, 완전히 만족스러운 경험이다.[22]

아그하호와는 아프리카계 미국인 오순절 교회를 묘사하지만, 많은 앵글로 또는 히스패닉계 오순절/은사파 교회들도 이와 크게 다르지는 않다. 오순절 예배는 예배자가 경험 자체에 대한 통제력을 기꺼이 내어 주며 완전히 복종하는 만남이다. 오순절 예배는 몸 흔들기와 많은 땀, 신나게 만

---

21 Albrecht, *Rites in the Spirit,* 143-48.
22 Brenda Eatman Aghahowa, *Praising in Black and White: Unity and Diversity in Christian Worship* (Cleveland, OH: United Church Press, 1996), 99.

드는 율동적 음악과 절정으로 치달으면서 점점 커지는 노래를 수반하는 예배다.

우리가 살펴봤던 다른 패턴들과는 달리, 오순절 예배에서는 손을 잡고, 안수하고, 포옹하는 등 많은 신체적 접촉이 이뤄진다. 간단히 말하면, 예배는 댄스 클럽이나 록 콘서트의 에로틱한 분위기를 띠고, 청중이 목소리와 몸으로 참여하는 것을 요구한다.[23]

성적 역동성 외에도 오순절 예배는 술과 약물의 사용 없이 통제 불능의 상태를 놀라울 정도로 느끼도록 하고, 감각과 분석적 사고의 영역에서 벗어나도록 한다. '영에 취한' 상태는 오순절 경험에 대한 일반적 묘사이고 이러한 방식으로 예배할 때 느끼는 자유와 기쁨을 반영한다.

볼프강 폰다이(Wolfgang Vondey)는 오순절 예배의 전반적 특성을 묘사하는 다른 메타포를 제시하는데, 바로 즉흥적 재즈로 표현되는 "놀이/연주"(play, 저자는 이 단어의 두 의미를 함께 사용한다 - 역자주)다.

> 본질적으로 놀이(play)는 이성의 수행적 구성개념이 아니라 광범위한 스펙트럼의 즉흥성을 특징으로 하는 공동체의 집단적 활동에 기반한 상상력을 전개하는 것이다. 창의적이고 해석적이며 즉흥적인 특성을 가진 재즈의 구조는 고정된 구조 없이도 이 스펙트럼이 얼마나 복잡해질 수 있는지를 잘 보여 준다.… 재즈 연주(play)는 예측 가능한 것을 부정함으로써가 아니라 서로 간의 창의적 관여를 긍정함으로써 개방성을 요구하는 '항복의 미학'을 발전시킨다.[24]

---

23 내가 1970년대에 대학생이었을 때, 한 친구가 록 콘서트장에 가는 것은 오순절교회에 참석하는 것 같고, Mick Jagger는 오순절교회의 설교자처럼 행동하는 것 같다고 말했다.

24 Wolfgang Vondey, *Beyond Pentecostalism: The Crisis of Global Christianity and the Renewal of the Theological Agenda* (Grand Rapids, MI: Eerdmans, 2010), 139.

따라서 오순절 예배의 놀이는 마치 재즈 연주가 음계, 음표, 악기, 리듬이라는 음악적 관습 내에서 이뤄지는 것처럼 예배의 전형적 패턴 내에서 자발성을 수행한다. 그것은 구조적이면서 즉흥적이다. 그러나 재즈 메타포는 오순절 예배의 평등주의적 에토스를 간과하는 특정한 기교를 암시한다. 오히려 그러한 예배는 놀이터에서 아이들이 느슨한 구조의, 그러나 상상력이 풍부한 놀이를 하는 것과 더 비슷하다.[25]

그러한 놀이에는 참여자들이 함께한다는 것 외에는 의식하고 있는 목적이 없다. 놀이가 신체 활동, 창의적 정신 발달, 문제-해결 기술 학습과 같은 많은 간접적 목적을 달성하기는 하지만 말이다. 아이들의 놀이는 청중을 위해 공연되지 않는다. 마찬가지로 오순절 예배는 청중을 위해 수행되지 않고, 심지어 하나님을 위해서도 수행되지 않는다. 오히려 오순절 예배는 성령 하나님을 예배의 놀이에 전적으로 참여하는 분으로 이해한다.

4. 오순절 예배의 순서

오순절 예배는 자발성을 중요시하고, 우리가 지금까지 살펴본 패턴들보다 덜 형식적으로 구성되어 있다. 그러나 이미 언급했듯이, 오순절 예배의 전반적 구조는 부흥 운동 패턴의 삼중구조와 비슷하다. 수백 개의 오순절 예배를 면밀하게 분석한 알브레히트는 그가 "기초적/과정적 구조"(foundational/processual structure)라고 부른 것과 함께 오순절 예배의 세 가지 주요 구성 요소, 즉 경배와 찬양 예식,[26] 목회 메시지 예식, 제단/응

---

[25] Lim and Ruth, "The Music of Contemporary Worship: Origins through the 1980s," in *Lovin' on Jesus*, 58-66.
[26] 오늘날에는 "경배와 찬양"이라는 용어가 더 많이 사용되는데, 이는 찬양(더 시끌벅적

답 예식을 발견한다.

이러한 구성 요소를 중심으로 모임/해산 예식들이 있고, 그사이에는 전환 예식들이 있다. 각각의 기초적/과정적 예식은 알브레히트가 "마이크로 의례"(microrituals)라고 부르는 것들로 구성된다. 마이크로 의례란 공동체적으로 인정되어 회중이나 인도자들이 자발적으로 행하는 다양한 의례 행위들(손 들기, 방언하기, 무릎 꿇기, 춤추기 등)을 말한다.

[오순절 의례의 기초적 및 과정적 예식들]

모임과 인사 예식들

    경배와 찬양 예식

    전환 예식들

    목회 메시지 예식

    (간략한) 전환

    제단/응답 예식

    (간략한) 전환

작별과 해산[27]

한 공동의 행위)이 경배(더 친밀한 공동의 행위)를 일으킨다는 것을 있는 그대로 따른 순서이다.

27 Albrecht, *Rites in the Spirit*, 153-54.

1) 모임과 인사

알브레히트에 따르면, 오순절 교회들에는 일반적으로 진정한 친밀감이 있고, 이것이 그들을 성공하게 만든 이유 중 하나다. 예를 들어, 거의 모든 오순절 교회에는 정기적 출석자와 방문자 모두와 악수하고 이야기를 나누는 지정된 안내 위원들이 있다.

2) 경배와 찬양 예식

오순절 예배 패턴은 시작이 분명하지 않은 경우가 많다. 오히려 회중이 모여서 서로 인사를 나누는 가운데 음악이 시작될 것이고, 이번 장 서두의 예처럼 이미 본당 앞쪽에 모여 기도하던 사람들이 하나둘씩 회중석으로 서서히 옮겨 가면서 노래에 참여하게 될 것이다.

많은 오순절 교회에서 예배의 이러한 첫 번째 단위는 거의 노래로만 구성되고, 노래는 주로 찬양(praise) 노래이다. 실제로 오순절 교회들은 예식의 시작 찬양 부분을 "경배"(worship)라고 부르는 경향이 있다. 이 모델에서 "경배"는 곧 찬양이기 때문이다. 경배와 찬양을 동일시하는 것은 이 패턴의 중요한 특징이다.[28]

일반적으로 여러 노래가 불리는데 각 노래 사이에 허비 시간이 없다. 즉, 음악은 20~30분에 걸쳐(때로는 더 길게) 한 노래에서 다른 노래로 계속해서 이어질 것이다. 대개 이것은 (성가대가 아닌) 예배팀이 인도하고, 많은 경우 회중은 노래에 바로 참여한다.

---

28 Lim과 Ruth는 킹제임스흠정역 시편 22:3의 영향을 추적한다. "그러나 오 이스라엘의 찬양 가운데 거주하시는 주여, 주는 거룩하시니이다." 늦은비 운동(Latter Rain Movement)의 영향력 있는 오순절 운동 지도자인 Reg Layzell의 글에서 시작되어, Judson Cornwall의 글로 인해 사람들에게 더욱 알려지게 되었다.

악기들은 전통적 교회 오르간보다는 록밴드에서 흔히 볼 수 있는 기타, 베이스, 드럼 등이 주로 사용된다. 오르간이 있다면 그것은 전자 오르간이나 신디사이저일 경우가 많다. 알브레히트가 말하듯이, 음악은 오순절파에게 청각적 이콘으로 기능한다. 회중은 자발적으로 (그러나 예외 없이) 일어서서 손뼉 치거나 손을 들 것이다.

경배와 찬양 예식은 오순절 패턴의 독특한 예전 단위로, 역사적 개신교 예배에서 찬송가를 사용하는 것과는 완전히 다르다. 역사적 개신교 교회들에서 찬송가는 음악에 붙여진 가사의 의미를 매우 강조하고, 음악의 구조는 찬송가 가사의 시적 시구에 크게 영향을 받는다. 찬송가는 다소 짧은 편이고(3~4분), 시작과 끝이 분명하다.

반면에 경배와 찬양 예식은 가사의 시적, 인지적 깊이는 덜 강조하고, 음악, 특히 곡이 회중으로 얼마나 활기차게 노래하게 하는가를 더 중요하게 여긴다. 이에 더해, 경배와 찬양 예식은 예배에 마음과 생각을 내맡길 수 있는 분위기를 조성하는 하나의 방법으로 중단 없이 노래들을 함께 연결한다.

경배와 찬양 예식에는 노래들 사이에 중단 시간이 거의 없거나 아예 없고, 전환이 일어날 때는 "주님을 찬양합니다", "감사합니다, 예수님", "할렐루야" 같은 외침으로 채워진다. 때로 예배자들 사이에서 큰 반응을 끌어내는 경우, 노래는 회중이 '합심으로' 기도할 때 끝난다. 그때 각 예배자는 동시적으로 기도하거나 찬양하거나 하나님과 대화하는데, 그 자체가 일종의 연속되는 음악이다.

일반적으로 경배와 찬양 예식 처음에 나오는 시끄럽고 율동적인 시작 찬양 노래는 예식이 끝날 무렵에 좀 더 묵상적인 노래들로 전환될 것인데, 알브레히트는 그 노래들이 "예배자들을 좀 더 '친밀한 교제'로 나아가도록 돕는다"고 말한다.²⁹ 여기서도 우리는 몸짓을 보고 기도를 듣지만, 더 은은하고 덜 드러낸다.

또는 소리치기보다는 속삭이거나 소곤거리며 찬양한다. 예배의 이 시점에서 우리는 예언 말씀이나 메시지를 방언과 통변을 통해 듣기도 한다. 여기서 "성령 안에서 노래하기"가 일어난다.

경배와 찬양 예식에서 다양한 행위가 있을 수 있지만, 알브레히트는 다음과 같이 말한다.

> 그 다양성의 중심에는 친밀하고, 즉각적이며, 신비한 방법으로 하나님의 임재를 실제로 경험하고 있다는 교인들의 믿음이 있다.… 하나님께서 성령으로 세상과 그곳에서 사는 교회 안팎의 사람들 모두를 위해 활동하시고 관여하시고 영향을 미치신다는 가장 중요한 믿음은 모든 의례 표현의 기저를 이룬다.³⁰

즉, 열렬한 경배와 찬양 예식에는 거의 항상 일정한 형식이 있다. 첫 번째 노래는 빠른 박자로 시작하고 적극적 참여를 위해 회중의 에너지를 집중시킨다. 그다음의 한두 노래는 에너지의 수위를 높이겠지만, 마지막 노래는 거의 항상 속도를 느리게 해서 회중이 그다음 이어지는 순서를 위해 성령 안에서 머물 수 있도록 할 것이다.

---

29 Albrecht, *Rites in the Spirit*, 159.
30 Albrecht, *Rites in the Spirit*, 159-60.

3) 전환 예식들

경배와 찬양 예식이 끝나면 긴장이 완화된다. 이는 메시지를 준비하는 시간으로, 일반적으로 좀 더 편안한 기도를 하고, 회중의 관심사를 묻는 것을 비롯해 광고와 환영 인사를 한다. 특히, 흑인 교회들에서는 특별 초청 손님을 소개한다.[31]

전환 시간 동안에 헌금 접시를 예배자들 사이로 돌리면서 헌금을 거두거나, 흑인 오순절 교회들에서는 교인들이 앞으로 나와서 그들의 헌금을 성찬대 위에 놓인 헌금 접시에 놓거나 헌금위원들이 들고 있는 헌금 바구니에 넣기도 한다.[32] 찬양 밴드나 성가대가 인도하는 노래가 헌금 시간에 불리면서 메시지를 위해 마지막으로 준비하는 역할을 한다.

여기서 설명된 다양한 행위의 순서는 교회마다, 심지어는 한 교회의 예배마다 다를 수 있다. 많은 오순절 교회에서는 찬양 밴드나 성가대가 인도하는 악곡도 다르다. 예배의 두 주요 요소("경배와 찬양"과 "메시지") 사이를 연결하는 전환 예식은 그 앞뒤에 있는 것보다 전체 구조에서 더 많은 유연성을 보여 준다.[33]

---

31 Cheryl J. Sanders, *Saints in Exile: The Holiness-Pentecostal Experience in African American Religion and Culture* (New York, NY: Oxford University Press, 1996), 51. Sander는 흑인 교회에서 방문자를 "이름을 부르며" 환영하는 것이 하나님 앞에서 모든 인류는 하나라는 사실을 확인하는 대항 문화적 행위가 될 수 있다. 노예제도의 여파로, 흑인 교회 예배에서 한 사람의 이름, 고향, 모교회, 목사를 공개적으로 알리는 것은 개인적 및 사회적 정체성을 확립하는 중요한 수단으로서 기능했을 뿐 아니라… 노예로 팔려가 서로 헤어졌던 개인과 가족을 재결합시키는 중요한 네트워크로도 기능했다"고 말한다.
32 Sanders, *Saints in Exile*, 69.
33 우리는 "말씀과 식탁" 패턴의 "말씀" 예식과 "식탁" 예식 간의 전환에서도 같은 종류의 유연성을 볼 수 있다.

4) 목회 메시지 예식

목회 메시지 예식은 일반적으로 성경 봉독으로 시작할 것이고, 일부 교회에서 첫 번째 부분은 본질적으로 성경 공부다.[34] 그러나 회중이 자발적으로 "아멘" 등을 외치게 되면서 목회 메시지 예식은 점점 더 참여적으로 될 것이다. 메시지가 마무리될 때 회중은 경배와 찬양 예식의 감정적 강렬함을 다시 갖게 될 것이다.

목회 메시지 예식은 또 다른 전환으로 마무리되는데, 바로 제단 초청이다. 제단 초청 시간에 목사는 메시지를 통해 회중을 감동케 하신 성령께 응답하기 위해 예배 공간 앞쪽으로 나오라고 사람들에게 요청할 것이다.

5) 제단/응답 예식

오순절 예배의 제단/응답 예식은 부흥 운동 패턴의 제단 초청의 형태를 따른다. 그러나 부흥 운동의 제단 초청이 사람들에게 회심을 경험하도록 하거나 "나쁜 행실로 돌아간 사람들"(backsliders)이 재헌신하게 만드는 것을 목표로 했다면, 오순절 예배의 제단 초청은 이외에도 더 많은 것을 포함한다.

사람들은 어떤 특별한 목적으로 성령 세례나 치유, 기름 부음을 받도록 앞으로 나오라는 요청을 받을 수 있다. 아니면 앞으로 나오는 사람들을 돕거나 기도하기 위해, 아니면 단순히 성령에게 응답하기 위해 나오라는 요청을 받을 수도 있다. 회중 대부분이 앞으로 나오는 것은 드문 일이 아니다.

이때는 노래에 참여하는 회중의 수가 그다지 많지 않을 수 있고, 찬양밴드나 찬양대가 나머지 교인들이 앞으로 나가는 동안에 노래를 부르는

---

34 Sanders, *Saints in Exile*, 47.

경우가 많을 것이다. [35] 이 예식은 15분 또는 그 이상도 걸릴 수 있는데, 특히 회중이 그들 가운데서 움직이시는 성령을 느낄 때 그렇다. 이러한 포괄적인 제단 초청의 형태는 오순절 패턴의 독특한 예전 단위이다.

6) 작별과 해산

제단/응답 예식은 목사가 인도하는 (축도가 아닌) 폐회 기도로 마칠 수 있다. 폐회 기도는 회중이 제단 초청에 계속 참여하는 동안에 이루어지기도 한다. 이 기도는 떠나길 원하는 사람들을 위해 예배를 마무리하는 기능을 하지만, 제단 초청을 통해 여전히 "사역을 받는 중인" 사람들에게 떠나라고 엄격하게 요구하지는 않는다.

예배는 회중이 점진적으로 모이면서 시작되었듯이, 사람들이 서서히 떠나면서 끝난다. 이 패턴은 대칭 형태다. 사람들이 모이면서 '완만하게' 시작하고, 그들이 흩어지면서 '완만하게' 마친다. 마찬가지로 경배와 찬양 예식의 에너지가 높은 단계에서 시작되어 예배가 기도와 광고로 전환되면서 안정되듯이, 메시지는 에너지 단계가 낮을 때 시작되어 제단 초청에 이르렀을 때 절정에 다다른다.

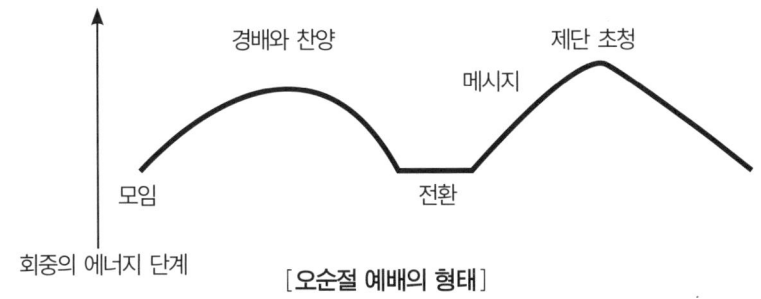

[오순절 예배의 형태]

---

35 Sanders, *Saints in Exile*, 45.

5. 현대적 찬양 예배

주류가 되어 가고 있는 많은 오순절 교회와 주류 교단의 은사파 교회에서 현대적 예배는 흔히 "경배와 찬양"이라고 불린다. 이것은 일요일과 토요일 저녁에 구도자 예배를 실행하는 일부 비오순절 대형교회의 주중 예배가 보여 주는 일반적 패턴이기도 하다.

구도자 예배가 교회에 다니지 않는 사람들에게 기독교 메시지를 소개하는 일을 목표로 삼는다면, 경배와 찬양 예배는 그리스도인들이 자유로운 예배를 경험하고 더 깊고 신학적으로나 윤리적으로 더욱 도전되는 메시지에 참여하도록 한다.

1980년대 초, 일리노이주 배링턴에 있는 윌로우크릭커뮤니티교회(Willow Creek Community Church)의 담임 목사인 빌 하이벨스(Bill Hybels)는 한 은사파 교회에서 예배를 경험한 후 그의 교회에 주중 경배와 찬양 예배를 도입했다. 하이벨스는 은사파 교회에서 개인적 친밀감과 노래와 기도의 강렬함에 크게 감동했고, 헌신적인 신자들로 구성되고 성장 중인 그의 교회가 은사파 교회처럼 자유로운 스타일로 예배하는 법을 배운다면 하나님과 더 가까워질 수 있다고 믿었다.[36]

1980년대와 1990년대에 걸쳐 윌로우크릭은 주중 예배를 "교회의 예배"(church's worship service)라고 부르면서 경배와 찬양의 열정적 스타일에 아직 준비되지 않은 교회에 다니지 않았던 사람들을 대상으로 한 구도자 예배와 구별했다. 윌로우크릭의 구도자 예배가 미국 개신교 교회에 덜 강렬하지만, 매우 효과적인 형태의 부흥 운동 패턴을 다시 소개했듯이, 그들의 주중 예배는 개신교도들에게 덜 열렬한 형태의 오순절 예배를 소개했다.[37]

---

[36] Joe Horness, "Contemporary Music-Driven Worship," in *Exploring the Worship Spectrum*, ed. Paul E. Engle (Grand Rapids, MI: Zondervan, 2004), 108.

[37] 2007년, 윌로우크릭은 자체 연구인 "Reveal" 이후에 주말 예배에 참여적 예배 요소를

널리 사용되는 "현대적 예배"(contemporary worship)라는 용어는 일반적으로 구도자 예배와 경배와 찬양 모델 모두를 지칭하지만, 이 두 패턴의 각기 다른 목표와 성격을 구별하는 것은 중요하다. 구도자 예배는 부흥 운동 전통에서 발전한 것이고, 경배와 찬양은 오순절 전통에서 비롯되었다.

간략히 말하면, 경배와 찬양 순서는 오순절 예배와 똑같은 패턴을 따른다. 즉, 노래와 메시지라는 분명한 이중 구조로 되어 있다. 노래는 예배의 첫 번째 부분의 태반을 차지하고, 예배 기획자들은 찬양과 기도가 '예배'를 구성했던 오순절/은사파 선례를 따라 "예배 세트"(worship set)라고 부른다. 메시지는 후반부 대부분을 차지한다.[38]

예배 세트의 목적은 회중을 하나님과의 친밀함으로 인도하는 것이다. 예배는 예배로 부름으로 시작되는데, 그때 예배 인도자는 하나님의 임재 안으로 들어오라고 회중을 초청한다. 모임을 '더 활기차게' 만드는 노래들이 선행될 수 있지만, 꼭 그래야만 하는 것은 아니다.

예배로 부름 이후에, 일반적 순서는 빠르거나 중간 속도의 찬양과 경배 노래로 이어지는데, 그때 (서 있는) 회중은 박자에 맞춰 몸을 흔들거나 춤을 출 것이다. 빠른 박자의 찬양 노래들은 좀 더 느린 박자의 기도와 고백과 친밀함의 노래로 서서히 전환된다.

마지막 노래를 부를 때, 회중은 보통 미리 위로 손을 들거나 (대개 눈을 꼭 감은 채) 위를 향해 얼굴을 든다. 예배 세트는 모든 회중이 동시에 조용히 기도하는 것으로 마무리된다. 은사파 교회의 경우, 이 기도에는 방언이나 성령 안에서 노래하는 것이 포함되기도 한다.

빈야드 교회의 예배 인도자인 앤디 팍(Andy Park)은 예배 세트의 '전형적 진행'의 예를 제시하는데, 제안하는 "분당 박자 수"(beats per minute)는

더 많이 도입하기 시작했고, 지금은 구도자에게 초점을 덜 맞춘 예배가 되었다.
38 Spinks, *The Worship Mall*, 96.

노래의 속도와 에너지를 나타낸다.[39]

〈주 예수의 이름 높이세〉(We Want to See Jesus Lifted High)	132 bpm
〈주의 이름 높이며〉(Lord, I Lift Your Name on High)	88 bpm
〈은밀한 곳, 조용한 곳에〉(In the Secret)	126 bpm
〈하나님과 같으신 분 없네〉(Who Is Like Our God)	82 bpm
〈주 하나님 지으신 모든 세계〉(How Great Thou Art)	80 bpm
〈예수 예수 거룩한〉(Holy and Anointed One)	70 bpm
〈주님의 사랑〉(This is Love)	66 bpm

이 목록의 노래들은 두 번째 노래(〈주의 이름 높이며〉)를 제외하고 속도가 점점 느려진다. 그러나 팍은 노래의 분당 박자 수보다 '에너지'가 더 중요하다고 강조한다. 그의 요점은 예배 세트가 경배와 찬양에서 친밀함으로 전환할 때 높은 에너지에서 적당한 수준의 에너지로 바뀌어야 한다는 것이다. 우리는 팍이 선택한 노래들에서 주제별 진행도 볼 수 있다.

〈주 예수의 이름 높이세〉는 예배로 부름을 함의하고 전체 예배 세트의 목표를 표현한다. 이어지는 노래들은 찬양과 경배를 표현한다. 〈예수 예수 거룩한〉은 예수님을 향한 다정스러운 사랑의 노래이고, 〈주님의 사랑〉은 하나님께 완전한 자기 내어 드림을 표현한다.

회중은 스크린에 비치는 가사를 따르거나 외워서 노래한다. (찬송가처럼) 악보가 인쇄되어 배포되지 않기 때문에 교인들은 노래에 적극적으로 참여하면서 음악을 배운다. 그리고 찬송가와 마찬가지로 곡들은 선율을 빨리 익힐 수 있도록 반복적인 경향이 있다.

39　Andy Park, *To Know You More: Cultivating the Heart of the Worship Leader* (Downers Grove, IL: InterVarsity Press, 2002), 164. *The Worship Mall*, 105-6에서 Park이 설명한 예배 세트에 관한 Brain Spinks의 분석을 참고하라.

또한, 경배와 찬양 인도자들은 현대 기독교 라디오 방송국에서 방송되는 노래들을 사용하는 경우가 많아서 새로운 노래들은 일부 교인에게 이미 친숙할 수도 있다. 그렇다 하더라도, 너무 많은 새로운 음악은 회중의 적극적 참여를 방해할 수 있다. 따라서 예배 세트를 준비하는 이들은 한 세트에 회중이 잘 아는 노래들과 한 곡이나 많아야 두 곡의 새로운 노래를 신중하게 섞어야 할 것이다.

예배 세트 다음에 광고와 헌금이 포함되는 전환 단계로 이어진다. 전환 단계에 일어나는 다른 행위들에는 새로운 노래 배우기나 간증, 뒤따를 메시지와 관련된 댄스 앙상블이나 짧은 드라마다.

경배와 찬양 순서에서 메시지는 (성경 구절을 스크린에 비추면서) 성경에서 가져온 가르침으로 시작한다. 그러나 그다음부터는 오순절 교회와 성결교 교회의 설교보다 훨씬 덜 극적인 경향이 있다. 회중의 언어적 호응은 더 적을 것이다("아멘"이 많이 나오지 않는다). 오히려 설교 스타일은 일반적으로 예배 세트의 마지막 노래들의 친밀함을 본보기로 삼는다.

설교자는 원고를 올려놓는 눈에 잘 띄지 않는 스탠드 옆의 스툴에 앉을 수 있다. 메시지는 성경 본문에 대한 강해와 목사가 자신의 영적 저널에 기록해 놓은 묵상 내용을 결합한 형태를 취한다. 일반적으로 메시지는 목사의 진정성을 강조하고 신실한 삶을 살기 위한 목사의 개인적 분투를 나눌 것이다.

오순절 예배의 설교와는 달리, 경배와 찬양 예배의 메시지는 열광적 분위기를 조성하지 않는다. 오히려 하나님과의 친밀한 관계로 더 깊이 들어가라는 초청으로 마무리된다.

기도와 노래가 메시지 다음에 나오고, 기도나 개인적 치유, 또는 개인적 필요를 위해 앞으로 나오라는 제단 초청으로 이어진다. 메시지 다음에 이어지는 음악과 노래는 예배 세트의 마지막에 나왔던 더 느리고 친밀감을 조성하는 스타일의 노래로 돌아간다. 마지막 기도와 해산이 있을 수 있지만, 일부 교인은 다른 사람들이 떠나는 동안에 예배당 앞쪽에서 계속 기도할 것이다.

[오순절 예배 패턴의 독특한 예전 단위와 특징]

중단 없이 그다음 곡으로 연속하여 '흐르는' 회중 노래
공동체적인 '성령 안에서 노래하기'
'방언'으로 말하기/기도하기
교회 구성원들의 예언적 메시지
속도와 소리, 감정적 강렬함이 점점 더 커지는 메시지(설교)
설교 중 회중의 표현적이고, 자발적인 언어적 반응들
회심, 치유, '성령 세례'와 기타 필요들을 위한 제단 초청
분명하지 않은 예배의 시작과 끝
전자 악기들과 드럼의 사용
표현적이고 자발적인 몸짓과 움직임(손 들기, 무릎 꿇기, 춤추기)
회중 참여의 진정성 강조

경배와 찬양 예배는 이러한 오순절 예배의 특징들, 특히 참여적 측면을 계속 보여 준다.

[경배와 찬양 예배 패턴의 독특한 예전 단위와 특징]

중단 없이 그다음 곡으로 연속하여 '흐르는' 회중 노래
[공동체적인 '성령 안에서 노래하기']
구도자 모델과 유사한 메시지(설교)
회심, 치유, '성령 세례'와 기타 필요들을 위한 제단 초청
분명하지 않은 예배의 시작과 끝
전자 악기들과 드럼 사용
표현적이고 자발적인 몸짓과 움직임(손 들기, 무릎 꿇기, 춤추기)
회중 참여의 진정성 강조

6. 오순절 매크로 패턴에 대한 평가

20세기 서방교회의 전례 개혁은 예배에서 부흥 운동이나 교회학교가 제공할 수 없었던 하나님과의 심오하고 실제적인 만남을 추구했다. 북미의 주류 개신교들은 미학 형태와 예술의 초월적 힘을 통해 이러한 실재를 추구했다.[40]

오순절파 신자들은 예배의 핵심적 실재로서 하나님의 신적 능력을 경험하고자 했다. 이 경험은 다른 전례 개혁의 패턴에서처럼, 단지 신의 임재에 대한 인식이 아니다. 오순절파 신자들에게 예배는 풍부하고, 참여적이고, 환희에 찬 성령과의 만남이다. 이것은 국적과 민족을 초월하는 예배로, 오순절파 신자들에게 지리적 위치와 상관없이 예배 환경에서 편한 마음을 갖도록 한다.

오순절 예배의 이러한 독특한 성격은 국경을 초월한 미사의 순서를 직관적으로 인지하는 가톨릭교도들의 경험과 어느 정도 유사하다.[41] 또한, 역사적으로 주류 교회가 여전히 어려워하는 방식들로 인종과 민족의 경계를 초월한다.[42]

그렇긴 하지만 오순절 예배에도 분명한 책임이 있다. 나는 본 장에서 이러한 책임을 강조하지 않았는데, 오순절 운동에 대한 비판이 너무나도 쉽게 풍자화되는 경향이 있기 때문이다. 그러나 오순절 예배가 특히 사기꾼에게 취약하다는 사실을 간과하는 것은 아니다. 소위 번영 복음의 설교자들과 뱀을 다루는 신흥 공동체들은 좀 더 넓게 보면 오순절 전통의 일부다.

---

40 한 예로, Willard L. Sperry, *Reality in Worship* (New York, NY: Macmillan, 1925)을 보라.
41 Mark Porter, "Charismatic Worship and Cosmopolitan Movement(s)," *Liturgy* vol. 33, no 3 (2018): 4-11.
42 Birgitta J. Johnson, "Singing Down Walls of Race, Ethnicity and Tradition in an African American Megachurch," *Liturgy* vol. 33, no. 3 (2018): 37-45.

21세기에 우리는 덜 과격한 형태의 오순절 운동을 보고 있다. 우리가 구도자 예배를 '부흥 운동의 아류'로 생각한다면, 경배와 찬양 모델은 일종의 '오순절 운동의 아류'다. 많은 대형 주류 교회가 그들의 현대적 예배 중 하나로 경배와 찬양 스타일을 채택했지만, 그러한 예배에는 치유, 기름 부음, 공동체 앞에서 마음을 털어놓는 것, 방언 등의 매우 열렬한 의례 표현이 거의 없다.

위에서 언급한 이트맨 아그하호와의 성적 메타포에 따르면, 경배와 찬양 모델은 평생의 헌신과 영적 제자도의 엄격함이 없이 영적 친밀감의 짜릿함만 빠르게 생산하는 안일한 영적 난교가 될 수 있다.

여러 면에서 경배와 찬양 모델은 오늘날 미국에서 매우 일반적인 친밀함에 대한 좀 더 가볍고 개방적인 접근법을 반영한다. 즉, 결혼과 가정생활의 엄격하고 장기적인 헌신이 없는 일종의 영적 '성교'(hookup)가 될 수 있다.

그러나 이러한 성향을 잠시 제외하면, 오순절/은사 예배 스타일의 성장은 많은 주류 교회의 지나치게 지적인 예배 관행에 대한 건강한 저항과 하나님에 대한 진정한 예배를 갈망하고 있다는 것을 보여 준다. 따라서 반드시 실제적이고 신자들의 삶에 분명한 기쁨을 가져다주어야 한다.

	텔로스(목표)	에토스(성격의 특성)
20세기 초 유형: 오순절 운동	성령 세례를 통한 영적 연합	환희 함양 활기찬 찬양 열렬한 신체적 참여 외워지는 패턴 즉흥 기도 회중 평등주의 율동적인 음악
현재 형태: 경배와 찬양	하나님과의 친밀함과 영적 능력에 대한 깊이 있는 개인적 경험	영적 친밀감 매우 반복적인 음악 능동적인 신체적 참여 즉흥 기도 회중 평등주의 고상하지 않은 형태의 의례 언어

다양한 형태의 예배와 기도는 학교 교실이나 교회 예배 환경에서 시뮬레이션 해 볼 수 있다. 그러나 학생들에게 "좋아, 어떤 느낌인지 우리 모두 방언으로 말해 보자" 아니면 "영으로 죽임당해 보자"라고 말한다는 것은 상상할 수 없다. 그러한 의례 행동들이 조작되거나 풍자될 수는 있지만, 시뮬레이션에는 반대한다. 왜냐하면, 그러한 관행을 경험한 신지들은 그것들이 정말로 진짜라는 것을 알기 때문이다.

제7장

민주적 예배
기도회

가능하면 모든 사람이 일정 부분 참여하도록 하십시오. 경험 많은 사람들이 짧게 기도한다면, 모두에게 시간이 주어질 것이고, 소심한 사람들은 몇 마디 간단한 기도를 드리는 것이 금화를 기부하는 사람 옆에서 구리 동전을 내는 것이라고 느끼지 않을 것입니다. 추수감사절 모임에 모든 가족, 맏이부터 막내까지 다 참여하는 것처럼, 모든 사람이 참여하지 않으면 우리는 결코 이상적인 모임을 할 수 없을 것입니다. 교회와 자신에게 잘못을 저지르지 않고 단순히 구경꾼이 되려는 목적으로 올 수 있는 그리스도인은 아무도 없습니다.

하나님께서 형통하게 하신 만큼 드려야 한다는 것은 헌금함뿐 아니라 기도회에도 해당하는 정당한 규칙입니다.

자기 불신으로 위축되어 있지는 않습니까?

대단한 것을 말해야 한다고 생각하지 마십시오. 당신이 믿고 느끼는 작은 것을 말하면 됩니다.

〈모두가 기도회에 이바지해야 합니다〉
(Everybody Should Contribute to the Prayer-Meeting)

- A. D. 목사[1]

---

[1] *The Treasury: An Evangelical Monthly for Pastors, Christian Workers, and Families*, vol. 1,

작은 교회의 예배 인도자가 예배로 부름과 익숙한 찬송가로 예배를 시작했다. 그는 이렇게 말한다.

"아침 기도회를 시작하기 전에 기쁨과 염려를 함께 나누도록 하겠습니다. 나누고 싶은 기쁨이 있는 분 계십니까?"

한 여성이 말한다.

"우리 아들네 가족이 방문했습니다. 특히, 두 손주 녀석과 함께여서 너무 기쁘네요. 보다시피 지금 여기에 우리와 함께 있습니다."

목사가 대답한다.

"네, 아름다운 가족이 예배의 자리에 함께 해서 너무 보기 좋습니다. 다른 분은요?"

다른 여성이 말한다.

"아버지가 병원에서 퇴원하셨습니다. 아버지의 회복을 위해 기도해 주서서 감사합니다. 지금 잘 지내고 계십니다."

"정말 잘됐네",

"아멘" 등 속삭 거리는 소리가 이곳저곳에서 들린다.

여섯 살짜리 소년이 손을 든다.

"큰 모기에게 물렸어요."

목사가 웃으며 묻는다.

"그건 기쁜 일인가요, 아니면 걱정거린가요?"

소년이 답한다.

"물린 곳을 긁을 때 기분이 너무 좋아요."

목사가 다음 순서인 목회 기도를 위한 소재를 계속 수집하려고 시선을 옮기는 동안에 사람들은 싱글벙글 웃는다.

---

no. 9 (Jan 1884): 569.

1. 상호적이고 즉흥적인 사회 활동으로서의 기도

제6장에서 살펴보았듯이, 오순절 모델은 매우 상호적이고 심지어 열렬한 집단 행위로 예배를 이해한다. 오순절 예배는 참여 측면에서 매우 평등주의적이다. 제6장 시작 부분에서 인용된 글을 통해 알 수 있듯이 말이다.

이상적으로 회중의 모든 구성원은 적극적으로 참여하고, 그러한 참여를 통해 하나님과의 확실하고 방해받지 않는 친밀함을 누리고자 한다. 나는 오순절 예배가 부분적으로는 부흥 운동 예배와 교회학교 예배의 인위성과 미적 예배의 엘리트주의에 대한 반작용으로 생겨났다고 말했다.

기도회는 오순절 운동의 19세기 선도자였던 또 다른 독특한 예배 모델이다. 오순절 운동과 마찬가지로 기도회는 평등주의와 친밀감을 추구한다. 그러나 강조점이 다르다. 오순절 예배가 하나님과의 친밀감을 증진하는 반면에 기도회는 즉흥 기도, 간증, 기쁨, 염려를 나누면서 참여자들 간의 관계적 친밀감을 증진한다.

역사적으로 기도는 예배에서 매우 중요한 위치를 차지했었기 때문에, 기도회를 독특한 모델로 설명하는 것이 이상하게 여겨질 수도 있다.

대표적 예를 들면, 성공회 전통은 그들의 필수적 예배 문서를 『공동기도서』라고 부른다. 이 제목은 그 책이 장려하는 기도의 중요한 측면을 나타낸다. 바로 '공동' 기도로, '공동체'의 기도와 '공적' 예배이다. 이러한 기도문들은 성공회의 공식 출판물에 포함되어 있고, 그 내용은 의례적이고 일정하다.

그러나 기도와 예배가 항상 형식을 갖추고 일정한 것은 아니다. 어느 정도 즉흥적일 수도 있다. 물론 예배의 성격을 이해하기 위한 원리 1("모든 예배는 패턴을 따른다")에 따르면, 완전히 즉흥적인 예배와 기도는 지속

될 수 없다.[2] 예배자들은 필연적으로 이미 확립되고 학습된 패턴과 어휘를 받아들이게 될 것이기 때문이다.

많은 그리스도인에게 "주 예수여! 제가 단지 말씀드리길 원하는 것은, 주여"는 기도를 시작할 때 사용하는 정해신 형식이고, 다른 그리스도인들에게는 "주님이 당신과 함께"가 그렇다. 즉, 19세기 초의 기도회 예배 모델은 (청교도의 영향을 받은 많은 전통에서 이미 그랬던 것처럼) 형식을 갖춘 인쇄된 기도문은 물론이고 목사가 예배 직전에 써 놓은 기도문까지도 거부하면서 보다 즉흥적인 스타일의 기도와 말하기를 장려했다.

기도회 모델의 기초는 그리스도인들이 기본적이고 필수적인 주일예배 외에도 공동 기도를 위해 모일 필요가 있다는 인식이다. 18세기와 20세기에는 자유교회와 회중교회 전통에서도 주일예배는 설교하고 기도를 인도하는 목사가 주도할 수밖에 없었다.[3] 이와는 대조적으로, 대개 다른 시간이나 다른 요일에 열렸던 기도회는 남녀노소를 불문하고 참여하는 모든 사람이 기도와 간증을 하도록 격려했다.

1870년 장로교 목사인 J. B. 존슨(J. B. Johnson)은 "기도회는 레위기에 기록된 율법의 경륜 시대에 하나님이 정하신 예배의 한 부분을 구성했는데, 성막이나 성전과는 구별되었고, 회당 예배와도 구별되었다"[4]고 구약성경에 나타나는 이스라엘의 선례에 호소함으로써 이러한 형식을 덜 갖춘 예배의 필요성을 옹호했다. 마찬가지로 존슨은 신약성경에도 그리스도인들의 기도 모임에 대한 기록이 많다고 말한다.

히브리서 10:23-25은 이러한 모임의 형태에 대한 열쇠를 제공한다.

---

2 제1장을 보라.
3 퀘이커 예배가 대표적인 예외다.
4 J. B. Johnson, *The Prayer-Meeting, and Its History, as Identified with the Life and Power of Godliness, and the Revival of Religion* (Philadelphia, PA: S. A. George and Co., 1870), 35.

> 또 약속하신 이는 미쁘시니 우리가 믿는 도리의 소망을 움직이지 말며 굳게 잡고 서로 돌아보아 사랑과 선행을 격려하며 모이기를 폐하는 어떤 사람들의 습관과 같이 하지 말고 오직 권하여 그 날이 가까움을 볼수록 더욱 그리하자(히 10:23-25).

존슨이 이 성경 본문에 관해 설명하는 것처럼, 히브리서 저자가 정기적인 가족 기도에 대해 말하고 있을 리는 없다. 가족은 이미 한곳에 함께하고 있어서 모일 필요가 없기 때문이다.

또한, 저자가 공적 예배를 위한 모임을 설명하고 있을 수도 없는 게 공적 예배에는 "상호 간의 권면이 일관되게 있을 수 없기 때문이다.… 공인된 목사는 공식적으로 권면한다. 그러나 한 사람이 권면하면 그다음 사람이 차례로 하는 권면 방식으로는 절대로 하지 않는다."[5]

신약성경의 기도회는 공적 예배와는 달리 '기도와 협의'가 주된 활동인 모임이었다. 이처럼 기도회는 목사가 엄격한 명령과 권위를 행사하는 공식적인 공적 예배와 여성들과 아이들도 능동적으로 기도하고 권고했던 비공식적인 가족 기도 모임 사이의 중간 지점에 있다.

존슨이 그 역사를 상세히 기술한 것처럼, 로마가톨릭교회가 억압적으로 통치하던 중세 시대에는 평신도들의 그러한 기도 모임이 드물었지만, 개신교 종교개혁을 통해 재발견되었다. 그는 교회사 전반에 걸쳐 기도회가 주기적으로 회복되었음을 보여 주는데, 대표적 예로 17세기 스코틀랜드 교회, 18세기 감리교 운동, 그리고 존슨 당시에 있었던 1857-1859년 사업가를 위한 기도부흥 운동을 제시한다.[6]

---

[5] Johnson, The Prayer-Meeting, 50.
[6] John D. Hannah, "The Layman's Prayer Revival of 1858," *Bibliotheca Sacra* vol. 134, no. 533 (1977): 59-73을 보라.

첫째, 존슨의 예에서 평신도가 주도하는 모임들은 17세기 스코틀랜드 장로교도 사이에서 찰스 1세와 캔터베리 대주교인 윌리엄 로드(William Laud)의 명령에 대한 반발로 생겨났다. 그들은 스코틀랜드인들에게 성공회의 수정된 『공동기도서』를 받아들여야 한다고 명령했었다.[7]

평신도가 주도하는 기도 모임들은 장로교의 저항이 성공하는 데 핵심적 역할을 했다. 이러한 모임들은 장로교도 사이에서 정기적인 주일 설교 예배와는 구별되는 "친교 기도회"(Fellowship Prayer Meetings)로 알려지게 된다.

둘째, 존슨은 존 웨슬리(John Wesley)의 감리교 속회(class meetings)에 대해 말한다.

> 속회는 감리교회가 그들의 첫 조직, 신민지의 모든 초기 정착지, 서부의 새로운 영토에서 전대미문의 성공을 거둘 수 있었던 비결이었다. 감리교도들은 항상 기도회 또는 속회로 조직되었다.[8]

셋째, 존슨은 1857년 월스트리트 붕괴로 뉴욕의 사업가들이 모여 기도하면서 시작되어 곧 전국의 다른 도시로 퍼져 나갔던 1858년의 기도부흥운동에 대해 말한다. 존슨은 이 부흥 운동 때문에 연방군(북부군)이 성공하고 노예 폐지론자들이 승리할 수 있었다고 여긴다.

> 1858년의 부흥 운동이 없었다면, 교회는 여전히 남부의 영향력 아래 놓여 있었을 것이고, 연방과 자유라는 대의를 위한 전쟁은 노예제도의 승리와

---

7   John, *The Prayer-Meeting*, 42-43. 자세한 내용을 위해선, 예를 들어, W. M. Hetherington, *History of the Church of Scotland* (New York, NY: Robert Carter and Brothers, 1856), 180-82를 보라.

8   Johnson, *The Prayer-Meeting*, 155-56.

미국의 개인적, 시민적, 종교적 자유의 몰락으로 끝났을 것이다.[9]

존슨을 이러한 각각의 예를 통해 평신도가 주도하는 기도회와 상호 권면이 종교와 사회생활에 활력을 더할 수 있음을 설명한다.

존슨에 따르면, 기도회의 활력은 사회적 평등이라는 민주주의의 원칙에 기반한다.

> 틀림없는 역사적 사실을 통해 기도회는 시민적, 종교적 자유의 산실이었음을 보여 주는 흥미진진한 한 장이 여기에 기록될지도 모르겠다. 기도회는 철저하게 민주적인 관습이다. 즉, 국민의, 국민을 위한, 국민에 의한 관습이고, 모든 사람의 특권과 완전한 평등을 인정한다. 그리고 이러한 것들에 대해 모두에게 권리가 있다. 기도회에는 귀족, 계급, 계층이 없다. 여기에는 왕자와 거지가 함께 앉고, 목사와 평신도가 함께 집전하며, 남성과 여성, 노인과 젊은이가 함께 기도하고, 동등한 권리와 동등한 권한을 누리며 함께 어울릴 수 있다.[10]

존슨에 따르면, 기도회는 미국 독립 혁명의 전형적 이상을 구현했다.

> 고상하고 기독교적인 미국의 자유의 역사적 계보를 거슬러 올라가면, 영국 청교도든, 네덜란드나 스코틀랜드 장로교든, 그 요람은 기도회라는 사실을 발견하게 될 것이다.[11]

---

9   Johnson, *The Prayer-Meeting*, 194.
10 Johnson, *The Prayer-Meeting*, 138.
11 Johnson, *The Prayer-Meeting*, 137. Karen Westerfield Tucker는 다음과 같이 말한다. "민주주의의 이상이 초창기 기도회를 뒷받침했고 기도회가 성공하는 데 이바지했다"(*American Methodist Worship* [New York, NY: Oxford University Press, 2001], 231).

2. 기도회의 형식

19세기 미국에서 발전한 기도회의 '텔로스'는 하나님 앞에서 완전한 인간 평등을 구현하고 규정하는 것이었다. 이 텔로스는 서로 관계를 맺고, 기도와 필요를 나누고, 참석자들이 기도하고 간증할 때 서로 조언하고 격려하는 것을 강조하는 '에토스'를 암시한다. 어떤 비평가가 이렇게 말했다.

> 기도회는 그리스도인들이 실제 삶에서 서로 격려하고 돕기 위해 고안되었다.[12]

이 에토스는 전문적이고 안수받은 성직자를 경시하고, 훈련받지 않고 영향받지 않은 평신도를 선호한다. 실현 가능한 한에서, 교회의 구성원 모두가 평등하다는 것을 보여 주기 위해 리더십은 참석자들이 돌아가면서 맡았다.

권한을 부여하는 기도회의 민주적 성격은 아프리카계 미국인 회중의 마음을 끌었다. 제한된 증거에 따르면, 기도회는 남북전쟁 전후에 흑인 미국인 그리스도인들의 종교 경험에서 중심적 위치를 차지했다.[13]

흑인 목사인 제임스 M. 심스(James M. Simms)는 남북전쟁 이전에 사바나에 있던 세 개의 흑인 침례교 교회에 관해 설명하면서, 세 번의 주일 오전 예배 중 첫 번째 예배로 기도회가 일출 때 열렸었다고 언급한다.

12　Wooster Parker, "Death by Edification," *Household Reading: Selections from the Congregationalist* (Boston, MA: Galen James & Co., 1867), 32.

13　Eileen Southern, *African-American Traditions in Song, Sermon, Tale, and Dance, 1600s-1920: An Annotated Bibliography of Literature, Collections, and Artworks* (New York, NY: Greenwood Press, 1990)은 몇 가지 예들을 보여 준다.

심스는 노예 소유자들의 억압적 참석 규제에 관해서도 설명한다.[14] 그러나 남북전쟁 이전의 기도회 대부분은 승인된 교회 건물이 아니라 은밀한 야외 '은신처'에서 열렸다. 노예들은 백인 주인들과 백인 성직자의 감시에서 벗어나 자유롭게 예배하기 위해 일신상의 위험을 무릅쓰고 그곳에 모였다.[15]

기도회의 구조가 굳어진 것은 아니었지만, 일부 정형화된 패턴을 보여주었다.[16] 18세기 후반에 영국과 스코틀랜드의 감리교 모임들은 즉흥 기도와 무반주 찬송에 중점을 두는 것 같았다. 적어도 유명했던 서적상인인 제임스 래킹턴(James Lackington)은 1770년대 중반에 감리교도들과 짧은 기간 함께 지내면서 가졌던 모임을 그렇게 기억했다.

1791년 회고록에서 래킹턴은 영국 감리교도들이 다양한 유형의 "사적인 모임"을 가졌는데, "그중 기도회가 가장 사적이지 않던 모임이었다"고 말한다. 그는 덧붙여 말한다.

> 그들은 종종 기도회에 감리교도들이 아닌 사람들도 초대했다. 먼저 찬송가를 부른 다음 모두 무릎을 꿇었다. 그리고 내적 충동을 느낀 첫 번째 사람이 즉흥적으로 기도했다. 그가 기도를 마치면 다른 사람이 기도를 시작했다. 그런 식으로 2시간 정도 이어졌다.[17]

---

14 *The First Colored Baptist Church in North America Constituted at Savannah, Georgia, January 20, A.D. 1788* (Philadelphia, PA: L. B. Lippencot, 1888), 63.
15 Albert J. Raboteau, *Slave Religion: The "Invisible Institution" in the Antebellum South*, updated edition (Oxford, UK: Oxford University Press, 2004), 212, 333.
16 Lester Ruth, *A Little Heaven Below: Worship at Early Methodist Quarterly Meetings* (Nashville, TN: Kingswood, 2000), 84-85을 보라.
17 James Lackington, *Memoirs of the First Forty-Five Years of Life* (London: printed for author, 1791), 109.

약 40년 후에 조나단 크라우더(Jonathan Crowther)는 1814년경의 영국 감리교 기도회를 좀 더 자세하게 설명한다.

> 감리교도들은 이러한 모임들을 중요하게 여기면서 특히, 일요일 저녁에 잘 참석한다. 모임들은 대개 도시와 소도시, 시골 마을의 개인 주택에서 열렸다. 일반적으로 한 시간 정도 진행되고, 좋은 옷이 없거나 불가피한 얽매임으로 낮 예배에 참석하지 못하는 사람들에게 크게 유용하다. 모임에 참석한 많은 사람이 종교적 감명을 받았다.
>
> 또한, 모임은 경건하고 장래가 촉망되는 젊은이들에게 기도와 권면으로 자신의 은사를 발휘할 기회를 제공하는 데 유용하다. 기도회에서는 서너 사람이 각자 찬송가를 부른 후 즉흥 기도를 한다.[18]

우리는 위의 설명에서 19세기 초 영국의 전형적인 기도회를 어렴풋이 볼 수 있다. 모임은 한 시간가량 지속한다. 복장은 자유로워서 교회 갈 때 옷을 차려입는 것을 원하지 않거나 그렇게 할 수 없었던 사람들에게 인기가 있었다. 리더십은 번갈아 가면서 맡았고, 사람들은 예배 중에 부를 노래들을 제안했다. 다양한 사람이 즉흥 기도를 했다. 여담이지만, 위의 설명은 내가 수년 동안 참석해 왔던 다양한 소그룹 기도회를 꽤 잘 설명하고 있다.

미국의 감리교도들은 영국의 관행을 받아들였고 1792년 판 『감리교 장정』(Discipline of The Methodist Episcopal Church)은 이렇게 요구했다.

---

[18] Jonathan Crowther, *A True and Complete Portraiture of Methodism or the History of the Wesleyan Methodists*, second revised ed. (London: Richard Edwards, 1814), 260.

순회 담당 설교자는 자신의 순회 구역에서 가능한 모든 곳에서 기도회를 열어야 한다.[19]

1776년 판 장정 해설에서 최초의 감리교 감독인 토마스 콕(Thomas Coke)과 프란시스 애스베리(Francis Asbury)는 다음과 같이 정당성을 붙였다.

우리는 기도회를 지정하는 권한에 누구도 이의를 제기하지 않을 것으로 생각한다. 우리의 가장 위대한 부흥 대부분은 기도회에서 시작이 되었고, 기도회를 통해 주로 지속되었다. 우리는 순회 구역을 책임지는 사람들이 이러한 방침을 이행하는 데 최대한 열심을 내길 바란다.[20]

초기 감리교도들은 신자들에게 활기를 불어넣을 뿐 아니라 죄인들을 회심시키는 기도회의 능력에 대해 자주 언급했다. 변방의 감리교 설교자인 피터 카트라이트(Peter Cartwright)는 그의 자서전에서 "감리교회는 기도회를 통해 큰 유익을 얻었다"고 말했다. 그는 이러한 모임들의 평등주의적인 성격에 대해서도 언급했다.

나의 옛 기억 중 일부는 남녀노소를 불문하고 공적으로 기도했던 감리교 기도회였다.

그는 특히 여성들의 기도가 가진 힘을 강조했다.

---

19 Robert Emory and W. P. Strickland, *History of the Discipline of The Methodist Episcopal Church* (revised) (New York, NY: Carlton & Porter, 1857), 151.
20 Emory and Strickland, *History of the Discipline of The Methodist Episcopal Church*, 363.

여성이 공적으로 기도하는 것에 반대하는 사람들이 있다는 것을 알고 있지만, 한 자매가 기도 부탁을 받았을 때, 지루하고 별 볼 일 없던 기도회가 과장하지 않고 갑자기 천국의 잔치로 바뀌는 것을 자주 봐 왔다고 분명히 말할 수 있다.

그러나 그는 궁금해했다.

[기도회가] 우리 안에서 점점 사라지고 있지 않은가?[21]

카트라이트는 감리교 기도회의 장점을 격찬하면서도, 때로는 그 모임들이 "지루하고 시시했다"고 지적한다. 잘 진행되는 기도회는 그리스도인의 삶에 강력한 동기를 부여하고 회심하게 만드는 매력적인 장소였다. 그러나 기도회가 그 잠재력을 제대로 발휘하지 못할 때도 있었다.

존슨이 기도회의 역사에 관한 책을 출간했던 1870년 무렵은, 다른 저자들이 지역 교회에서 실행되는 기도회의 방식에 질문을 제기하기 시작하던 때였다.

3. 형식적인 옛 방식의 기도회 개선

유명한 (그러나 논란의 여지가 있는) 회중교회 설교자인 헨리 워드 비처(Henry Ward Beecher)는 설교를 구성하고 전달하는 방법에 대한 설명을 훨씬 뛰어넘는 기념비적 저서인 『예일대학교 설교 강의』(*Yale Lectures on Preaching*)

---

21 Peter Cartwright, *The Autobiography of Peter Cartwright, the Backwoods Preacher* (New York, NY: Phillips & Hunt, 1856), 517.

를 1872년부터 출간했다. 이듬해에 이어진 강의 시리즈의 상당 부분은 개신교 교회의 생태계에서 기도회가 차지하는 중요한 역할을 다뤘다. 그러나 그는 놀랍도록 가혹한 비판으로 토론을 시작했다.

> 나는 교회 예배에서 기도회만큼 공동체 전체에서 제대로 평가받지 못하는 부분도 없다고 생각합니다. 내 말이 옳다고 생각하는 근거는, 기도회에 교회의 구성원들이 가장 많이 참석하고 있지만, 10명 중 9명은 즐거워서가 아니라 의무감으로 참석하고 있다는 데 있습니다.… 많은 교회에서 기도회에 대한 느낌은 이럴 것 같습니다.
> '지루하다!
> 교화에 거의 도움이 되지 않는다. 어떤 신비한 방식으로 영혼에 유익을 가져다줄 수는 있지만, 그 방법을 모른다.'
> 사람들은 아무것도 할 수 없을 때 최후의 수단으로 기도회에 의존합니다.[22]

비처는 그가 어렸을 때 기도회를 견뎌내야 하는 따분한 일로 여겼다고 고백했다. 그는 아이들이 일반적으로 기도회에 대해 여전히 부정적으로 생각한다고 주장했다.

> 기도회에는 또 다른 나쁜 측면이 있는데, 바로 아이들이 싫어한다는 것입니다. 그리고 종교 예식에서 아이들이 습관적이고 보편적으로 싫어하는 것이 있다면 그것이 무엇이든 의심해 봐야 할 이유가 있습니다.[23]

---

[22] Henry Ward Beecher, *Yale Lectures on Preaching*, 3 vols. (New York, NY: Ford, Howard & Hulbert, 1881), second series, 53.
[23] Beecher, *Yale Lectures on Preaching*, second series, 54.

그렇지만 비처는 기도회가 성공적인 교회에서 핵심 모임이 될 수 있다고 믿었다.

> 오늘날 기도회는 '수준 이하'라고 악명이 높아서, 나로서는 기도회를 교회 생활의 중심이자 핵심이라고 말하는 것이 시선을 더 끌 수 있을지도 모르겠습니다.

또한, 비처에 따르면, 기도회는 당시 목사들이 받아들이고 있던 예배의 '민주주의 이론'을 구현했다.

> 우리는 위계적 예배 방식을 버렸습니다. 우리는 장로교회와 회중교회, 그들의 동료들이 제기했던 교회의 구성원들은 평등하다는 이론, 즉 교회는 신자들의 가족이자 몸이고, 이성과 일반적인 의사소통 방식을 제외한 모든 사역의 통로를 통해 그들 자신 안에 은사를 본질적으로 가지고 있다는 사상을 발전시켰습니다. 이것이 우리의 이론입니다.[24]

비처는 기도회가 아주 잘 진행되면, "개인 경험의 힘"을 보여 주고, "교제를 증진하고", "지나치게 비판적인 판단을 막고", "상호 간의 도움을 소중히 여기고", "상호 간의 필요를 발견하고", "진리를 자기 것으로 만들게 합니다"라고 주장했다.[25] 그러나 그는 자기 학생들에게 그러한 모임을 오래도록 유지하는 것은 "여러분이 앞으로 알게 될 가장 힘든 일이고, 여러분의 독창성을 가장 많이 요구할 것입니다"라고 경고했다.[26]

---

[24] Beecher, *Yale Lectures on Preaching*, second series, 54-55.
[25] Beecher, *Yale Lectures on Preaching*, second series, 55-69.
[26] Beecher, *Yale Lectures on Preaching*, second series, 82.

비처에 따르면, 기도회가 실패했다고 인식되도록 만드는 몇 가지 이유는 중심 주제 준비를 위해 사용하는 "자료의 부족", "지나친 통제로 모임을 답답하게 만드는" 강압적인 집사나 장로, "진부한 말을 하는 사람"이다.[27]

또한, 공지된 시간에 시작하거나 끝내지 못하는 것, 너무 큰 공간을 사용하여 친밀감을 조성하지 못하는 것 등, 모임을 방해하는 몇 가지 실제적인 문제들에 대해서도 논의했다.

그러나 비처가 제기한 가장 큰 문제는 감정적 열정의 부족으로, 사실상 그가 효과적인 모임에 방해된다고 열거한 요소들이 문제가 되는 이유는 열정을 약화하기 때문이다.[28] 그러나 종교적 감정은 단지 권면만으로 만들어질 수 없다. 비처는 이렇게 경고했다.

> 사람들이 느끼지 않는다고 꾸짖는 것으로는 그들을 결코 느끼게 만들 수 없습니다. '느끼십시오'라고 말한다고 사람들이 감동하는 것은 아닙니다.[29]

그리고 잠시 후 덧붙였다.

> 사람들에게 느끼라고 재촉하는 것보다 더 무의미하고, 더 쓸모없는 것은 없습니다. 더 간단한 방법은 그들로 느끼게 하는 것입니다.[30]

---

27 Beecher, *Yale Lectures on Preaching*, second series, 86-87.
28 Beecher는 사회학자인 Randall Collins가 "정서적 에너지"라고 부른 집단 연대에 영향을 끼치는 사회적 힘을 기도회가 어떻게 만들어 내는지를 설명한다. *Interaction Ritual Chains* (Princeton, NJ: Princeton University Press, 2004), 47-101을 참조하라.
29 Beecher, *Yale Lectures on Preaching*, second series, 94.
30 Beecher, *Yale Lectures on Preaching*, second series, 96.

기도회 인도자는 권면 대신에 부흥 운동의 설교자처럼 감정을 자극하는 기술을 사용해야 한다.

> 일반적으로 감정은 여러분이 만들고자 하는 특정한 감정과 관련된 사실이나 진실을 제시하는 데서 비롯됩니다. 내가 여러분을 울리고 싶다면 재미있는 이야기를 들려주지 않을 것입니다. 여러분을 웃기고 싶다면, 그 이야기는 웃음과 관련이 있어야 합니다.
>
> 여러분을 울리고 싶다면, 나는 애처로운 사건, 안타까운 감정과 관련되어 구현된 진실을 들려줄 것입니다. 이렇게 다짐하십시오.
>
> "이 사람들이 감정을 느껴야 한다면 나는 성령의 사역자로서 감정을 만들어 내는 방법이나 생각을 그들의 마음에 적용함으로써 그 감정의 원인이 되어야 한다."

비처는 "인간의 영혼은 하프와 같고" 인도자는 하프 연주자라고 주장했다.

> 만약 [기도회에 참석하는] 사람들이 감정을 느끼지 않는다면, 그것은 당신이 제대로 연주를 못해서입니다. 만약 그들이 감정을 느꼈다면, 그것은 당신이 해야 할 일을 잘 해냈기 때문입니다."[31]

기도회의 정서적 차원에 대한 비처의 호소는 찰스 피니의 부흥 운동에 대한 새로운 수단 접근법과 매우 유사하다.[32] 좋은 리더는 자신의 열정과 감정적 개방성을 나타내는 본을 보임으로써 관심사가 같은 사람들을 끌

---

31 Beecher, *Yale Lectures on Preaching*, second series, 95.
32 제3장을 보라.

어들이는 (그리고 발전시키는) 모델을 제시할 것이다.

> 열정을 쏟으십시오.
> 불꽃이 불꽃을 일으키듯이 열정은 열정을 낳습니다.[33]

피니는 부흥 운동 설교자를 효과를 얻기 위해 감정을 과장되게 드러내는 배우로 비유했던 반면에, 비처는 인도자의 내면적 삶에 호소했다.

> 사람들은 많은 악기이고, 당신은 숙련된 연주자입니다. 그리고 당신에 거하시는 하나님의 성령이 그 능력과 진리에 대한 인식과 그에 대한 공감과 사람들을 아는 지식에 대한 열정으로 당신의 영혼을 불타오르게 하시면, 당신은 성공할 것입니다. 하나님에 대한 지각은 인간 본성에 대한 지각을 일으키기 때문입니다. 이 둘은 같은 평면에 놓여 있어서 하나를 갖게 되면 다른 하나를 갖게 되기 쉽습니다. 둘은 함께 훈련합니다.[34]

좋은 리더는 사회적 연대를 불러일으키기 위해 구성원들과 공감적으로 소통한다. 여기서 이상적인 것은 주일 설교 예배나 교회 업무 회의, 교회 학교의 반별 토론이 아니라 친구들이 자발적으로 모이는 작은 모임이다.

---

33 Beecher는 설교에 대한 접근법에서도 유사하게 인격에 호소했다. E Brooks Holifield에 따르면, Beecher는 성직자 리더십에서 미국 특유의 포퓰리즘으로 전환되는 시기를 대표한다. "Henry Ward Beecher부터 Phillips Brooks에 이르기까지 일부 가장 저명한 설교자는, Brooks의 표현으로, '인격을 통해 진리'를 전달하는 설교 수사법을 사용했다. 설교자는 '자연스럽고' '자신감도 넘쳐야' 하고, 이전 교리 설교의 경직된 형식을 피해야 하고, 이야기와 예화를 통해 청중을 참여시켜야 한다." (*God's Ambassadors: A History of the Christian Clergy in America* [Grand Rapids, MI: Eerdmans, 2007], 161).

34 Beecher, *Yale Lectures on Preaching*, second series, 96.

여러분은 매우 지루하고 경직되고 점잔 빼는 기도회가 끝나면 사람들이 난로 주위에 모여서 허물없이 이야기를 주고받기 시작하면서 진짜 모임이 시작된다는 것을 알게 될 것입니다. 한 집사가 말합니다.

"아무개 형제님, 형제님이 어떤 주제에 대해서 말했을 때, 이런저런 이야기를 했었잖아요."

그는 계속해서 꽤 효과적인 작은 대화를 이어 가지만, 여러분은 모임 중에 그 사람이 그렇게 말하도록 만들 수는 없었습니다. 한 사람, 다른 사람이 말하고 대화에 참여하면서, 그들은 토론에 흥미를 갖게 될 것입니다. 난로 주위가 진짜 모임이었습니다. 다른 것은 가짜 모임에 불과했습니다.[35]

요약하면, 좋은 기도회는 사회적 친밀감이라는 '에토스'를 통해 사회적 평등이라는 '텔로스'를 추구했다. 만일 교회의 기도회가 자발적 참여자들을 끌어들이는 힘을 잃었다면, 그 모임은 이러한 기초적 목표와 그에 상응하는 성격을 되찾을 필요가 있다고 비처는 생각했다.

4. 20세기 초의 기도회

20세기에 들어서면서 백인 교회와 흑인 교회는 모두 기도회를 계속해서 새롭게 유지하는 것에 목회적 관심을 쏟았다. 그리고 참석자 수는 목사의 기대치를 밑돌았다. 1890년, 흑인 목사(이자 시인)인 조지 매리언 맥클레란(George Marion McClellan)은 켄터키주 루이빌에 있는 그의 작은 교회에서 가졌던 기도회에 관한 이야기를 출간했다.

맥클레란은 이렇게 고백했다.

---

[35] Beecher, *Yale Lectures on Preaching*, second series, 75.

기도회가 열리는 저녁이었다. 그러나 나는 기분이 그리 좋지 않았고 기도하고 싶은 마음도 별로 없었다.

그는 계속해서 불평했다.

세 명의 집사와 다섯 명의 착한 자매가 기도회에 왔다. 다른 사람들은 없었다.[36]

20년 후, 백인 사회학자인 하워드 W. 오덤(Howard W. Odum)은 "남부 소도시에 사는 흑인 인종의 상태에 관한 연구"(Research into the Conditions of the Negro Race in Southern Towns)에서 교회 생활에 관한 현장 관찰 연구를 시행했다.[37] 그의 연구 결과에는 흑인 교회들의 기도회에 대한 설명이 포함되어 있다.

주중 기도회는 화요일, 수요일, 목요일 또는 금요일 밤에 열렸고, 다른 교회들의 모임과 겹치지 않도록 노력했다. 여름에는 8시나 8시 30분에 시작하고, 겨울에는 더 일찍 시작한다. 일하는 사람들이 참석할 수 있게 시간을 늦게 잡았다. 그러나 기도회에 참석하는 인원은 많지 않다.
교회마다 다른데 평균 5명에서 25명 정도가 참석한다. 참석 인원은 전보다 줄었는데, 부분적인 이유는 같은 시간에 다른 모임에 참석하는 구성원들이 있기 때문이다. 일반적으로 주중에는 남성들이 많이 모이는데 대다수가 노

---

[36] "A Wednesday Night Prayer Meeting Episode," *The Christian Union*, vol. 41 (June 5, 1890): 810-11.
[37] 출간된 그의 논문 제목은 *Social and Mental Traits of the Negro: Research into the Conditions of the Negro Race in Southern Towns. A Study in Race Traits, Tendencies and Prospects* (New York, NY: Columbia University, 1910).

인들이다.

목사가 기도회에 늘 참석하는 것은 아니지만 참석하는 것이 관례다. 때로 목사는 기도회를 인도하거나 말씀을 전한다. 보다 일반적으로 예배는 지정된 인도자가 인도하고, 노래와 기도와 참석자들의 이야기로 진행된다. 인상적인 예배다. 인도자가 각 노래를 '먼저 부르면' 모두가 노래로 응답한다. 참석한 사람이 몇 되지 않으면 리더는 한 사람 한 사람에게 기도를 요청한다.

예배가 마치기 전에 참석한 모든 사람이 남성이든 여성이든 기도를 인도하는 경우가 종종 있고, 어떤 사람들은 한 번 이상 기도하기도 한다. 그들의 기도는 매우 적절하다. 모임은 서두르지 않고 늦게까지 계속된다. 때때로 다섯이나 열 명의 사람이 11시까지 남아 노래하고 기도하고 이야기한다. 예배 후에 그들은 서로에게 '가족'의 안부를 묻는다.[38]

오덤이 체계적으로 관찰한 기도회에 대한 설명은 무엇보다 인도자가 노래를 먼저 부르고, 마치는 시간이 '늦게까지' 연장되는 흑인 교회 특유의 관행을 잘 보여 준다. 그러나 오덤은 존슨과 비처가 묘사했던 백인 교회들의 관행(및 문제들)과 기도회의 유사점도 지적한다.

첫째, 기도회는 평일 저녁에 열렸다.
둘째, 참석자의 수는 설교에 초점을 맞춘 주일예배보다 적었다.
셋째, 일반적으로 목사는 참석했지만 (그리고 인도할 때도 있었지만) 인도자는 평신도일 수 있었다.
넷째, 개인과 가족에 대한 정보를 공유했다.

---

38 Odum, *Social and Mental Traits of the Negro*, 59-60.

다섯째, 모든 사람이 기도와 대화, 노래에 참여했다. 즉, 모임에서 민주적인 참여가 이루어졌다.

그러나 20세기가 시작되고 얼마 지나지 않아, 소도시와 대도시에 있는 많은 대형 감리교회와 침례교회는 교인들의 교육 수준이 점점 더 높아지면서 예배의 사회적 수준을 높이는 데 관심을 기울였다. 제5장에서 설명한 미적 예배 모델로서의 전환은 특히 백인 교회에서 기도회 관행에 영향을 끼치기 시작했다.

그러나 아프리카계 미국인 그리스도인들은 계속해서 더 열정적인 형태의 노래, 기도, 의례, 설교를 수용했지만, 특히 대학 교육을 받은 엘리트층이 많은 도시의 대형 흑인 교회들은 넘쳐흐르는 활기를 억제하기 시작했다.

20세기 초 흑인 대학교의 종교 교육에 관한 상세한 연구에서 데이비드 H. 심스(David H. Sim)는 12개의 '흑인 대학교'를 대상으로 설문 조사를 시행했다. 그의 설문 조사에는 '설교 예배, 교회학교, 청년부 모임, 주중 기도회' 등 학생들의 필수 과외 활동 일부였던 다양한 종교 예식들에 관한 흥미로운 정보가 포함되어 있다. 심스는 학생들이 이러한 종교 예식들 대부분에 만족하고 있다는 사실을 발견했다.

그러나 주중 기도회는 예외였다. 학생들은 거의 한결같이 주중 기도회를 시간 낭비라고 여겼다. 기도회는 "짧은 문장으로 된 기도"(sentence prayer), 노래, 개인 간증, 그리고 많은 경우, 주제 토론이라는 전형적인 구조를 따랐다. 심스는 여기에 비꼬는 투로 다섯 번째 요소를 추가하는데 바로 "잠자기"다.[39]

---

[39] David H. Sims, "Religious Education in Negro Colleges," *Journal of Negro History V* (1920): 185.

전반적으로 그는 "많은 사례를 통해 기도회는 지루하고 없어져야 한다는 의견"을 얻었다.[40] 가장 성공적이었던 모임들은 (상대적으로 말해서) "가장 전통적이지 않은" 것들로, 심스가 암시한 바에 따르면, 현대 생활과 관련된 토론 주제를 포함했던 것들이었다.

학생들의 의견에 대해 심스는 다음과 같이 평가한다.

> 네 개 학교를 제외한 모든 학교의 기도회는 다른 문명에서 살던 학생들에게 효과적이었던 프로그램을 따르고 있다. 전통적 흑인 기도회는 흑인 대학생의 삶에서 종교적으로 기능하지 않는다."[41]

이러한 교육받은 젊은 흑인 남성과 여성들이 미국 전역의 교회들에서 지도자가 되면서, 이러한 생각을 지역 교회들에 반영했다.

백인 교회들도 기도회와 관련하여 비슷한 문제를 안고 있었다. 목사들은 『기도회의 회복』(The Redemption of the Prayer-Meeting)과 『옛 기도회의 새 생명』(New Life in the Old Pryaer-Meeting)과 같은 제목의 책을 출간하기 시작했다.[42] 침례교 목사인 커 보이스 터퍼(Kerr Boyce Tupper)는 이 문제를 전반적으로 진단했다.

> 일반적인 기도회에 참석하면 다음과 같은 순서를 발견할 것이다. 찬송가 두 곡, 기도, 찬송가, 성경 봉독, 지난주에 기도했던 형제의 기도 요청, 또 다른 찬송가, 목사의 너무나도 긴 설교, 또 다른 찬송가, 참석자들에게 무

---

40 Sims, "Religious Education in Negro Colleges," 188.
41 Sims, "Religious Education in Negro Colleges," 205.
42 J. George Laller, *The Redemption of the Prayer-Meeting* (Nashville, TN: Smith and Lamar, 1911); John Franklin Cowan, *New Life in the Old Prayer-Meeting* (New York, NY: Fleming H. Revell, 1906).

언가를 말하라는 촉구, 긴 침묵, 어떤 선한 형제의 긴 연설이나 긴 기도, 또 한 번의 침묵, 축도. 그리고 지적인 사람들은 때로 영감을 받는 대신 넌더리를 내면서 집으로 돌아간다.[43]

보이스 터퍼의 해결책은?
"우리의 주중 예배는 덜 단조롭고 더 다양해져야 한다."
실제로 강사, 활동, 순서, 음악, 주제가 더욱 다양해지도록 하라는 것은 모든 비평가가 제안한 주요 해결책으로, 그들은 기독교 교회의 중요한 사역이라고 여겼던 것들에 활력을 다시 불어넣길 원했다.

각각의 비판적 진단 속에서 우리는 활기찬 기도회는 민주적 이상에 대한 헌신을 보여야 한다는 것과 함께 그러한 이상은 유지하기가 어렵다는 인식을 발견한다.

실제로 민주적 기도회는 주일 설교 예배나 목사가 인도하는 성경 공부의 위계적 모델보다 잘 해내기가 훨씬 더 어렵다. 침례교도인 커티스 리 로우스(Curtis Lee Laws)의 일화가 이를 설명한다.

> 며칠 전, 전례적 교회에서 목회하는 사랑하는 친구와 내 서재에서 대화를 나눴습니다.… 그는 나에게 솔직하고 확고하게 말했습니다.
> "나는 기도회의 개방적이고 민주적인 이상에 전적으로 반대합니다. 목사만이 유일하게 공인을 받고 권위가 있는 기독교 교사입니다. 당신의 간증과 기도 예배를 가르치는 예배로 바꾸세요. 교인들에게 그리스도의 교리에 대해서 강의하면서, 설교보다 간결하고 더 개인적인 이야기를 전하고, 당신이 직접 예배를 인도해 보세요. 모임이 모든 면에서 더 만족스럽고 즐거워

---

43 Kerr Boyce Tupper, "Response: What Change, if Any, Is Demanded in the Prayer Meeting?" in *Twenty-First Annual Baptist Autumnal Conference for the Discussion of Current Questions* (New York, NY: Baptist Congress Publishing, 1904), 93.

질 것입니다."

로우스는 민주적 기도회가 남용될 수 있다는 사실을 인정한다.

> 간증들이 때때로 심리학, 성경 해석과 신학에서 위험할 정도로 터무니없을 수 있다는 말에 이의를 제기하지 않는 사람은 우리 중에 없을 것입니다. 또한, 일반적으로 목사가 가르치고 권면하는 일에 가장 적합하다는 사실에 의문을 제기하는 사람도 없을 것입니다. 그러나 그렇다고 할지라도 기도회의 민주주의 이론은 포기되지 않을 것입니다.[44]

그렇지만 로우스에게 이러한 민주적 원칙은 실제적인 시행이 불가능할지라도, 기도회가 계속해서 지향해야 할 이상이다.

> 나는 우리 교회의 기도회가 이러한 것을 지향하길 원했지만, 다른 많은 사람과 마찬가지로 실패했습니다. 현실과 이상은 매우 다릅니다. 그러나 나는 그 이상에서 끊임없이 새롭게 노력할 수 있는 영감을 얻습니다. 기도회의 민주주의 이론은 올바른 이론입니다. 모두 함께 이 계획을 고수합시다.[45]

---

44 Curtis Lee Laws, "What Change, if Any, Is Demanded in the Prayer Meeting?" in *Twenty-First Annual Baptist Autumnal Conference for the Discussion of Current Questions* (New York, NY: Baptist Congress Publishing, 1904), 69-70.
45 Laws, "What Change?" 77. Laws는 그의 "전례적" 지인의 이름이나 교단을 밝히지 않지만, 성공회에서는 기도회의 정당성을 놓고 저교회파 복음주의자들과 앵글로 가톨릭 교도들 사이에 오랜 논쟁이 있었다. Albert Barnes, *The Position of the Evangelical Party in the Episcopal Church*, fifth edition (Philadelphia, PA: James A. Moore, 1875), 36-37, 62를 보라.

5. 오늘날의 기도회: 나눔 그룹, 언약 그룹, 가정교회

일부 교회는 아직도 지난 세기의 것들과 비슷한 기도회를 열고 있지만, 민주적 모임들의 독특한 관행은 갖가지 캐치프레이즈로 알려진 다양한 "소그룹 사역"으로 진화했다. 예를 들어, 1960년대 후반 연합감리교는 평신도증인선교(Lay Witness Mission)를 발기했다. 평신도 증인 선교는 평신도 팀을 교회 전체 모임과 소그룹 모임에 초청하여 종교적 회심과 개인적 갱신에 관한 이야기를 집중적으로 나누도록 하는 프로그램이었다.

그 프로그램의 특징은 방문한 평신도 선교사들을 개인적 나눔과 신앙 간증, 진솔한 기도의 모델로서 의도성을 가지고 활용한다는 데 있었다.

평신도증인선교는 일요일 오전 예배로 마무리되었지만, 사실상의 절정은 토요일 밤이었는데, 그때 주최 교회의 교인들은 개인 간증을 나누고, 신앙의 갱신을 위해 기도하고, 회심을 위해 "예수님께 마음을 드리는" 결단을 하라고 격려받았다.

이러한 진지한 소그룹 모임 세션의 후속 중 하나로 평신도들의 작은 모임인 "나눔 그룹"을 조직하여 매주 집이나 편한 장소에서 만나 개인의 경험이나 기도를 나누는 형식을 이어 나갔다. 즉, 기도회의 형식을 취했다.[46]

소그룹 사역은 성공적이고 활기찬 교회로 성장하는 열쇠로서 교회 부흥에 관련된 많은 책이나 기사에서 계속 장려되고 있다. 일부 교회에서 평신도들은 '언약 그룹'이나 '제자도 그룹', '소그룹'으로 조직된다. 전형적인 대형교회인 윌로우크릭은 홈페이지에서 이렇게 설명한다.

---

[46] Ben C. Johnson, *A Road to Renewal: A Manual for a Lay Witness Mission* (Atlanta, GA: Lay Renewal Publications, 1967?)을 보라. 이것은 그 프로그램에 관한 일반적인 설명이다.

월로우크릭에서는 삶의 변화가 공동체 안에서 가장 잘 일어난다고 믿는다. 그리고 소그룹을 통해 이를 실천한다.[47]

복잡하지 않도록 나는 위에서 설명된 것과 같은 오늘날 다양한 형태의 기도회를 가정교회로 칭하겠다.[48]

바나 그룹(Barna Group) 연구는 2006년 미국의 가정교회 발흥에 관한 정보를 수집했다.[49] 가정교회는 다양한 형식을 보여 주고 있지만, 바나는 널리 공유되는 몇 가지 관행을 발견했다.

93퍼센트는 모임 중에 기도한다.
90퍼센트는 성경을 읽는다.
89퍼센트는 그룹 밖에 있는 사람들을 섬기는 데 시간을 보낸다.
87퍼센트는 개인의 필요나 경험을 나누는 데 시간을 할애한다.

"그룹 밖에 있는 사람들을 섬기는 것"을 제외한다면 이러한 관행은 친밀감과 민주적 참여에 중점을 둔 옛날식 기도회 모델의 특징이다. 실제로 바나는 "대다수 가정교회에서 볼 수 있는 친밀감과 공동 책임감은 참여자들에게 신앙 성장에 대해 좀 더 진지해지도록 요구한다"고 말한다.[50] 따

---

47 https://www.willowcreek.org/en/connect/ministries/small-groups-and-section-communities/south-barrington, 2019년 7월 8일에 접속.
48 그러나 일부 연구자는 가정교회를 기존 교회들과 관련된 다른 유형의 소그룹들과 구분한다. "Who Is Active in 'Group' Expressions of Faith? Barna Study Examines Small Groups, Sunday School, and House Churches," 2010년 6월 28일, https://www.barna.com/research/who-is-active-in-group-expressions-of-faith-barna-study-examines-small-groups-sunday-school-and-house-churches/을 보라. 2019년 7월 9일 접속.
49 "House Churches Are More Satisfying to Attenders Than Conventional Churches" (January 8, 2007), https://www.barna.com/research/house-churches-are-more-satisfying-to-attenders-than-are-conventional-churches/, 2019년 7월 9일에 접속.
50 "House Churches Are More Satisfying to Attenders."

라서 가정교회는 그리스도인의 개인적 성장을 격려하는 강력한 방법이다.

여담으로, "개인의 필요 및/또는 경험"을 표현하는 가정교회 모델의 핵심 캐치프레이즈는 "기쁨과 염려를 나누는 것"이다. 이것은 가정교회 모델에서 발전할 가장 독특한 예전 단위일 것이다.[51]

바나와 공동으로 연구했던 인기 작가 프랭크 비올라(Frank Viola)는 기독교 초창기에는 큰 공적 모임보다 이러한 작은 가정교회 모임이 교회의 핵심이었다고 주장한다. 비올라는 하워드 스나이더(Howard Snyder)의 강연을 인용하여 가정교회 모델에서 구현된 상호성을 설명한다.

> 신약성경은 교회가 모든 사람에게 은사가 있고 모두가 사역하는 공동체라고 가르칩니다. 성경이 가르치는 교회는 예수님 안에서 만나는 사람에 대한 존중과 배려의 모델이 되고 구현하는 새로운 사회적 실재입니다. 이것은 우리의 고귀한 소명입니다. 그러나 사실 교회는 이러한 소명을 저버릴 때가 많습니다.
>
> 가정교회는 이러한 배신과 역설에서 벗어나는 데 큰 역할을 합니다. 대면 공동체는 상호 존중, 상호 책임, 상호 복종, 상호 사역을 교육합니다. 가정교회의 사회학은 평등과 상호 가치에 대한 감각을 발전시킵니다. 비록 보장하지는 못하지만 말입니다.
>
> 가정교회는 모든 사람이 은사를 받고 모든 사람이 사역자라는 급진적 가르침을 구현하기 때문에 혁명적입니다.[52]

비올라는 이것이 (미국식 민주주의처럼) 다수결 원칙으로서 민주주의를 실천하는 것이 아니라 합의 형성 공동체에서 상호 관계를 실천하는 것이

---

[51] 지역 가정교회 모임에 대한 설명의 한 예로, http://events.r20.constantcontact.com/register/event?oeidk=a07efo4k67vf8dd2400&llr=l6qbvhcab을 참조하라. 2019년 7월 9일 접속. 다른 예도 많다. 나는 1970년대 중반의 소그룹 예배 모임에 대한 설명에서 "기쁨과 염려의 나눔"이라는 문구의 첫 번째 예를 찾을 수 있었다.

[52] Frank Viola, *Reimagining Church: Pursuing the Dream of Organic Christianity* (Colorado Springs, CO: David C. Cook, 2008), 93-94.

라고 주장한다. 또한, 비올라와 바나(및 다른 소그룹 주창자들)는 가정교회의 친밀감이 이러한 친밀한 나눔과 순환적 리더십을 제공할 수 없는 대규모 예배 모임과는 매우 다른 목적을 충족시킨다는 것을 인식한다.

요컨대, 기도회 모델처럼 가정교회 모델은 상호 작용하는 그룹 참여를 통해 기독교 신자들이 평등함을 나타내는 독특한 목적과 성격을 충족한다.

이 장의 지면이 충분하지 않아 기도회 형식의 다양한 순서를 모두 살펴볼 수는 없다. 아래는 두 가지 예이다.

[**기도회 매크로 패턴**(의 전형적인 예)]

(형식을 갖추지 않은) 모이기
잘 알려진 몇 곡의 노래나 찬송가 부르기
(한 주제에 대한) 성경 봉독
봉독한 말씀에 대해 인도자의 묵상
봉독한 말씀에 대한 그룹의 응답
개인 나눔
그룹원들이 돌아가면서 하는 한 문장(또는 좀 더 긴) 기도
[마지막 찬송가나 노래]
한 사람의 마침 기도
[**추**가 교제 시간]

[**가정교회 매크로 패턴**(의 전형적인 예)]

(집이나 소규모 장소에서) 모이기
[모임은 식사와 식사 기도로 시작할 수 있다]
[그룹에 음악을 인도할 수 있는 사람이 있으면 노래하기]
성경 봉독 또는 묵상 내용 읽기
봉독한 말씀에 대한 개인 묵상
기쁨과 염려 나누기
그룹원들이 돌아가면서 하는 한 문장 기도
[노래하기]
그룹 인도자가 인도하는 마무리 기도
* 어떤 그룹들은 모임의 시작이나 마지막에 성찬식을 포함하기도 한다.

> [기도회/가정교회의 독특한 예전 단위들]
>
> 문장 기도
> 기쁨과 염려 나누기
> 봉독한 성경 말씀/주제에 대한 그룹 묵상

6. 기도회/가정교회 예배 매크로 패턴에 대한 평가

고린도전서 12장에서 사도 바울은 교회를 많은 지체로 구성된 몸에 비유하면서 그리스도인 개개인이 그 몸에 꼭 필요한 지체라고 주장한다. 모든 그리스도인은 전체를 위해 귀중한 이바지를 한다. 중요하지 않은 사람은 없다. 우리는 서로의 짐을 지고 서로의 기쁨을 나눈다. 바울의 비유는 기도회의 근거가 된다.

사도행전과 여러 서신서에서 교회가 (위대한 종교개혁자 마틴 루터가 성경에서 되찾은 개념인) 만인 제사장직의 교제로 묘사된다면, 기도회는 그 개념을 실천에 옮겨야 한다. 교회의 계급제(와 계급제가 필연적으로 저지르는 권력 남용)에 대한 평형추로서 기도회는 전형적인 개신교 예배의 형태일 수 있다.

오늘날 성장하는 교회에 관한 연구들은 활기찬 사역을 위해서 소그룹이 중요하다고 말한다. 그리고 이것은 규모에 상관없이 모든 교회에 해당하는 것 같다.[53] 지난 200년 동안 기도회 예배 패턴이 흥했다가 쇠했다면, 지금은 다양한 소그룹 사역을 통해 다시 꽃을 피우고 있다.

---

[53] "교회의 규모에 상관없이 기도와 토론, 성경 공부를 위해 소그룹이나 관계 그룹에 참여하는 사람들은 그렇지 않은 사람들보다 소속감을 표현하고 종교 예식에 더 자주 참석하고, 재정적으로 더 많이 기여할 가능성이 크다." Kevin D. Dougherty and Andrew L. Whitehead, "A Place to Belong: Small Group Involvement in Religious Congregations," in *Sociology of Religion* vol. 72, no. 1 (2011): 107.

나는 이러한 친밀한 공동체의 형식이 익명의 알코올 중독자들의 모임(Alcoholics Anonymous)과 결혼생활을 위한 대화 모임(Marriage Encounter), 심지어는 비종교적 치료 정서 지원 그룹, 그룹 치료, 뉴에이지 만남 그룹, 독서 그룹과 같은 다양한 사회단체의 기초를 형성한다고 주장한다.

역사는 또한 기도회 형식에 몇 가지 독특한 책임이 있음을 보여 준다. 평등주의적 형태의 공동체가 오래도록 유지되는 것은 어렵다. 소그룹의 안정성에 대한 구체적 증거가 충분하지 않아서 단정적으로 평가하기는 어렵지만, 소그룹을 강력히 옹호하는 프랭크 비올라조차도 일반적인 가정교회는 6개월에서 2년 정도 지속한다고 인정했다.[54]

다시 말해, 비올라는 비처가 19세기 후반에 사역하면서 배웠던 것을 확인한다.

> 여러분이 사역하면서 해야 할 가장 어려운 일은 활기찬 기도회를 유지하는 것일 겁니다. 여러분이 알게 될 가장 힘든 일일 것입니다.[55]

실제로 모든 종류의 소그룹은 비올라가 밀월 기간이라고 부르는 시작 단계를 거치는 경향이 있다. 그러나 일단 새롭게 사귀게 된 친구들 사이의 설레는 기간이 지나면, 밀월은 비올라가 말한 "위기 단계"로 들어가는데, 그때 그룹은 거의 필연적으로 "갈등이나 불일치, 다른 사람들과의 문제"를 경험한다.

그러나 일단 그룹이 이 단계에서 살아남는다면, 그것은 "그룹 구성원들이 도전받고 있는 곳에서 그들의 생명과 문제를 십자가에 가져가 자기

---

54 "Frank Viola Answers Questions," *Simple Church Journal* (Sept 3, 2006), https://sojourner.typepad.com/house_church_blog/2006/09/frank_viola_ans.html, 2019년 7월 9일 접속.

55 Beecher, *Yale Lectures on Preaching*, second series, 92.

를 죽일 수 있고 기꺼이 그렇게 하고자 하기" 때문일 것이라고 비올라는 말한다.

마지막으로 그룹이 지속되면, 그 그룹은 "진정한 공동체를 경험하는", 비올라가 말한 시험을 거친 몸의 생활(Tested Body Life) 단계에 도달할 수 있다. 그러나 그는 "적어도 한동안은"이라고 삽입구를 덧붙인다. 요약하면, 성숙한 가정교회라고 할지라도, 진정한 공동체는 일시적일 수 있다. 그리고 나는 개인적인 소그룹 사역 경험을 토대로 여기에 "아멘"으로 응답할 수 있다.[56]

가정교회 모델의 친밀감은 시간이 지나면 유지하기 어려울 뿐 아니라, 그 모델의 가장 실질적인 특징 중 하나인 평등주의적 참여로 고통을 겪을 수 있다. 평등주의적 참여는 지루해지는 경향이 있어서다. 그룹의 구성원들이 개인적 이야기들을 나누고 가장 심각한 문제와 소망을 고백하고 나면, 그룹 모임이 일상적으로 될 때가 많다.

모든 구성원에게 똑같은 시간을 주는 것은 훌륭한 목표지만, 실제로 어떤 사람들은 다른 사람들에게 흥미를 더 느끼거나 덜 느끼거나 할 것이다. 모든 사람이 기도를 잘하고 노래를 잘 인도하는 것은 아니다. 솔직히 신학적 성찰을 더 깊이 잘하는 사람들이 있다.

더욱이 평등주의적인 그룹이라고 할지라도 필연적으로 리더들을 양성해야 하고, 어떤 리더들은 다른 사람들보다 더 유능하다. 그리고 어떤 리더들은 독이 될 수 있다.

소그룹 관련 책들은 종종 가정교회의 위험이 노골적으로 이단적인 신학적 견해를 주장하는 선생의 문제에 있다고 인정하고, 그러한 그룹들에서 감수성이 예민한 구성원들이 해를 입었다는 일화적 증거는 아주 많다. 소그룹이 교인들의 깊은 참여와 개인적 성장을 이끌 수 있지만, 나쁜 경

---

[56] "Frank Viola Answers Questions."

우에는 분열과 교회 분리를 조장하기도 한다.

이러한 약점에도 불구하고, 기도회와 가정교회 예배 형식이 개인을 중심에서 벗어나게 하는 예배 형식과 균형을 이룬다면, 교회 생태계에서 생산적 역할을 할 수 있을 것이다. 소그룹을 교회의 중심으로 삼는 기도회/가정교회에 관한 증거 본문은 신약성경의 서신서에서 볼 수 있다. 그러나 요한계시록의 구절들은 교회와 예배에 대한 좀 더 초월적 모델을 제시한다. 다음 장에서 이 가톨릭 모델을 살펴보고자 한다.

	텔로스(목표)	에토스(성격의 특성)
19세기 유형: 기도회	기독교적 평등이라는 민주적 이상을 실현하는 것	가족적 분위기 자유로운 복장 모든 성별을 포함하는 참여 정서적 친밀감 개인적 염려에 대한 공개적 나눔 평신도가 차례로 하는 짧은 기도 신앙 간증 간결한 교훈적 말씀 성경 및/또는 주제에 대한 열린 토론 감정적으로 풍성한 찬송가 부르기 평신도 리더십(최소한 부분적으로)

	텔로스(목표)	에토스(성격의 특성)
현재 형태: 가정교회	기독교 공동체의 평등주의적 이상을 구현하는 것.	집에서 모임 가족적 분위기 자유로운 복장 공유된/순환적 리더십 완전한 그룹 참여(모든 성별 포함) 기쁨과 염려에 관한 공개적 나눔 대인 관계에서의 친밀감 간결한 가르침/성경 봉독 열린 토론 [그룹 노래] [함께 나누는 식사]

교회론의 중심에 어떤 교회 모델이 있든지(작은 모임이든지 큰 모임이든지, 그리고 회중주의와 감독제주의 사이의 논쟁은 계속되고 있다) 기도회 예배 모델을 주창하는 사람들은 기도회가 예배와 설교를 위한 대규모 모임인 '주일예배'와는 구별된다는 데 동의한다. 그러나 본 장을 여는 짧은 글에서 설명하듯이, 이것이 기도회 에토스의 요소들이 주일 설교 예배, 특히 작은 교회의 예배에 스며드는 것을 막지는 못했다.

내가 알기로 19세기 이전에 그리스도인들은 주일예배가 그들의 친밀한 대인 관계에 대한 욕구를 채워줄 것이라고 기대하지 않았다. 20세기 말 즈음에 "기쁨과 염려에 대한 나눔"은 작은 교회 예배에서 기대되는 예전 단위가 되었다. 나는 제9장에서 이러한 패턴들의 융합에 대해서 좀 더 자세히 다루겠다.

친밀감이 이 모델의 독특한 성격 특징이기는 하지만, 기도회의 가장 중요하고 이상적인 특징은 모임의 모든 측면에서 그룹 구성원들 모두가 완전하고 능동적으로 참여한다는 점일 것이다. 본 장의 머리말 부분에서 인용된 19세기 후반의 논문은 간결하게 다음과 같이 간결하게 서술한다.

> 교회와 자신에게 잘못을 저지르지 않고 단순히 구경꾼이 되려는 목적으로 올 수 있는 그리스도인은 아무도 없습니다. 하나님께서 형통하게 하신 만큼 드려야 한다는 것은 헌금함뿐 아니라 기도회에도 해당하는 정당한 규칙입니다.[57]

내가 마음에서 우러나오는 "아멘"으로 응답하는 권면이다.

---

[57] Rev. A. D., "Everybody Should Contribution to the Prayer-Meeting," 569.

제8장

가톨릭 모델
전례 순서와 깊은 전통

> 그러므로 우리가 이 땅의 주의 백성들과 하늘의 천사들과 함께
> 주님의 이름을 높여 영원히 찬미합니다.
> 거룩, 거룩, 거룩, 능력과 권세의 하나님,
> 하늘과 땅이 주님의 영광으로 가득합니다.
> 가장 높은 곳에서 호산나.
> 주님의 이름으로 오실 그분에게 복이 있도다.
> 가장 높은 곳에서 호산나.
>
> "대감사"(The Great Thanksgiving)
> - 『연합감리교 찬송가집』(The United Methodist Hymnal)[1]

감리교 목사가 남편과 함께 로마로 여행 중이다. 일요일 아침, 그들은 바티칸 성베드로대성당에서 오전 9시 미사에 참석하기로 한다. 교황이 매주 일요일 미사를 집전하는 것은 아니지만, 사실 중요하지 않다. 그녀는 사제와 회중이 함께하는 로마의 전형적인 일요일 예배를 보는 데 더 큰 관심이 있다.

---

1 The United Methodist Hymnal, "Word and Table: Service I" (Nashville, TN: The United Methodist Publishing House, 1989), 9.

오늘 아침 미사는 지역 교구민들을 대상으로 대부분 이탈리아어로 진행된다. 감리교 목사는 이탈리아어를 모르고, 그녀의 남편도 마찬가지다. 그녀는 궁금해진다.

"내가 이것을 이해할 수 있을까?"

개회 행렬 성가를 마친 후, 사제가 회중을 향해 말한다.

"아버지와 아들과 성령의 이름으로."

(*Nel nome del Padre e del Figlio e dello Spirito Santo.*)

감리교 목사는 마치 어쩔 수 없다는 듯이 반사적으로 회중과 함께 "아멘"이라고 응답하는 자신을 발견한다. 사제는 계속해서 말한다.

"우리 주 예수 그리스도의 은혜와 하나님 아버지의 사랑과 성령의 교통하심이 너희 무리와 함께 있을지어다."

(*La grazia del Signore nostro Gesù Cristo, L'amore di Dio Padre e la comunione dello Spirito Santo sia con tutti voi.*)

그러자 회중이 한목소리로 응답한다.

"그리고 당신의 영혼과 함께."

(*E con il tuo spirito.*)

목사는 조용하게 따라 한다.

"그리고 당신의 영혼과 함께"(이건 알 것 같다).

전례가 대감사 차례에 이르자 사제가 선포한다.

"주님이 당신과 함께"

(*Signore sia con voi.*)

그리고 감리교 목사는 영어로 익숙한 말을 속삭이면서 전체 개회 인사에 동참한다.

"또한, 당신과 함께."

"주님을 향해 우리의 마음을 드립니다."

"우리의 감사와 찬양을 드리는 것이 마땅합니다."

나중에 그 목사는 남편에게 말한다.

"일리노이주에서 온 우리 감리교도들이 성 베드로 대성당에서 이탈리아어로 진행되는 로마가톨릭 예배에 그렇게 잘 연결될 줄 누가 알았겠어요?"

이 일화는 2004년에 아내와 함께했던 여행에서 있었던 일이다. 당시 사라(Sara)는 일리노이주 에번스턴에 있는 제일연합감리교회(First United Methodist Church)의 부목사였다. 우리 부부는 모두 부흥 운동, 교회학교, 기도회 예배 모델에 영향을 많이 받은 작은 교회들에서 자랐다.

반면에 에번스턴 제일연합감리교회는 『연합감리교 찬송가집』(The United Methodist Hymnal)(1989)과 『예배서』(Book of Worship)(1992)에 있는 성찬식 절차를 대부분 따랐다. 이 두 예배서는 '텔로스와 에토스'에 대한 우리의 마지막 패러다임을 제공하는 20세기 에큐메니컬 예배학으로부터 큰 영향을 받아 만들어졌다. 나는 이 패턴을 '가톨릭 전례 갱신 모델'이라고 부른다.

'가톨릭 전례 갱신'이라는 용어에 대한 설명이 조금 필요하다. 여기서 '가톨릭'은 로마가톨릭교회를 의미하지 않는다. 가톨릭이 역사 속에서 행해져 왔던 로마 전례를 포함하기는 하지만 말이다. 대신 이 용어는 '보편적 교회'라는 좀 더 기본적인 의미로 사용된다. 이 용어는 사도신경과 "나는 거룩한 공교회를 믿습니다"라는 우리의 선포에서 사용된다.

고대 신조와 현대적 의미에서 가톨릭은 지역적 보편성(모든 곳에 있는 교회), 시간적 보편성(항상), 우주적 보편성(땅과 하늘 모두)을 나타낸다.

예배에 적용하면, 이 말은 때와 장소에 상관없이 그리스도인의 예배는 본질적으로 언제 어디서나 그리스도인들이 어떤 심오한 방식으로 항상 해 왔던 일이라는 뜻이다. 물론 그리스도인들이 실제로 예배하는 방식과 예배의 의미를 이해하는 방식은 다양하다. 그렇지만 가톨릭 전례 갱신 모델은 어떤 특정한 예배나 신학을 평가할 수 있는 기독교 예배의 근본적이고 역사적인 오도(ordo)를 밝혀내려고 시도했다.

예를 들어, 부흥 운동 예배가 감정의 힘으로 예배를 평가하거나 교회학교 모델이 교육 능력으로 예배를 평가하는 것처럼, 가톨릭 전례 갱신 모델은 모든 시간과 장소와 공간을 아우르는 근본적인 오도(ordo)로 예배를 평가한다.

가톨릭 전례 갱신 학자들은 기독교 예배의 기초적 순서를 결정하기 위한 1차 자료로 초창기 기독교 예배의 역사적 패턴에 특별히 주목했다. 소위 『히폴리투스의 사도전승』(*Apostolic Tradition of Hippolytus*)과 같은 이전에 유실되거나 알려지지 않았던 교부 문헌이 19세기 후반과 20세기 초에 발견됨으로써, 예배학자들은 초창기 교회의 예배 예식을 들여다볼 수 있는 투명한 창문을 얻었다고 믿게 되었다.

초창기 기독교 예배의 역사적 재구성은 1960년대 초 가톨릭교회의 제2차 바티칸 공의회의 개혁과 뒤이은 로마가톨릭 전례서 개정에 큰 영향을 끼쳤다. 또한, 미국의 많은 주류 개신교 교단들의 공식 예배서 개정에도 크게 영향을 끼쳤다. 1970년대 이후, 성공회, 장로교, 루터교, 연합감리교, 연합그리스도교는 모두 가톨릭 전례 갱신 모델에 철저히 기반하여 공식 찬송가집과 예배서를 개정했다.

내가 명확하게 "공식 찬송가집과 예배서"라고 말한 것에 주목하라. 이러한 개신교 교단들의 많은 지역 교회들은 가톨릭 전례 갱신 모델에 반대했는데, 본 장의 결론에서 이에 대한 몇 가지 이유를 살펴보겠다.

1. 가톨릭 전례 갱신 모델의 선도자

역사적 선례를 살펴보면, 가톨릭 전례 갱신 운동은 이전의 개혁 운동들과 비슷했다. 교회를 비판하고 개혁하기 위한 중요한 원리로 종교개혁과 그 이후의 많은 교회는 신약성경에서 사도들의 관행이라고 믿어지는 것들을 찾았다.

그러나 19세기까지만 해도, 모든 그리스도인이 역사적 선례들에 매료된 것은 아니었다. 제3장에서 살펴본 것처럼, 찰스 피니와 그의 추종자들은 그리스도인들이 어떻게 예배해야 하는지에 관한 선례를 세우는 신약성경의 관행이 갖는 의의에 대해서도 근본적인 질문을 했다.

피니는 예배에 대한 그의 새로운 수단 접근법을 고려할 때, 교회가 회심자를 만들어 내는 한 하나님은 우리가 어떻게 예배하는지에 상관하지 않으실 것이라고 확신했다. 피니에게 역사적 선례는 중요하지 않았다. 회심자들이 중요했다.

1) 복고주의 운동

피니는 많은 개신교 지도자를 설득했다. 그러나 모두가 그의 급진적인 반전통주의 입장을 기꺼이 받아들이지는 않았다. 그리스도의교회(Church of Christ)와 제자회(Disciples of Christ)를 탄생시킨 19세기 초의 복고주의 운동은 신약성경의 관습을 개혁의 중심 원칙으로 삼았다.

이 운동의 지도자인 알렉산더 캠벨(Alexander Campbell)은 기독교 예배의 본질적 획일성을 주장하는 교회 질서에 관한 일련의 논문을 저술했다.

> 따라서 기독교 집회에는 신성하게 승인된 예배 순서가 있고, 이 예배에는 논리적 원칙에 따라 입증되어야 했던 획일성이 있다. 이러한 입장들은 채택된 것들보다 다른 근거들을 통해 합리적으로 입증될 수 있지만, 이 방식이 선호되었다. 가장 짧고 가장 설득력이 있어 보였기 때문이다.
> 이것은 기독교 교회의 고대 예배를 따라야 하는 글들의 준비나 서론일 뿐이다. 우리는 개요를 빨리 훑어보고, 다음의 각 주제에 대한 글을 쓴 후에 내용을 채울 것이다. 그들은 떡을 떼고 교제하고 기도하고 하나님을 찬양하

는 사도들의 교리를 굳건히 지켰다.²

캠벨이 예배 순서에 대한 증거 본문으로 삼은 것은 사도행전 2:42-47이었다. 이 본문에서 (그리고 다른 몇 구절에서) 캠벨과 다른 복고주의 운동가들은 그들의 가장 중요한 특징 중 하나인 매주 성찬식을 거행하는 것을 시작했다. 실제로 매주 성찬식을 거행하는 것은 여전히 그리스도의교회와 제자회의 특징이다.

캠벨이 예배에 관한 논문을 썼을 때, 성공회 신자들은 매주 성찬식 회복까지 한 세기 이상 떨어져 있었다. 그리고 19세기에 대부분의 가톨릭교회는 매일 미사를 드렸지만, 일반적으로 평신도들 대부분은 일 년에 몇 차례 이상 성찬을 받지 않았다.

캠벨은 다른 개신교나 심지어 가톨릭교회조차도 사실상 매주 성찬식을 거행하지 않던 시절에 매주 실행하는 성찬식을 회복하는 중이었다. 캠벨은 성찬식을 매주 기념하지 않는 것은 명백히 비성경적이라고 주장했다.

> 로마가톨릭교도, 성공회교도, 모든 종류의 장로교도, 독립교회파 신도, 감리교도, 침례교도 등은 빵을 떼는 것이 거룩한 제도이고 기독교 집회에서 종교적 예배 행위라는 것을 인정하지만, 성찬의 중요성, 성찬식을 실행하는 방식이나 시간, 그에 속하는 부가물에 대한 이해는 모두 다르다.
> 그들 모두가 동의하는 한 가지 견해는, 그것이 기독교 예배의 평범한 행위가 아니라 매우 **특별한** 행위이고, 따라서 기독교 교회의 평범한 예배에 속하지 않는다는 것이다. 그들은 이러한 견해에 관한 관행과 전통을 보여 주지만, 잠시라도 숙고할 가치가 있는 논증은 하나도 없고, 심지어 그들의 관

---

2   Alexander Campbell, "A Restoration of the Divine Order of Things, V. The Order of Worship," in *The Christian Baptist*, vols. 1-7 (Revised by D. S. Burnet, with Mr. Campbell's last Corrections) (Cincinnati, OH: D. S. Burnet, 1835), 166.

행을 확증하기 위해 제시할 수 있는 성경 본문을 하나도 갖고 있지 않다. 한 달에 한 번, 분기에 한 번, 반년에 한 번, 또는 일 년에 한 번 떡을 떼는 것을 증명하기 위해 제시되는 본문을 누가 들어본 적이 있는가?³

캠벨에게 매주 성찬식은 성경의 명령이었지만, 단순히 성경의 선례에 순종하는 행위 그 이상이었다. 오히려 그는 이렇게 주장했다.

> [주의 만찬은] 더없는 행복한 특권으로 인정되고, 진심으로 인정하든 거짓으로 하든, 특권이라는 것은 사실이다. 제자들이 하나님을 예배하기 위해 한곳에 모였을 때, 이 기쁜 축제를 절대로 빼앗겨서는 안 된다는 것이 구세주의 의도였다.
>
> 신약성경은 그들이 생명의 왕께서 부활하셨다는 것을 기리기 위해 모일 때마다, 또는 한곳에 모일 때 그분의 자유로운 집에서 그분과 함께 먹고 마시는 것이 그들의 연회에서 가장 중요한 부분이었다고 가르치는 것 같다.
>
> 그분은 성도들에게 식사 없이 잠만 자는 곳, 친구들을 위해 빈집을 제공하지 않으신다. 그분은 당신의 집에 모이라고 명하지 않으신다. 함께 먹고 마시자고 하신다. 관대하고 자비로우신 그분은 제자들을 굶주린 채로 보내지 않으셨다. 그분은 울고 통곡하고 함께 굶주리자고 그들을 모으지 않으셨다. 그렇지 않다. 그분은 그들에게 항상 기뻐하라고 명하시고, 풍성히 먹고 마시라고 명하신다.⁴

---

3   Campbell, "A Restoration of the Divine Order of Things, V. On the Breaking of Bread no. 1," 175.
4   Campbell, "A Restoration of the Divine Order of Things, V. On the Breaking of Bread no. 1," 175.

이것은 성찬에 관한 놀랍도록 아름다운 설명으로, 신약성경에 나오는 교회의 역사적 관습과 조화를 이룬다.⁵

캠벨과 복고주의자들은 일반적으로 가톨릭 전례 갱신 운동으로 이어지는 개혁의 선상에 놓이지 않는다. 그들은 성공회의 『공동기도서』에서 발견되는 어떤 종류의 고정된 전례에 대해서도 단호하게 반대했다. 그렇지만 이러한 새로운 운동은 지역 교회를 초월하는 기독교 예배의 근본적이고 보편적인 순서를 수용했다.

캠벨은 찰스 피니의 예배에 대한 새로운 수단 접근법에 직접적으로 도전하지는 않았지만(제3장을 보라), 그의 신학은 피니가 주창한 참신함 같은 것을 암묵적으로 거부했다.

2) 머서스버그 운동

19세기 중반, 펜실베이니아주 머서스버그에 있는 교단 신학교의 교수들이자 미국 개혁교회의 신학자들이 모여 새로운 수단 부흥 운동의 정서주의와 참신함에 직접적으로 도전했다.

머서스버그 운동은 장 칼뱅(John Calvin)의 몇 가지 핵심적 통찰력, 특히 교부 자료에 기반한 통찰력을 회복하는 신학과 예배 예식을 발전시켰다. 머서스버그의 신학자 존 윌리엄슨 네빈(John Williamson Nevin)은 『열망하는 좌석』(*The Anxious Bench*)이라는 제목의 논문에서 새로운 수단에 대해 신랄하게 비판하면서 첫 번째 공격을 가했다.⁶

---

5   안타깝게도 Campbell의 추종자들은 매주 성찬식을 계속해서 거행했지만, 주의 만찬에 대한 그의 풍부한 이해를 모두 받아들였던 것은 아니다. Keith Watkins, "Worship in the Christian Church (Disciples of Christ)," *Worship* vol. 51, no. 6 (1977): 486-96 을 보라.

6   Chambersburg, PA, *The Weekly Messenger*, 1843.

네빈은 이렇게 주장했다.

> 종교에는 내적 생명력뿐 아니라 형태도 있어야 한다. 그러나 이러한 것들은 생명력 자체의 존재에서 끊임없이 나오는 것을 제외하면 아무런 가치도, 참된 실재도 가질 수 없다. 내적인 것은 외적인 것을 나타내야 한다.[7]

그러나 새로운 수단의 옹호자들은 형식 자체의 목적을 하찮게 여겼다.

> 그들은 죽은 형식주의로부터 교회를 깨우자고 제안한다. 그리고 이를 효과적으로 수행하기 위해서 기본의 예배 방식을 버리고, 흥미를 불러일으킬 수 있는 새롭고 이상한 관행을 도입한다. 이러한 것들은 자연스럽게 극적 효과를 낳고, 이것은 교회에서 생명이 깨어난다는 증거로 즉시 받아들여진다. 하나의 수단이 익숙해지면 그 힘을 잃게 되고, 다른 수단이 도입된다.… 그렇다 하더라도 모든 것이 끝났을 때, 그것들은 수단일 뿐이다. 그리고 진리의 내적 힘을 망각할 때만 그것들을 중요하게 여기도록 만들 수 있다.[8]

네빈에게 새로운 수단의 문제는 효과는 있지만 본질은 없는, 즉 "내적 생명이나 힘은 없는, 종교의 옷을 입은 사기 행위"라는 것이었다.[9]

네빈은 이후의 성찬에 관한 역사적 연구에서 교회의 전통적 형태들 역시 쉽게 남용될 수 있다는 사실을 부인하지 않았다.

---

7 John Williamson Nevin, *The Anxious Bench* (Chambersburg, PA: Office of the Weekly Messenger, 1843), 51-52.
8 Nevin, *The Anxious Bench*, 52-53.
9 Nevin, *The Anxious Bench*, 52.

실제로는 그것이 나타내는 것이 그 사상에 크게 못 미칠 수 있다. 보이는 교회는 불완전하고, 부패하고, 자신의 개념과 소명에 어긋날 수도 있다.[10]

그러나 이것은 그들이 전달하고자 하는 실재를 손상하지는 않는다.

그러나 기독교가 새로운 피조물의 형태로 진리나 실재를 소유하려면, 여전히 현실적이고 계속해서 가시적인 교회가 세상에 항상 존재해야 한다.… 외면적 교회는 그 본질상 그리스도 예수 안에 있는 새로운 피조물의 필연적 형태이다. 모든 시간뿐 아니라 영원에서도 계속해서 그래야 한다. 물론 목적을 위한 형식을 의미하는 외면적인 사회적 예배는 경건 자체에 필수적인 것으로 여겨져야 한다.[11]

역사적이고 가시적인 교회에 대한 네빈의 신학을 뒷받침하는 근본 원리는 예수 그리스도의 성육신이었다.

이 관점에서, 그 원리인 하나님의 아들의 성육신은 모든 건전한 기독교의 참된 척도이자 시험대이기도 하다… 이것은 종교의 모든 전례 예식에 대한 적절하고 깊은 의미다."[12]

교회 생활의 형태들이 의미를 얻어 내는 원리가 성육신이라면, 성찬식은 이 원리를 나타내는 교회의 핵심이라고 네빈은 주장했다. 따라서 네빈에 따르면, 성찬식은 예수님의 성육신 중심적이고 가시적인 실천이고, 나

---

10 John Williamson Nevin, *The Mystical Presence: A Vindication of the Reformed or Calvinistic Doctrine of Holy Eucharist* (Pahiladelphia, PA: J. B. Lippincott & Co., 1846), 5.
11 Nevin, *The Mystical Presence*, 5.
12 Nevin, *The Mystical Presence*, 5.

아가 모든 진정한 전례 예식의 근거다. 그는 독일 개혁교회에서 새로이 제안한 전례를 평가하면서 다음과 같이 썼다.

> 따라서 성찬식을 가장 중요한 직무로 삼지 않으면서 구성된 전례는 명실상부해질 수 있다. 다른 모든 직무와 요소는 성찬식과 어떤 내적 관계를 맺고, 그것으로부터 핵심 내용과 지배적 분위기를 취하도록 구성되어야 한다.

그러한 예배는 "다른 것을 위한 수단"이 아니었다.[13] 그러한 예배는 세상에서 그리스도를 가시적으로 실현했다. 요약하면, 머서스버그 운동은 기독교 예배를 그리스도의 보편적이고 영원한 몸 안에서의 실제적이고 구체적인 참여로 묘사했다. 그리스도의 보편적인 몸 안에서의 참여라는 예배에 대한 개념은 가톨릭 전례 갱신 모델의 '텔로스'다.[14]

3) 앵글로-가톨릭 운동

19세기 성공회에서 발흥한 앵글로-가톨릭주의는 가톨릭 전례 갱신 운동의 세 번째 선도자다. 교부 자료에 기초한 가톨릭 교회론을 수용한 영국의 옥스퍼드 운동은 앵글로-가톨릭주의의 주요한 신학적 원동력이었다. 이 운동의 지적 지도자들(존 헨리 뉴먼[John Henry Newman], 에드워드 퓨지[Edward Pusey], 존 키블[John Keble])은 "거룩하고 보편적이며 사도적인 교회"

---

13 Nevin, *The Mystical Presence*, 6.
14 머서스버그 신학의 성찬 중심성을 고려할 때, 이 운동이 매주 성찬식을 명시적으로 옹호하고 있지 않다는 사실은 놀랍다. 한 연구는 머서스버그의 성찬식에 대한 이해에 대해서 이렇게 말한다. "사실상 빈도수나 균형에 대한 문제에 관해서는 아무것도 기록되지 않았다." Jack Martin Maxwell, *Worship and Reformed Theology: The Liturgical Lessons of Mercersburg* (Eugene, OR: Pickwick, 2009), 388을 참조하라.

와 영국 국교회의 연속성을 주장하는 90권으로 구성된 시국 소책자(Tracts of the Times) 시리즈를 출간하기 시작했다.

실제로 그들은 영국 국교회가 본질적으로 가톨릭교회의 세 번째 분파이고, 다른 두 분파는 로마 교회와 정교회라고 주장했다.

소책자 운동가들(Tractarians)로 불렸던 그들은 성찬에서의 그리스도의 실재적 임재, 예식 자체를 통한 세례의 갱생, 감독 안수를 통한 사도직의 계승 등 성례전과 안수에 대한 매우 높은 수준의 신학을 장려했다.

네빈은 『소책자 34: 교회의 예식들과 관습』(Tract 34: Rites and Customs of the Church)에서 이러한 교리들은 성경에서 명시적으로 강조되지는 않았지만, 기독교의 초기 몇 세기까지 거슬러 올라가는 전통의 일부였다고 주장했다.

고린도전서 11장을 시작으로, 뉴먼은 바울이 머리 모양처럼 사소해 보일 수 있는 문제에 대한 것에서도 교회의 확립된 관습을 중요하게 여겼다는 것을 보여 주었다.

> 독자들 대부분이 교훈을 거의 얻을 수 없다고 무시하는 것이 거의 확실한 놀라운 본문(고전 11:2-16)을 생각해 보자. 바울은 여기서 남자는 머리를 짧게 해야 하고 여자는 예배 중에 머리를 가려야 하는 교회의 관습을 따르지 않는 사람들을 비난하고 있다. 그 관습은 그다지 중요하지 않은 것처럼 보이지만, 그가 보기에는 그리스도인들에게 엄격한 구속력이 있었다. 그는 그것이 그들에게 주었던 많은 규칙이나 전통(παραδόσεις) 중 하나이고 그들이 지켜야 할 의무가 있음을 암시하면서 시작한다.
>
> 그리고 여기서 원시 교회에서는 사용되었지만, 신약성경은 침묵하고 있는 많은 예식에 대해 우리가 다르게 느낄 수 있는 놀라움을 제거하고, 더 나아가 초기부터 우리에게 전해 내려오고 성경에 합당한 것에 순종하도록 명령

하기에 충분한 하나의 관점이 우리에게 즉시 열린다.[15]

뉴먼은 신약성경의 저자들이 초기 교회의 모든 의례 관습을 언급할 수는 없었겠지만, 성경에 기록되지 않았기 때문에 이러한 관습들이 덜 중요했다는 뜻은 아니라고 주장했다. 일부 중요한 관습은 단지 추론된다.

복음서들에 기록된 것처럼, 성찬이 본래 제정될 때는 빵과 포도주의 축성에 대한 언급이 없다. 그러나 고전 10:16에서 바울은 그것을 "우리가 축복하는 바 축복의 잔"이라고 부른다. 성경이 우리에게 제공하는 이 부수적인 정보는 우리로 성경에서 명확하게 언급되지는 않지만, 교회에서 보편적이었던 것으로 보이는 성례전과 관련된 초기 교회의 다른 관습을 무시하는 우리의 방식에 대해 신중하게 생각해 보도록 이끌어야 한다.[16]

뉴먼은 자신의 주장을 뒷받침하기 위해, 기록되지는 않았으나 따라야 하는 전통에 대한 증거로 바실리우스 같은 교부를 인용했다. 4세기에 활동한 바실리우스는 이렇게 주장한다.

성경에서 명하지 않은 관습을 하찮은 것으로 여겨 대체하고자 한다면, 우리는 복음의 진리에 가장 심각한 해를 끼치게 될 것이다. 아니, 진리를 이름뿐인 것으로 격하시키다.[17]

---

[15] "교회사를 읽는 독자들은 때때로 사도들의 글에 명확하게 표현되지 않지만, 초창기 교회에서 일반적으로 받아들인 의식과 관습(예를 들어, 세례식 때의 십자가 사용)을 발견하고 놀라게 된다." Newman, *Rites and Customs of the Church, Tracts for the Times 34.1*. https://en.wikisource.org/wiki/Tracts_for_the_Times/Tract_34, 2019년 8월 20일 접속.

[16] Newman, *Rites and Customs of the Church*, 34.3.

[17] Newman, *Rites and Customs of the Church*, 34.7, Basil, *On the Holy Spirit*, 66을 재인용.

결국, 뉴먼은 이렇게 결론짓는다.

> 그런 예식과 의식은… 미신적인 것과는 거리가 멀고, 그 원리는 성경에서 분명하게 승인되었고, 그 형태는 전통으로 교회에 전달되었다.[18]

교회의 관습에 대한 뉴먼의 변호는 가톨릭교회의 커다란 세 분파인 로마교회와 정교회, 성공회를 결합하는 보편적 관습을 찾으려는 옥스퍼드 운동의 관심을 잘 보여 준다. 그러나 소책자 운동가들이 초기 교회에서 공유되었던 전통들을 되찾았지만, 의례 행위의 세부 사항보다는 교회론과 신학에 더 큰 관심을 두었다.

앵글로-가톨릭 건축양식과 예술, 예식의 회복은 케임브리지를 중심으로 한 유사한 운동인 캠든케임브리지학회(Camden Cambridge Society)의 공로로 인정되어야 한다. 옥스퍼드 운동이 교부 자료에 의존했듯이, 캠든케임브리지학회가 기독교 예술의 정점으로서 고딕 건축양식에서 영감을 얻었다.[19]

물론 본 연구는 미국의 예배 모델의 발전에 관한 것이다. 옥스퍼드 운동과 캠든케임브리지학회가 대서양을 건너면서 개신교 성공회에서 하나의 광범위한 운동으로 합쳐지는 경우가 많았다. 미국에서 그 영향력은 점진적이었지만 널리 퍼졌다. 19세기 초, 성공회 교회들 대부분은 확실히 '저교회'(low church)였다. 성공회 신자들은 공식 기도서를 사용했지만, 성찬식은 분기별로 거행되었고, 성직자의 예복은 검소했고, 의식도 최대한 간소화했다.

---

[18] Newman, *Rites and Customs of the Church*, 34.7.
[19] 내가 제5장에서 주장했던 것처럼, 고딕 건축양식의 부흥은 미적 예배 모델에 영향을 끼치게 된다.

그러나 한 세기가 지나면서 옥스퍼드와 케임브리지 운동의 영향으로, 개신교 성공회 신학교들은 (고딕을 의미하는) 앵글로-가톨릭 예술과 건축양식, 의식 요소들을 점점 더 많이 채택했다. 이러한 신학교들에서 훈련받은 사제들은 그러한 관습을 지역 교회에 도입했지만, '로마주의'(Romanism)에 대한 논란과 의혹이 없던 것은 아니다.[20]

지금까지 논의된 것을 요약하면, 19세기의 복고주의 운동, 머서스버그 운동, 옥스퍼드 운동은 서로 달랐지만, 모두 초기 교회 역사에서 발견되는 근본적이고 보편적인 패턴에 기초하여 예배하고자 했다.

2. 20세기 가톨릭 전례 갱신

이 기간에 로마가톨릭교회는 되찾은 역사적 자료에 근거하여 공적 예배에 대한 자체적인 재평가 작업을 진행하고 있었다. 개신교도들, 심지어 당시의 가톨릭 신자들조차도 이것을 어렵게 여겼을 수도 있지만, 20세기 중반 이전에 가톨릭 미사에 참석했던 평신도는, 나와 아내가 바티칸 시국에서 그랬던 것처럼, 사제가 제단에서 무엇을 하든 그다지 주의를 기울이지 않아도 됐다.

전례는 회중 대부분이 이해하지 못하는 라틴어로 진행됐다. 로마가톨릭 사제들은 성찬식을 거행하는 매일 미사를 집전했다. 그리고 평신도는 매주 미사에 참석해야 했지만, 그렇다고 그들 대부분에게 빈번한 성찬을

---

[20] 일부 성공회 신자가 옥스퍼드 운동의 영향을 받아 실제로 로마가톨릭으로 개종했기 때문에 전혀 근거가 없던 것은 아니었다. 개인의 개종에 관한 이야기나 앵글로-가톨릭 신학과 실천을 향한 움직임이 초래한 논쟁에 대해 더 자세히 알고 싶으면, 한 예로, Clarence E. Walworth, *The Oxford Movement in America; or, Glimpses of Life in an Anglican Seminary* (New York, NY: Catholic Book Exchange, 1895)를 참조하라.

의미한 것은 아니었다. 가장 경건한 가톨릭 신자들만이 일 년에 몇 차례 성찬을 받았을 뿐이다.

평신도가 축성된 성체(성찬식의 빵)를 받는 경우, 거의 항상 미사 후나 미사 전에, 심지어는 미사 중에도 이전 미사에서 축성하고 남겨 둔 성체에서 받았다.[21] 신자들 대부분은 미사에서 앉거나 무릎을 꿇고 묵주 기도와 같은 개인적 신심 행위를 했다.

그러나 19세기 후반과 20세기 초반의 가톨릭과 개신교 전례학자들은 초기 교회의 증거를 재검토하기 시작했다. 그들은 초기 교회에서 신앙이 좋은 모든 그리스도인은 매주 일요일(주일) 성찬식에 참여했다는 사실을 발견했다. 평신도의 완전한 미사 참여와 관련된 많은 부분을 개정하도록 만든 고전 문헌은 160년경 로마에서 기록된 순교자 유스티누스(Justin Martyr)의 『변증서』(*Apology*)다.

> 그리고 일요일이라고 하는 날에는 도시나 시골에 사는 모든 사람이 한곳에 모여 시간이 허락하는 한 사도의 글이나 선지자의 글을 낭독합니다. 그런 다음 낭독자가 멈추면 수장은 말로 교훈하고 이러한 좋은 것들을 본받자고 권면합니다. 그 후에 우리가 다 함께 일어서서 기도하고, 앞서 말한 바와 같이 기도가 끝나면 떡과 포도주와 물을 가져오고 수장이 그 능력대로 기도와 감사를 드립니다.
>
> 그리고 백성은 아멘이라고 말하며 응답합니다. 그리고 각 사람에게 분배되는데, 참석한 사람들에게는 감사가 드려진 것이 나누어지고, 부재한 사람들에게는 부제를 통해 일부를 보냅니다.[22]

---

21 자세한 묘사를 위해서는 Bernard Botte, *From Silence to Participation: An Insider's View of Liturgical Renewal*, trans. John Sullivan (Washington, DC: The Pastoral Press, 1988), 2-3을 보라.

22 Trans. *Ante-Nicene Fathers*, vol. 1, https://www.ccel.org/ccel/schaff/anf01.viii.ii.lxvill.

표준 기독교 용어가 만들어지기 전에 기록된 유스티누스의 설명 중 일부는 현대 그리스도인들의 귀에 이상하게 들릴 수 있다. 예를 들어, "사도들의 회고록"은 복음서와 아마도 바울의 서신서를 의미했다. 이와 비슷하게 그는 구약성경을 "예언자들의 글"이라고 표현했다. 그러나 유스티누스는 『변증서』를 표면적으로는 불신자들을 위해서도 쓴 것이기 때문에 전문적 용어보다 설명적 용어를 사용해야 했다.

"수장" 또는 "주재자"는 교회의 지도자로 초기 교회에서는 아마도 "감독"이나 "장로"로 불렸을 것이다. 수장은 설교를 한 사람이었다. 그러나 유스티누스는 설교를 봉독한 성경 본문에 대한 "가르침" 또는 "권고"로 묘사했다.

주재자는 "힘닿는 데까지" 기도했는데, 아마도 즉흥 기도를 의미했을 것이다. 그러나 유스티누스는 다른 글에서 "인류를 위해 세상과 만물을 창조하시고, 악에서 우리를 구원하시고, 그분의 뜻에 따라 고통받으신 그분으로 인해 정사와 권세를 완전히 전복하신" 하나님께 감사하는 내용을 말했다.[23]

따라서 주재자는 책에 기록된 기도문을 읽지 않았고, 단순히 불쑥 만들어 내지도 않았다. 이에 더해 사실상 이 기도는 주재자만의 기도도 아니었다. 왜냐하면, 유스티누스는 회중이 "그렇게 하십시오"를 의미하는 "아멘"으로 응답한다고 강조했기 때문이다. 다른 말로, 회중은 지도자가 그들을 대신하여 기도한 내용에 구두로 동의함으로써 참여했다.[24]

---

[23] Justin Martyr, *Dialogue with Trypho 41*, trans. Ante-Nicene Fathers, vol. 1, https://www.ccel.org/ccel/schaff/anf01.viii.ii.lxvii.html?highlight=sunday#highlight, accessed July 1, 2010.

[24] 위의 일부 단락은 Sara Webb Phillips와 공저한 나의 책에서 발췌한 것이다. *In Spirit and Truth: United Methodist Worship for the Emerging Church*, second revised ed. (Maryville, TN: OSL Publications, 2008), 54-59.

이 간단한 글에서 가톨릭 전례 갱신 전례학자들은 2세기 중반 로마 예배의 기본적인 틀을 발견했다.

> 일요일에 모임
>
> 성경 봉독(구약과 신약성경)
>
> 주재자의 설교
>
> 회중 기도[25]
>
> 성찬식을 위한 빵과 포도주(와 물) 봉헌
>
> 주재자의 성찬 기도
>
> 사람들의 "아멘"
>
> 감사를 표한 음식 나눔

전반적으로 일부 전례 역사학자는 유스티누스가 "말씀"(봉독과 설교를 위한 모임)과 "식탁"(식사 준비, 축사, 함께 먹고 마심)이라는 두 부분으로 구성되고, 회중 기도가 이 두 개의 중심 행위들을 가운데서 이어 주는 매크로 패턴을 설명했던 것이라고 말한다.[26]

유스티누스의 기본적인 예배 순서는 초기 교회 학자들에게 오랫동안 알려져 있었지만, 오랫동안 잊혔던 다른 기독교 예배 문헌들의 재발견은 전례 갱신의 불을 더욱 지폈다. 가장 중요한 것은 학자들이 3세기 초 로마의 주교였던 히폴리투스의 『사도전승』이라고 밝혀낸, 잘 알려지지 않

---

[25] 이전 단락에서 유스티누스는 회중 기도가 평화의 입맞춤을 나누는 것으로 마무리된다고도 말한다. 『변증서』 65를 보라. "[도고] 기도를 마친 후 우리는 서로에게 입맞춤으로 인사합니다."

[26] 말씀과 식탁 매크로 패턴에 대한 고전적 설명은 1945년에 처음 출판된 Gregory Dix의 *The shape of the Liturgy*(current edition New York, NY: Bloomsbury T & T Clarke, 2015), 36-47을 참조하라. Dix는 "말씀 예식"을 "모임"을 뜻하는 그리스어 시낵시스(Synaxis)라고 부르면서 유대인 회당 예배의 기독교적 형태였다고 주장한다.

았던 교전집의 발견이었다.[27]

일단 그 연관성이 만들어지자, 학자들은 그들이 3세기 초기의 매우 오래된 성직 서임 기도문과 로마 세례 예전의 상세한 순서를 담은 믿을 만한 문헌을 갖게 되었다고 생각했다. 주교를 위한 서임식은 성찬식과 특히 성찬 빵과 포도주를 위한 긴 감사의 기도를 포함하고 있다.

그리고 그가 주교가 되면 모두가 평화의 입맞춤으로 그에게 인사하도록 하십시오. 그리고 부제들로 그에게 봉헌물을 가져오게 하십시오. 그리고 그가 장로들과 함께 봉헌물에 손을 얹을 때, 감사의 기도를 하도록 하십시오.

주님께서 여러분 모두와 함께 [하십니다].
그리고 모든 사람이 말하게 하십시오.
당신의 영과 함께.
그리고 그가 말합니다.
[여러분의] 마음을 드높여
그리고 사람들이 말합니다.
주님께 [그것들을] 드립니다.
그리고 그가 다시 말합니다.
주님께 감사합시다.
그리고 사람들이 말합니다.
그것이 합당하고 옳습니다.[28]

---

27 이 교전집과 히폴리투스, 심지어 『사도전승』이라는 제목 사이의 연관성에 대해 최근 많은 전례 역사학자들은 의문을 제기하고 있다. Paul F. Bradshaw, Maxwell E. Johnson, and L. Edward Phillips, *The Apostolic Tradition* (Minneapolis, MN: Augsburg Fortress, 2002), 1–15을 보라.

28 Paul F. Bradshaw, et al., *The Apostolic Tradition*, 38, 40에 있는 번역문으로, 설명을 위해 일부 수정함.

지금까지 이 전례의 대략적인 순서는 다음과 같다.

> 평화의 입맞춤
> 성찬을 위한 빵과 포도주 봉헌
> 새로 임명된 주교와 회중 사이의 세 부분으로 구성된 요청과 응답에서 주교의 감사를 드릴 것에 대한 요구

요청과 응답 후에, 『사도전승』은 성찬을 위한 기도로 이어진다.

> 하나님, 당신의 사랑하는 자식(child)[29] 예수 그리스도를 통해 당신께 감사를 드립니다. 그분은 마지막 때에 당신께서 당신의 뜻에 따라 구원자와 구속자와 천사로 우리에게 보내신 분이고, 당신의 떼어 놓을 수 없는 말씀으로, 당신은 그분을 통해 만물을 지으시고 기뻐하셨습니다.
> 그분은 당신께서 하늘에서 처녀의 태로 보내어 잉태되게 하셨고, 성육신하여 성령과 처녀에게서 태어난 당신의 아들로 나타내셨습니다.
> 그분은 당신의 뜻을 이루시고 당신을 위해 고통받으실 때 [그분의] 손을 뻗어 거룩한 백성을 얻으셨고, 당신을 믿는 자들을 고통에서 해방하셨습니다. 그분이 자발적 고난으로 넘겨지셨을 때, 죽음을 멸하시고 마귀의 결박을 끊으시고 지옥을 짓밟고 의인에게 조명하셨습니다. 그리고 한계를 정하시고 부활을 나타내셨습니다. 빵을 가지고 여러분에게 주시며 말씀하셨습니다.
> "받아서 먹으라. 이것은 너희를 위해 부서질 내 몸이라."
> 마찬가지로 잔을 주시며 말씀하셨습니다.

---

29 예수 그리스도를 지칭할 때 '아들'(son) 대신 '자식'(child, 또는 라틴어로는 '종'으로 번역될 수 있음)이라는 단어를 사용한 것은 이 기도가 아주 오래된 것임을 나타낸다. '예수'에 대한 수식어로 '자식'을 사용한 예가 2세기에는 더러 나타나지만, 3세기 이후에는 나오지 않는다.

"이것은 너희를 위하여 흘리는 나의 피라. 이것을 행할 때 나를 기억하라."
따라서 우리는 그분의 죽음과 부활을 기억하고, 우리를 당신 앞에 서서 당신을 섬기기에 합당하다고 여겨 주신 당신께 감사하며 빵과 잔을 바칩니다. 그리고 우리는 [당신의] 거룩한 교회의 봉헌물에 당신의 성령을 보내 주시고, 진리에 대한 믿음이 강해지기 위해 성령의 충만함으로 거룩한 것에 [참여하는] 모든 이를 하나로 모아 주시고, 당신의 자식 예수 그리스도를 통해 당신께 찬양과 영광을 돌리며, 그분을 통해 아버지와 아들과 성령이신 당신께 영광과 존귀를 이제와 영원히 당신의 거룩한 교회에서 돌릴 수 있기를 간구합니다. 아멘.[30]

『사도전승』은 주교가 이러한 말들을 있는 그대로 사용하도록 의도하지는 않았을 것이다. 나중에 나오는 단락(『사도전승』 9장)은 감사 기도가 '정통적'이라면 즉흥적으로도 드려질 수도 있다고 말한다. 그러나 역사학자들은 이 기도에서 익숙한 요소들과 순서에 주목했다.

순서	참조를 위한 전문용어
개회 요청과 응답	시작 인사
감사 기도	감사
최후의 만찬에 대한 설명	제정사
예수의 구원 사역을 기억하는 진술	아남네시스
봉헌에 대한 진술	성찬 봉헌
성령 강림을 위한 기도	에피클레시스
삼위일체적 송영	송영
(회중의) 아멘	아멘

---

[30] Bradshaw, Johnson, and Phillips, *The Apostolic Tradition*, 38, 40에 있는 번역문으로, 설명을 위해 일부 수정함.

4세기 이후 거의 모든 성찬 기도에는 이런 요소들이 같은 순서로 배치되어 있다.³¹

4세기부터 성찬 기도는 "거룩하다, 거룩하다, 거룩하다"(상투스[*Sanctus*])라는 성경적 환호와 세상을 위한 도고 기도를 포함하도록 더욱 확장되었다. 얼마 지나지 않아 서방 예식에서는 성찬 기도 다음에 주기도문 등이 추가되었다. 말씀과 식탁 예식의 구조는 점진적으로 진화했고, 지방과 지역에 따라 달랐다.

그래도 전례 역사학자들은 초기 교회의 예배 생활에 대해 점점 더 명확한 그림을 갖게 되었다. 지역적 차이에 너무 집중하지 않는 한, 그들은 놀라울 정도의 일관성을 발견했다. 아주 흥분되는 발견이었다.

로마가톨릭 전례 갱신의 정점은 1960년대 초 교황 요한 23세가 소집한 제2차 바티칸 공의회였다. 가톨릭 전례 학자들과 신학자들은 이미 수십 년 동안 개혁을 준비하고 있었다. 그 결과로 바티칸 공의회가 만든 첫 번째 문서는 『거룩한 공의회』(*Sacrosanctum Concillium*, 영어로는 『거룩한 전례에 관한 헌장』[*The Constitution on the Sacred Liturgy*])이었는데, 이것은 전 세계적으로 가톨릭 전례에 변화를 가져왔다.³²

『거룩한 전례에 관한 헌장』은 그 일을 "개혁"이라고 부르기는 하지만, 교회의 오랜 역사에서 잊혀 왔던 중요한 예시들을 평신도 참여에 관심을 기울이며 다시 사용하기를 바란다는 의미에서 "회복"이라는 단어를 더 선호한다.³³

---

31 W. J. Grisbrooke, "Anaphora," in *A New Dictionary of Liturgy and Worship*, ed. J. Grodon Davies (London: SC Press, 1986), 10-17.
32 영어 번역본, http://www.documentacatholicaomnia.eu/03d/1963-12-04_Concilium_Vaticanum_II,_Constitutio_%27Sacrosantum_Conciluim%27,_EN.pdf, accessed October 14, 2019.
33 우리는 이것이 Alexander Campbell과 복고주의자들의 우려를 의도치 않게 반영하고 있다는 점에 주목할 수 있다.

『거룩한 전례에 관한 헌장』으로 16세기 종교개혁 당시에 트리엔트 공의회가 확립한 라틴 예식은 초기 교회의 선례에 따라 복원될 수 있었다.

오랜 관행을 깨고 개혁된 라틴어 예식은 세계의 여러 언어로 번역됨으로써 신자들이 전례를 이해하고 좀 더 능동적으로 참여할 수 있게 되었다. 이에 더해, 가톨릭 평신도는 보관된 성체만이 아니라 실제 미사 중에도 성체를 받기 시작했고, 빵만 아니라 잔도 받는 것이 널리 허용되었는데, 트리엔트 전례는 허용하지 않던 것이었다. 많은 분량의 성경 봉독과 설교를 포함한 완전한 말씀 예식이 정규 일요일 미사에서 회복되면서, 미사는 말씀과 식탁 예식이 되었다.

3. 개신교 교회에서의 가톨릭 전례 갱신

16세기 트리엔트 공의회 직후에 확립된 이전의 로마 예식은 450년이 넘도록 거의 변경되지 않고 지속되었다. 그러나 로마 교회가 예배를 바꿀 수 있었다면, 개신교가 못할 이유는 무엇인가. 20세기 중반쯤에 이미 개신교 예배학자들은 제2차 세계대전 이후 에큐메니컬 운동(즉, 세계교회협의회[World Council of Churches])의 파도를 탔다. 그들은 가톨릭 전례 갱신에 관한 로마가톨릭, 동방정교, 앵글로-가톨릭 역사학자들의 저작물을 읽고 초기 기독교 예전 신학과 실천에 대한 새로운 합의를 중요하게 여기기 시작했다.

개신교 진영에서 가톨릭 전례 갱신의 정점은 1982년 세계교회협의회에서 승인한 『세례, 성찬, 직제』(Baptism, Eucharist and Ministry - BEM) 문서이다.[34] 분열된 교회들은 그들이 추구하는 가시적 일치를 이루기 위해서, 세

---

34 1948년에 설립된 WCC는 "성경에 따라 주 예수 그리스도를 하나님과 구주로 고백하

계교회협의회와 함께 일하는 신학자들은 세례, 성찬, 직제의 신학과 실천에 대한 기본적인 합의문을 제안했다.

BEM은 문화 및 교단의 차이들을 인정하면서도 예수 그리스도의 우주적이고 보편적인 주권이라는 원리에 근거한 '텔로스'의 근본적 일치를 제안했다. 예를 들어, 성찬에 관한 진술은 다음과 같다.

> 성찬은 교회가 온 피조물을 대신하여 말하는 위대한 찬미의 제사다. 하나님께서 화해하신 세상이 모든 성찬식에, 즉 빵과 포도주, 신자들이 자기 자신과 모든 사람을 위해 드리는 기도에 현존하기 때문이다. 그리스도께서는 신자들을 당신 자신과 연합시키시고 그들의 기도를 당신 자신의 중보 안에 포함하여 신자들이 변화되고 그들의 기도가 받아들여지도록 하신다.
>
> 이 찬양의 희생은 오직 그리스도를 통해서만 가능하며 그분과 함께, 그리고 그분 안에서만 가능하다. 땅과 인간 노동의 열매인 빵과 포도주는 믿음과 감사함으로 아버지께 바쳐진다. 따라서 성찬식은 세상이 되어야 할 것, 즉 창조주를 향한 찬양의 제물과 찬송, 그리스도의 몸 안에서 이루어지는 보편적 친교, 성령 안에서의 정의와 사랑과 평화의 왕국을 의미한다.[35]

고, 따라서 한 분 하나님이신 아버지와 아들과 성령의 영광을 위한 공동의 소명을 함께 성취하고자 노력하는 교회들의 교제이다." WCC의 목표는 설립 이래로 다양한 기독교 교회들 사이에서 공동의 증언과 사명을 가로막는 모든 장벽을 극복하는 것이었다. "[WCC]는 예배와 그리스도 안에서의 공동의 삶으로 표현되는 하나의 신앙과 하나의 성찬적 교제 안에서 가시적인 일치를 이루어가는 교회들의 공동체이다. 예수께서 제자들을 위해 '세상으로 믿게 하옵소서'(요 17:21)라고 기도하신 것처럼 이러한 일치를 향해 나아가고자 한다." "What Is the World Councilof Churches?" at https://www.oikoumene.org/en/about-us, 2019년 8월 11일 접속. BEM 문서는 WCC 초창기에 만들어진 신앙과 직제 시리즈 중 111째 문서이다.

[35] *Baptism, Eucharist and Ministry, Faith and Order Paper*, no. 111 (Geneva: The World Council of Churches), "Eucharist," par. 4. https://www.anglicancommunion.org/media/102580/lima_document.pdf, 2019년 8월 8일 접속.

이러한 에큐메니컬 사역의 결과는 적어도 공식 문헌에서는 예배 형태의 놀라운 에큐메니컬 수렴을 이루어 냈다.[36]

개신교 전례 학자들 사이에서 가톨릭 전례 갱신은 예배에 대한 개신교의 접근법을 지배하게 되었던 주관적 접근법보다 예배에 대한 더 깊은 열망을 표현했다. 개신교 개혁자들은 존재론적 깊이가 있는 예배를 열망했다. 이전 장들에서 설명했듯이, 미적 예배 모델은 실재적 깊이를 위해 미학적 경험을 추구했다. 오순절 모델은 성령을 감정적으로 체험하는 것에서 이러한 깊이를 찾았다.

가톨릭 전례 갱신 모델에서 그 '실재적인 것'은 고대 교회의 역사적 전례 전통과 본질적 연속성을 지닌 그리스도의 보편적 몸이다. 이것은 '로마가톨릭'이라는 명칭의 의미가 분명해지고 종교개혁을 촉발한 문제들이 명백해지기 오래전에 형성된 교회다.

그러나 갱신이 일요일 전례에만 초점을 맞춘 것은 아니었다. 『거룩한 전례에 관한 헌장』은 미사 외에도 기독교 입회 예식(세례, 견진, 첫 번째 성찬), 매일 기도 전례, 교회력의 회복도 요구했다. 개신교 개혁자들은 이것을 따라 자신들의 공식 예배서에서 세례와 교회력에 대한 교부들의 관습을 되살리기 시작했다.

따라서 가톨릭 전례 갱신은 일요일 예배에 대한 개혁일 뿐 아니라, 교회론, 즉 교회의 본질과 목적, 의미의 신학을 근본적으로 개혁하는 것이었다. 가톨릭 전례 갱신의 논리적 근거는 교회가 단순히 세상에서 하나님의 목적을 성취하는 도구는 아니라는 이해이다. 오히려 교회는 그리스도의 몸으로, "하나님의 궁극적 목적 그 자체의 표현"이다.[37]

---

36 Max Thurian and Geoffrey Wainwright, *Baptism and Eucharist Ecumenical Convergence in Celebration* (Grand Rapids, MI: Eerdmans, 117).

37 Simon Chan, *Liturgical Theology: The Church as Worshiping Community* (Grand Rapids, MI: IVP Academic, 2006), 63.

요컨대, 창조물은 하나님의 목적이 창조 세계 안에 있는 그리스도의 몸인 교회로 실현되는 극장이다. 그리스도의 몸으로서의 교회는 단순히 메타포가 아니다. 이것은 오히려 존재론적 실재로, 인간은 세례를 통해 그 안으로 초대된다.

이러한 교회론에서, 예배는 주로 공동의 과제에 참여하는 그리스도인들 개개인의 표현적 작업이 아니다. 오히려 예배하는 것은 영생을 통해 존재하는 그리스도의 몸의 우주적 전례에 참여하는 것이다. 회중은 예배가 일어나도록 만들지 않는다. 도리어 그들은 천사들과 성도들 사이에서 이미 일어나고 있는 일에 동참한다. 본 장의 서두에 있는 인용문을 참고하라.

> 그러므로 우리가 이 땅의 주의 백성들과 하늘의 천사들과 함께 주님의 이름을 높여 영원히 찬미합니다.

4. 가톨릭 전례 갱신/말씀과 식탁 패턴의 텔로스와 에토스

주일예배와 관련하여, 가톨릭 전례 갱신은 대략 다음과 같이 요약될 수 있다.

> 로마가톨릭은 성경과 설교, 평신도의 매주 성찬을 재발견했다.
> 개신교는 매주 성찬을 주일예배의 필수 요소로 재발견했다.
> 로마가톨릭과 개신교는 모두 평신도가 그리스도의 몸 안에서 능동적으로 참여하는 것을 권리와 의무로 여기는 교부의 성찬식 원칙을 재발견했다.[38]

---

38 『거룩한 전례에 관한 헌장』은 대담하게 선언했다. "어머니인 교회는 모든 신자가 전

초기 교회의 관행을 따르는 이 모델의 특징은 다음과 같이 요약될 수 있다.

[순교자 유스티누스의 순서를 따르는 예배 순서]

많은 분량의 성경 봉독과 연관된 매주 설교

세상을 위한 회중의 도고 기도

온전한 주일예배에 필수적인 주의 만찬

역사적 패턴을 따르는 표준 성찬 기도

평신도의 매주 성찬

이 패턴의 '텔로스'는 가톨릭 예배, 즉 교회가 오랜 시간 동안 존재해 온 것처럼 그리스도의 우주적 몸에 참여하는 것이다. '에토스'는 고전적/전통적/역사적 순서를 지역 공동체의 예배에서 구현하는 것이다. 말씀과 식탁 모델의 큰 장점은 이탈리아에서의 나와 아내처럼 그리스도인들이 시간과 지역에 관계 없이 공통된 전례 패턴에 참여할 수 있다는 점이다.

가톨릭 예배자는 전 세계 어느 가톨릭교회에서 예배하든 편안함을 느낄 수 있다. 사라가 성 바울 대성당에서 경험한 것처럼 말이다. 이 모델에서 그리스도인은 언어나 음악, 예술이 지역적일지라도 보편적 패턴을 인식할 수 있다.

또한, 가톨릭 '에토스'는 회중이 보편적 교회와 함께 예배에 참여할 수 있도록 하는 예술과 음악, 건축양식 등, 문화적 다양성을 기꺼이 받아들인다. 전례의 중심 패턴은 보편적이고 기초적이지만, 이 패턴은 특정하고

례 거행에 완전히 의식적이고 능동적인 참여를 하도록 인도되기를 간절히 바란다. 그러한 참여는 전례 자체의 본질에서 요구되는 것이다"(14). 개신교 전례 개혁가들은 이 열망을 전적으로 수용했다.

지역적인 공동체들에서만 나타날 수 있다. 각각의 지역 공동체는 그들만의 문화와 언어, 예술로 하나님을 보편적으로 찬양한다.

문화적 위치는 사소한 것(부흥 운동, 교회학교, 미적 패턴들의 경우에서처럼 취향이나 유용성의 문제)이 아니라 지역 교회가 그들의 모국어와 예술, 음악으로 하나님을 보편적으로 찬양하게 하는 필수적인 방식이다.[39]

가톨릭 전례 갱신 모델은 『공동기도서』나 『로마 미사 경본』 같은 인쇄된 문서와 관련된다. 그렇지만 실제로는 각 예배를 위해 특별히 만들어진 인쇄된 기도문과 응답문을 사용하는 창의적 예배나 전통적 예배에 비해 인쇄된 문서에 대한 강조는 훨씬 덜하다.

가톨릭 전례 갱신 모델에서, 예배의 일상적 기도와 몸짓에는 그들이 외울 수 있게 지속성이 있다. 말씀과 식탁 모델의 중심은 단지 읽히는 글이 아니라 완전히 행해져야 하는 패턴이기 때문이다. 그 패턴은 존 네빈이 제안했듯이 성육신하신 하나님의 아들, 예수 그리스도이시다. 그분 안에서 교회는 그분의 몸의 지체들로서 참여한다. 세계교회협의회의 『세례, 성찬, 직제』는 성찬과 관련하여 이렇게 서술한다.

> 그리스도께서는 성찬 안에서 우리가 그분과 함께 살고 그분과 함께 고난을 받으며 의롭게 된 죄인으로서 그분을 통해 기도할 수 있는 능력을 우리에게 부여하여 기쁘고 값없이 그분의 뜻을 성취하도록 하신다.[40]

---

39 예를 들어, "'What We Have Seen and Heard.' A Pastoral Letter on Evangelization from the Black Bishops of the United States" (Congers, NY: St. Anthony Messenger Press, 1984), 30-32에서, 음악, 설교, 신체적 표현, 복장, 건축양식 등 풍부한 흑인 문화유산의 통합에 대해 흑인 가톨릭교도를 대상으로 한 전례 사목 지침을 참조하라.

40 *Baptism, Eucharist and Ministry, Faith and Order Paper*, no. 111 (Geneva: The World Council of Churches), "Eucharist," par. 4. https://www.anglicancommunion.org/media/102580/lima_document.pdf, 2019년 8월 8일 접속.

회중이 살아 계신 그리스도 안에서의 참여로서 말씀과 식탁 예전에 참여할 때, 목사들과 예배 인도자들은 개인적 차원에서 예전이 '의미하는' 것보다 이러한 말들을 기도하고 이러한 몸짓을 재연하는 것이 이 회중에게 무엇을 '행하는지에' 초점을 더 맞춘다.

예배자가 언제 무엇을 어떻게 생각하거나 무엇을 느낄지 상관없이, 기독교 예배가 시간과 공간을 통해 회중을 그리스도의 몸과 진정으로 연합시킨다면, 예배는 책 속의 단어들 그 이상이다. 오히려 예배는 기도할 때 그리스도의 우주적 몸이 지역적으로 성육신하는 것이다.

5. 가톨릭 전례 갱신/말씀과 식탁 패턴에 대한 평가

본 장의 마지막 부분에 있는 도표는 여러 교단에서 전례 예식이 수렴되고 있음을 보여 준다. 그러나 나는 이것이 공식 전례서들에 명시된 모델이라는 점을 다시 한번 강조하고 싶다. 지역 개신교들의 관행은 이전 장들에서 이미 보았듯이 매우 다르다.

개신교에서 예배 갱신에 앞장서는 사람들은 상태가 안 좋은 다른 패턴들을 비판하는 기준으로 말씀과 식탁이라는 이상적 모델을 제안하곤 했다.

그러나 가상의 4세기 교회가 예배하는 모습을 묘사하고, 그 예배를 다른 패턴들의 터무니없는 요소들, 예를 들어, 엔터테인먼트로 가득 찬 구도자 예배, 제대로 실행되지 않은 창의적 예배, 엘리트주의적이고 딱딱한 미적 예배, 또는 냉소적으로 인도되고, 감정적으로 조작되는 오순절 "번영 교회"를 평가하는 기준으로 삼는 것은 솔직하지 못한 일이다.

다시 말해, 전례 개혁가들은 말씀과 식탁이라는 허구적이고 아주 오래된 이상을 사용하여 다른 모델들의 가장 나쁜 점을 혹평하는 잘못을 저질

렀다. 더욱이 최근의 역사적 연구는 고대 교회의 근본적이며 보편적인 예식이라는 개념 자체가 의심스럽다고 말한다.[41]

그러나 우리가 그러한 패턴을 확립할 수 있다 하더라도, 21세기를 사는 그리스도인들이 3~4세기의 관습을 받아들여야 한다고 당연하게 생각하는 까닭은 무엇인가?

우리는 4세기 그리스도인들이 아니다. 두 가지 명백한 예를 들자면, 우리는 4세기 사람들처럼 노예제도와 성 역할을 이해하지 않는다. 성인 세례 후보자들에게 알몸으로 세례반에 들어가도록 요구했던 것과 같은 일부 초기 전례 관행은 현대 그리스도인들에게 상황적으로 더 이상 적절하지 않을 것이다.

때때로 교단 지도자들은 교단 본부의 또 다른 상의하달식 규정으로 말씀과 식탁 모델을 강요하다시피 했다. 교회들은 교단의 예배서를 통해 그 모델을 받아들였기 때문에, 실제로 말씀과 식탁은 교인용 찬송가집에 인쇄된 아름다운 기도문과 같은 미적 예배의 또 다른 반복이 되는데 그칠 수 있다.

이러한 일은 교회의 공식적이고 출판된 전례가 재연되어야 하는 기도와 찬양의 의례보다는 읽어야 하는 글로 취급될 때 일어난다. 실제로 개신교도늘 대부분은 선례를 보편적 교회의 역사적 형대라기보다는 책이나 주보에 실린 인쇄된 문서로 여기는 것 같다.

또 다른 문제는 가톨릭 전례 갱신/말씀과 식탁 모델은 그 기초가 되는 존재론적 교회론 없이는 온전히 실행될 수 없다는 것이다. 대형교회에서 말씀과 식탁 예배를 메뉴에서 선택할 수 있는 것으로 제공하는 것은 이러한 교회론을 전복시킨다.

---

41 예를 들어, Paul F. Bradshaw, *The Search for the Origins of Christian Worship* (Oxford, UK: Oxford University Press, 1992)을 보라.

말씀과 식탁은 여러 모델 가운데서 선택하는 하나의 모델이 아니다. 그것은 하나의 거룩하고 보편적이며 사도적인 교회의 기초를 이루는 전례다. 말씀과 식탁 패러다임의 관점에서 볼 때, 한 교회가 말씀이나 식탁 중 하나를 생략한다면, 그들은 교회의 깊은 전통에서 벗어난 것이다.

그러나 많은 개신교 성직자들과 평신도들은 말씀과 식탁을 주일예배의 기초적이고 본질적인 패턴으로 이해하지 않기 때문에, 대부분 사람은 말씀과 식탁을 많은 것 중에서 '선택'할 수 있는 한 가지로 단순하게 이해한다.

예를 들어, 1989년까지 많은 감리교회는 찬송가집에 실린 표준 예배 순서를 느슨하게 따랐다. 그 순서는 찬송, 기도, 대표 기도, 성경 봉독, 설교로 구성되었다. 즉, 설교 예배였다. 감리교도들은 주의 만찬을 분기별로, 아니면 기껏해야 한 달에 한 번 거행했다. 그리고 그들이 성찬식을 거행할 때는 이러한 설교 예배의 끝에 주의 만찬 의례를 추가했다.

그러나 1989년 판 『연합감리교 찬송가집』에서는 말씀과 식탁이 주일예배의 표준 순서다. 교회가 실제로 주의 만찬을 하지 않는다면, 필수적인 것이 빠진 것이다.

이것은 매우 중요한 개념적 변화이지만, 연합감리교의 목사들과 평신도들 대부분은 이러한 변화의 중요성을 이해하지 못했다. 그 결과 감리교도들은 여전히 주의 만찬을 설교 예배에 때때로 추가되는 것으로 생각한다. 그러나 이것은 말씀과 식탁 패러다임이 근본적으로 작동하는 방식을 전복시킨다.

마지막으로, 말씀과 식탁 모델의 가장 힘든 과제는 "전례 자체의 본질에서 요구하는, 전례 거행에 완전히 의식적이고 능동적으로 참여"해야 한다는 필요조건이다. 부흥 운동이나 교회학교, 미적 패턴과는 달리, 말씀과 식탁 패턴은 예배자들이 그리스도의 몸과의 연합을 표현하길 갈망하는 능동적인 세례받은 그리스도인들임을 전제한다.

현대의 가정교회 패턴조차도 상호 관계에 대한 헌신만 깊다면, 그리스도의 보편적 몸에 의식적으로 깊이 참여하는 것을 가정하지 않는다. 여러 면에서, 가톨릭 전례 갱신/말씀과 식탁 모델은 하나님의 임재라는 초월적 실재에 마음과 생각과 몸을 온전히 바치는 참여 방식이라는 점에서 오순절 모델에 더 가깝다.

말씀과 식탁 예배에 완전히 참여하기 위해서는 상당한 영적 훈련이 필요하다. 그래서 말씀과 식탁 모델은 적절한 종교 훈련을 전제한다. 구도자 예배나 창의적 예배와는 달리, 예배자는 말씀과 식탁에 참여하는 방법을 알고 있어야 한다. 이는 말씀과 식탁 모델이 종교적 구도자를 위한 교회의 봉사 활동으로 기능할 수 없다는 것을 뜻한다. 말씀과 식탁은 이미 헌신하고 세례받은 신자들을 위한 것이기 때문이다.

이러한 문제들에도 불구하고, 가톨릭 전례 갱신/말씀과 식탁 패턴은 교회들이 물을 마시기 위해 계속해서 찾아가는 우물이다.

오늘날 우리는 구도자 교회가 사순절을 지키기 시작하고, 오순절 교회가 방언으로 노래하는 것이 고대의 전례 성가와 별반 다르지 않다는 것을 발견하고, 가정교회가 성찬식 중심의 만찬 교회가 되는 것을 목격한다.

19세기의 알렉산더 캠벨, 존 윌리엄슨 네빈, 존 헨리 뉴먼의 간증에서 봤듯이, 오늘날 일부 개신교도는 자의적이거나 주관적이지 않은 예배를 찾기 위해 성경적이고 교부적인 교회로 계속해서 되돌아간다.

그렇지만 말씀과 식탁 패턴만으로는 교회의 전도, 종교 교육, 경건 훈련, 창의적 예술, 또는 대인 관계 정서적 지원을 위한 유일한 장소가 될 수 없다. 활기찬 교회가 그리스도의 진정한 제자를 만들려면, 일주일에 한 번 예배를 위해 모이는 것 이상의 일을 해야 한다.

"완전히 능동적이고, 의식적인 참여"가 있다고 하더라도, 말씀과 식탁 패턴만으로는 예수님의 경건한 제자들이 자동으로 형성되지 못한다. 그렇지 않다면, 앵글로-가톨릭교도들 대부분은 침례교도들 대부분보다 더 나은 그리스도인들이 되었을 것이다. 그러나 그것은 사실이 아닌 게 분명한 것 같다.

제8장 가톨릭 모델 291

[도표: 말씀과 식탁의 에큐메니컬 수렴]

『공동예배서』(Book of Common Worship) (정교)	『루터교 예배서』(Lutheran Book of Worship)	『연합감리교 찬송가집』(The United Methodist Hymnal)	미사 순서 (로마 예식)
예배로의 부름	입당송	인사	입당송
오늘의 기도	인사	찬송 (또는 인사 전)	인사
찬양의 찬송	기리에(자비송)	시작 기도	참회 의식
고백과 용서	찬양의 찬송	찬양의 행위	기리에(자비송)
평화의 인사	오늘의 기도	조명을 위한 기도	글로리아 인 엑셀시스(대영광송) (찬양의 찬송)
찬송 (더 많은 찬양)	첫 번째 일과	성경 일과	시작 기도
조명을 위한 기도	시편	시편	첫 번째 일과
첫 번째 봉독	두 번째 일과	성경 일과	시편
시편	복음 환호송	찬송	두 번째 일과
두 번째 봉독	복음서 일과	복음서 일과	복음 환호송
성가	설교	설교	복음서 일과
복음서 봉독	찬송	응답 (신조나 다른 행위)	설교
설교	신조	염려와 기도	신앙고백
초대	회중 기도	초대	조명을 위한 기도
찬송	평화의 인사	고백과 용서	봉헌 (빵, 포도주, 다른 예물)
신앙고백	봉헌	평화의 인사	식탁/기도 준비
회중 기도	봉헌 기도	봉헌	대감사
[위에서 하지 않았다면, 평화의 인사]	대감사	대감사	주기도
봉헌	주기도	주기도	평화의 엠
초대	빵을 뗌	빵을 뗌	성찬
대감사	성찬	성찬	성찬
주기도	찬송	성찬 후 감사	성찬 후 찬송
빵을 뗌	기도	찬송	성찬 후 기도
성찬	침묵	축복으로 보냄	축복
[성찬 후 기도]	축복과 보냄		보냄
찬송			[퇴장 행렬 찬송]
명령과 축복			

제9장

융합 예배
예전 순서에서의 일치와 불일치

> 많은 교회가 묻습니다.
> "전례로 우리의 빈약함과 무력함을 도울 수는 없습니까?"
> 만일 전례가 사람들을 기쁘게 한다면, 현수막을 집에 거는 것보다 전례를 더 반대하지 않습니다. 그렇다고 전례가 없어서는 안 되는 도구라고 생각하지는 않습니다. … 전례와 회중주의를 조합하는 것은 잘 어울리지 않는 이질적인 요소들을 섞는 것과 같습니다. 그것은 낡은 옷에 덧댄 헝겊 조각입니다. 둘 중 하나가 찢어지면 별반 차이가 없어집니다. 구멍이 생깁니다.
>
> - 헨리 워드 비처(Henry Ward Beecher)[1]

목사는 새로 구성된 예배위원회의 첫 번째 회의를 소집했다. 그는 교인들의 인구통계학적 다양성을 대표할 수 있는 위원들을 신중하게 선정했다. 구세대와 신세대, 오랫동안 출석한 교인 한 명과 새로운 교인 두 명, 분명한 복음주의적 관점을 가진 교인 한 명과 진보적 성향의 두 사람이다.

---

1 Henry Ward Beecher, *Lectures on Preaching*, second series (London: T. Nelson and Scons, 1874), 71.

"이 위원회에서 섬기기로 동의해주셔서 감사합니다. 모두 아시다시피, 우리 교회 지도부는 교인들을 대상으로 설문조사를 실시했고, 교인 절반 이상이 우리의 예배에 그리 만족하지 않는다는 것을 발견했습니다. 평신도대표위원회는 회중의 필요와 관련하여 가지 변화가 필요하다고 제안합니다. 우리의 임무는 개선할 점들을 제안하는 것입니다. 떠오르는 생각들이 있으면 나눠 봅시다."
한 남성이 말한다.
"쇼핑몰이 있던 곳에서 시작한 새 교회가 무섭게 성장하고 있습니다. 그 교회 목사는 가운을 입지 않아요. 우리도 덜 딱딱해질 필요가 있을 것 같습니다."
성가대원인 사람이 말한다.
"가운을 입지 않게 되면 성가대 절반을 잃게 될 겁니다. 그들은 평상복 차림으로 줄지어 걷는 것을 좋아하지 않을 거예요."
한 중년의 남성이 말한다.
"주일마다 오르간 음악 대신에 찬양 밴드를 두면 좋겠습니다. 젊은이들은 라디오에서 듣는 현대 기독교 음악을 좋아합니다. 어쩌면 성가대도 한 번 시도해 볼 수 있을 것 같은데…"
위원회에 소속된 십 대 청소년이 그 남성의 말을 잘랐다.
"솔직히 전 교회에서 그런 음악을 부르려고 할 때 당혹스러워요. 그런 건 제가 원하는 게 아니거든요."
다른 제안들이 무작위로 이어진다.
"매주 주일마다 성찬식을 할 수 있나요?"
"그렇게 한다면, 타성에 젖지 않도록 약간의 변화를 줄 수 없을까요?"
"기도 제목을 나누는 시간이 있으면 좋겠습니다."
"그 주에 생일을 맞은 모든 사람에게 손을 들어 달라고 부탁하고, 모두 '생일 축하' 노래를 불러 주었던 때가 기억나네요."

그리고 목사는 당황하기 시작한다.
"난리 난 것 같습니다."[2]

1. 예배 실행을 분석하는 방법론적 원리

이 가상의 시나리오는 독자들에게 익숙할 수 있다. 나도 비슷한 경험을 한 적이 있다. 우리 교인들, 특히 교회 사역에 가장 적극적으로 참여하는 교인들은 다른 교회나 종교 모임에서 했던 개인적 경험을 통해서, 책이나 유튜브, 텔레비전을 통해서, 심지어는 다른 사람들의 이야기를 통해서 다양한 예배 관행에 대해서 알고 있다.

그러나 예배 관행이 일반적으로 매우 다른 목표를 가진 다양한 예배 패턴에서 비롯된다는 것을 인식하는 목사는 그리 많지 않고 교인들의 경우는 더욱 그렇다.

이전 장들에서 내가 개신교 교회의 다양한 예배 관행을 이해하고 분석하기 위해 만들었던 일련의 방법론적 원리들을 기억해 보자.

---

[2] 나는 매우 비슷한 시나리오를 "How Shall We Worship?" *Worship Matters*, vol. 1, ed. E. Byron Anderson (Nashville, TN: Discipleship Resources, 1999), 23에, 그리고 Taylor Burton Edwards와 함께 좀 더 확장한 것을 "How (and Why) Shall We Worship?"에 제시했다. 후자는 https://www.wnccumc.org/resourcedetail/9296006에서 읽어 볼 수 있다. 2019년 12월 6일 접속.

> **원리 1**: 모든 예배는 패턴을 따른다.
>
> **원리 2**: 예배 패턴은 두 층에서 작동한다: 예전 단위와 매크로 패턴. 매크로 패턴은 여러 개의 예전 단위로 구성되고, 대개 표준화된 순서로 배치된다.
>
> **원리 3**: 예배의 매크로 패턴에는 달성하고자 하는 '텔로스'(목표)가 있다.
>
> **원리 4**: 각 매크로 패턴에는 특정한 텔로스에 부합하는 특정한 에토스(성격 또는 스타일)가 있다.
>
> **관찰 소견 A**: 미국 개신교 예배에는 여섯 가지 주요한 성격 유형이 존재한다. 바로 부흥 운동, 교회학교, 미적 예배, 오순절 예배, 기도회, 전례 갱신이다.
>
> **원리 5**: 예전 단위는 이동이 가능한 예전 활동 블록이다.
>
> **관찰 소견 B**: 일반적으로, 텔로스/에토스의 패턴들은 현대 실천에서 융합된다.
>
> **원리 6**: 서로 다른 패턴의 텔로스/에토스는 서로 교환될 수 없고 결합 시 충돌하는 경향이 있다.

본 장에서는 원리 5와 6, 관찰 소견 B를 좀 더 자세히 살펴보고 일곱 번째 원리를 추가할 것이다. 또한, 예배 순서에서 다른 예배 패턴들의 예전 단위들이 결합할 때 발생하는 '에토스'의 충돌을 피하거나 적어도 대처하는 방법에 대해 생각해 볼 것이다.

2. 원리 5: 예전 단위는 이동이 가능한 예전 활동 블록이다

원리 2에 명시된 것처럼, 패턴에는 매크로 패턴과 예전 단위라는 두 개의 층이 있다. 매크로 패턴은 특정 목표를 지향하고, 그 특정 목표에 부합하는 독특한 예전 단위들로 구성된다. 그러나 매크로 패턴의 예전 단위는 고유한 형태와 내용을 갖는다.

예를 들어, 교훈적이고 응답식의 예배로 부름은 교회학교/창의적 예배 패턴에서 비롯된 것이지만, 교회학교 패턴이 아니더라도 인식될 수 있는 단위이기도 하다. 찬양곡들이 이어지는 세트는 오순절 경배와 찬양 모델의 개회를 구성하지만, 그 자체로도 고유한 형태와 내용을 갖는다.

부흥 운동 예배는 제단 초청으로 끝나고, 그것 역시 고유한 형태가 있다. 예전 단위는 정형화되었기 때문에, 원래의 매크로 패턴에서 벗어나 자유롭게 움직일 수 있는, 즉 이동이 가능한 예전 활동이 될 수 있다.

여섯 가지 주요 패턴의 다양한 예전 단위는 예배 기획자가 특정 예배를 위해 사용할 수 있는 다양한 예전 자료의 목록을 구성한다. (성공회의 『공동기도서』나 가톨릭교회의 미사통상문처럼) 강력한 통제 권한이 없다면, 예배 리더들은 이 목록을 자유롭게 사용할 수 있다. 그리고 이것은 다음으로 이어진다.

관찰 소견 B: 일반적으로, '텔로스/에토스'의 패턴들은 현대 실천에서 융합된다.

3. 도시에 있는 어떤 교회의 예배 순서

서로 다른 패턴의 다양한 예전 단위들을 사용하거나 융합하거나 마구 섞어 버린 예배 순서의 몇 가지 예를 살펴보자.[3]

첫 번째 사례는 약 350명이 출석하는 보수적인 중상류층 앵글로-미국인 교회 주일예배 주보의 첫 페이지다. 이 교회는 스테인드글라스 창문과 내진 무대 위에 성가대석과 파이프 오르간이 있는 건물에서 모인다. 건물 자체가 이 공간에서는 미적 예배가 잘 어울릴 것을 암시한다.

[예배 순서][4]

교회 종 [회중이 모이는 동안에 종이 울렸다.]
입장과 찬양 [진하게 쓰인 이 명칭은 예배의 첫 번째 블록을 표시했다.]
모임 [이 시점에서 부목사는 본당 앞에 서서 회중에게 잠시 침묵의 시간을 갖자고 요청했다. 그는 침묵의 근거도 제시했다. 그 근거는 1분 남짓 설명되었지만, 실제 침묵 시간은 약 20초 정도였다.]
개회 오르간 연주 [오르간으로 연주되는 고전 음악곡.]
환영과 광고 [가운을 입은 목사가 설교단에서 몇 가지 광고를 했다. 이 시간은 목사의 "예배를 시작합니다. 서로에게 그리스도의 평화를 나눕시다"로 마무리되었고, 그러는 동안에 회중은 서로에게 "좋은 아침입니다", "안녕하세요", "만나서 반갑습니다" 등 자연스럽게 말을 건넸다. 어떤 사람들은 인사하기 위해 자리에서 일어나 돌아다녔다.]

---

3   내가 제시하는 예들은 모두 내가 수집한 실제 예배 주보나 예배 순서에서 온 것들이다. 교회들의 이름을 밝히지 않고, 저작권법을 어기지 않기 위해 자료들을 편집했다.
4   주보에 있는 그대로 순서를 표기했다. 괄호 안은 나의 설명이다. 별표는 회중이 일어서야 하는 순서를 나타낸다.

인사

기도는 우리를 사랑하고 돌보시는 하나님과 소통하는 방법입니다.

우리는 기도가 중요하다고 믿고, 우리의 기도를 듣고 응답해 주시는 하나님께 감사 드립니다.

그리스도께서는 하나님께서 우리의 기도에 응답하시고 우리가 필요를 채우길 원하시기 때문에 우리에게 기도하라고 가르치셨습니다.

하나님께서 우리를 위해 원하시는 일들을 더 많이 하시도록 더 끈기 있게 기도하기를 바랍니다!

*행렬 찬송 〈다 찬양하여라〉(Praise to the Lord, the Almighty)

십자가와 빛은 우리를 세상에서 성소로, 성소에서 세상으로 인도합니다. 십자가는 그리스도의 승리를 상징합니다. 빛은 우리와 함께하시는 하나님의 임재를 의미합니다.

[촛불을 설명하는 주보에 실린 실제 문구. 회중이 노래하는 동안에 봉사자들과 행렬 십자가를 들고 운반하는 사람이 들어왔고, 곧이어 성가대가 뒤따라와 성가대석으로 올라갔다. 봉사자들은 성찬대 위에 있는 초들에 불을 붙였다. 십자가를 든 사람이 설교단 앞에 섰고, 행렬이 끝날 때 십자가를 세움대에 놓았다.]

개회 기도 [설교단에서 목사가 인도했다.]

우리의 어머니나 아버지보다 우리를 더 깊이 사랑하시는 하나님!

하늘에 계신 우리 아버지. 우리가 당신의 은혜를 받고 당신의 풍성한 사랑을 경험할 수 있도록, 우리의 필요를 공급하시고자 하는 당신의 열망을 믿고 기도하도록 가르쳐주소서. 우리에게 당신의 사랑을 드러내신 당신의 아들, 예수님을 통해 기도합니다. 아멘.

성가대의 예배로 부름 [성가대가 부르는 짧은 고전 음악곡 Jubilate Deo〈기쁨으로 하나님께 찬양〉]

주보에 나와 있듯이, 예배를 시작하는 입장과 찬양 블록의 내용물에는 미적, 교회학교/창의적 예배, 가톨릭 전례 갱신 등, 세 가지 패턴에서 비롯된 일곱 가지 예전 단위가 있다.

교회 종   '미적 예배'
여는 오르간 연주   '미적 예배'
모임 [침묵 권고] 침묵을 요청하는 것은 '미적 예배'의 것이지만, 침묵의 중요성에 대한 긴 설명은 '교회학교 예배'이다.
환영과 광고   '교회학교 예배',
  특히 단위의 교제 의례 측면이 그렇다. 그러나 "서로에게 그리스도의 평화를 나눕시다"라는 표현은 '가톨릭 전례 갱신'에서 비롯되지만, 이 모델에서는 성찬 기도 앞이나 뒤에 위치한다. 예배 시작 부분에 있다는 것은 실제로는 '창의적 예배' 모델에서 온 것임을 암시한다. 그러나 '기도회'의 평등주의적인 분위기도 있었다.
인사
  "인사"(Greeting)라는 용어는 '가톨릭 전례 갱신'에서 온 것이지만, 여기에 있는 예전 단위는 전례적 인사라기보다는 '창의적 예배' 패턴에서 온 교훈적인 예배로 부름이다.
*행렬 찬송   '창의적 예배'
개회 기도
  "개회 기도"(Opening Prayer)라는 문구는 '가톨릭 전례 갱신'에서 온 것이지만, 이 기도문에 어색한 표현이 있는 걸 보면 '창의적 예배'의 자료에서 가져온 것 같다.
성가대의 예배로 부름   '미적 예배'

나는 이 예배가 미적 예배, 창의적 예배, 가톨릭 전례 갱신의 시작 부분을 융합하거나 마구 섞은 놓은 것 같다고 생각한다.

[세 가지 다른 모델과 비교한 예배의 시작]

분석 중인 예	미적 모델	교회학교 모델	가톨릭 전례 갱신
교회 종	교회 종		
개회 오르간 연주	개회 오르간 연주		
인사			모임
	침묵		
침묵 권고			
		가르침/교훈	
환영과 광고		환영과 광고	*입장 찬송
*평화의 나눔		평화의 나눔	
*인사			*전례적 인사
교독		교독	
*행렬 찬송	*행렬 찬송	*찬양 노래	
개회 기도		개회 기도	*개회 기도
성가대의 예배로 부름			

*는 여러 패턴에서 보이는 예전 단위를 나타낸다. 그렇다고 꼭 패턴의 전형적 순서라는 뜻은 아니다.

이 예배가 여러 번 다시 시작하는 것처럼 느껴지는 이유는 세 가지 다른 예배 패턴의 시작을 융합했기 때문이다. 그 결과 하나는 "인사"라고 잘못 표기되었기는 하지만, 두 개의 다른 "예배로 부름"이 있다. 모임과 환영이 모두 있다. 미적 모델이 지배적이지만, 교회학교/창의적 예배 모델이 포개져 있고, 교단 예배서에서 볼 수 있는 가톨릭 전례 갱신의 것도 몇 개 있다.

이런 종류의 마구 섞임은 예배에 일관성이 없는 것 같은 느낌을 주는데, 미적 패턴의 텔로스/에토스는 교회학교/창의적 예배 패턴의 텔로스/에토스와 다르기 때문이다.

원리 6: 서로 다른 패턴의 텔로스/에토스는 서로 교환될 수 없고 결합 시 충돌하는 경향이 있다

이 경우, 예배는 교회 종소리와 훌륭히 연주된 오르간 고전 음악곡의 고딕 양식 느낌으로 시작한다. 그런 다음 분위기가 갑자기 바뀐다. 매우 짧은 침묵의 순간은 회중을 (미적 모델에 적합한) 좀 더 묵상적인 분위기로 이끈 후, 비즈니스 회의와 비슷한 일련의 광고로 이어진다. 이어서 교인들이 서로 악수하는 교제 의례는 다소 활기가 넘치지만, 그다음 순서인 교독에서 다시 교훈적인 분위기로 돌아간다.

친교 예식을 중단시키는, 찬송가를 부르는 동안에 하는 공식 행렬은 미적 모델의 화려함과 당당함을 보여 준다. 개회 기도를 위해 자리에 앉는 것은 회중의 정서적 에너지를 즉시 낮추고, 성가대가 예배로 부름을 노래로 부르는 동안에 더욱 정적으로 된다.

이러한 예전 활동의 시작 블록은 미적 모델의 세련된 감성과 교회학교/창의적 예배 모델의 교훈적이고 다듬어지지 않은 감성 사이를 오락가락한다. 마치 예배가 혼자서 논쟁하고, 무엇이 되기를 원하는지 결정할 수 없는 것처럼 보인다.

나는 그러한 텔로스/에토스의 충돌을 "예전 편타증"(편타증: 충격으로 목이 급격하게 젖혀져서 생기는 손상 – 역자주)이라고 부른다. 구체적으로 말하면, 예전 편타증은 한 패턴을 따르던 예배 순서가 갑자기 다른 패턴의 예전 단위로 바뀔 때 발생한다. 왜냐하면, 예전 단위가 이동할 수는 있지만, 본래 패턴의 DNA를 어느 정도 유지하고 있는 경향이 있기 때문이다.

헨리 워드 비처가 본 장 서두의 인용문에서 설명한 것이 바로 이런 종류의 충돌이다.

비처는 그가 "전례"라고 부르는 것(그리고 나는 미적 모델이라고 부르는 것)의 일부를 추가하여 자기만족에 빠진 회중 예배에 활력을 불어넣으려는 시도는 본질적으로 양립할 수 없는 예배 형식을 결합하는 것임을 인식하고 있다. 나는 양립할 수 없는 예배 유형에 대한 비처의 통찰을 다양한 예배 모델에 확대 적용한다.

4. 시골에 있는 어떤 교회의 예배 순서

이제 융합된 예배 순서에 대한 좀 더 완전한 실례를 들어보겠다. 나는 평균 출석 인원이 100명인 한 시골의 아프리카계 미국인 (연합감리교) 교회의 인쇄된 주보를 발견했는데, 그 예배 순서는 제단 초청으로 끝난다.

[진하게 쓰인 항목들은 주보에 있는 그대로다. 괄호 안의 설명은 목사가 제공한 정보를 기반으로 한 것이다.]

모임 – 침묵 묵상 [일부 교인이 내진 난간에 무릎을 꿇고 기도하는 동안에 녹음된 음악이 들려진다.]
***빛을 가져옴 – 봉사자**
***행렬 노래** [목사와 예배 인도자가 성가대를 이끌고 행진했다.]
찬양 예식 [예배 인도자가 복음 성가를 포함한 경쾌한 세 곡의 찬양을 인도했다.]
***개회 기도** [목사가 인도하는 즉흥 기도]
***예배로 부름** [예배 인도자가 인도]
 인도자: 우리의 소망이신 주님을 기다리십시오.
 회중: 변함없는 사랑의 하나님을 예배합니다.
 인도자: 우리를 여기로 부르신 그리스도께 귀를 기울입시다.

회중: 하나님의 성령을 향해 당신의 마음을 여십시오.

평화의 인사(와 방문자 환영) [예배 인도자]

교구 공지 및 교회 광고 [예배 인도자]

*찬양의 찬송 [예배 인도자]

*신앙고백 – "사도신경" [예배 인도자]

*글로리아 파트리(영광송i)

[십일조와 헌금을 드리는 우리의 예배]

봉헌 찬양 – 성가대

*봉헌 응답 [성가대와 회중이 노래]

성경 봉독 [목사가 봉독]

인도자: 이것은 하나님의 백성을 위한 하나님의 말씀입니다.

회중: 하나님께 감사드립니다.

찬양 – 성가대 [성가대가 준비하여 부르는 성가]

설교 [목사]

제단 기도와 기독교 제자도로 초청 [목사]

*초청의 찬송 – 성가대 [이때는 아무도 앞으로 나가지 않았다.]

*폐회 찬양 – 성가대

*퇴장 [봉사자들이 제단 촛불을 껐다.]

*축도 [목사는 회중 뒤에 있는 입구에서 축도했다.]

분석 방법을 적용하면, 적어도 네 개의 다른 패턴에서 나온 독특한 예전 단위들을 볼 수 있다.

미적 예배 단위들:	교회학교/창의적 예배 단위들:
사역자들과 성가대의 공식적 행렬 교구 공지 찬양의 찬송 신앙고백과 이어지는 글로리아 파트리 봉헌 순서 단위들 성경 봉독과 회중의 응답 설교 전 성가대 찬양 퇴장 축도	빛을 가져옴 예배로 부름 평화의 인사/방문자 환영
오순절 예배 단위들:	**부흥 운동 단위들:**
제단 기도로 모임 찬양 예식 (찬양 예식 끝에 하는) 즉흥적인 개회 기도 설교 후 제단 기도 초청	설교 후 초청 초청 찬송

앞의 예와 마찬가지로 대부분의 융합은 예전 단위들의 시작 순서에서 발생하는데, 나는 바로 여기서 회중이 예전 편타증을 가장 강하게 경험하게 될 것이라고 예상한다. 모임 동안의 오순절-스타일 제단 기도는 성가대와 사역자들의 공식적인 행렬로 중단된다.

그러나 예배는 찬양 예식과 마무리 즉흥 기도를 통해 오순절 '에토스'로 돌아간다. (목사 본인에게 확인한 바에 따르면) 가장 심한 편타증은 목사가 인도하는 격렬한 즉흥 기도에서 예배 인도자가 인도하는 좀 더 절제되고 응답을 요구하는 예배로 부름으로 어색하게 전환될 때 발생한다.

또한, 예배로 부름은 확실히 중복적으로 느껴지는데, 회중이 이미 15분 동안 적극적으로 예배에 참여하고 있었기 때문이다. 이러한 불필요한 중복은 패턴들이 융합되었다는 것을 나타낸다. 우리는 이 예에서 미적, 오순절, 교회학교 모델들의 시작 단위들이 서로 뒤섞인 것을 볼 수 있다.

평화의 인사(교회학교의 '에토스')는 회중에게 활력을 다시 불어넣지만, 형식을 갖춘 교구 공지가 그들을 다시 진정시키고, 그들의 활기는 확 떨어진다. 이어지는 찬양의 찬송은 시작 찬양 세트의 노래들보다 훨씬 더 차분하다. 여기에 또 다른 찬양 노래를 배치하는 불필요한 중복은 미적 모델과 오순절 모델의 융합을 보여 준다. 찬양의 찬송이 끝나면 사도신경과 '글로리아 파트리'가 이어진다.[5]

수많은 예배 순서를 조사하면서, 가장 분명한 융합의 예들은 예배의 시작 순서 쪽에서 일어난다는 사실을 발견했다. 그다음으로 융합에 "취약한 곳"은 마무리 순서 쪽이고, 실제로 이 예배에서도 마무리 예전 단위들에서 뚜렷한 융합이 나타났다. 구체적으로 말하면, 거기에는 부흥 운동 모델(초청)과 오순절 모델(제단 초청)의 마무리 단위들이 미적 패턴의 좀 더 형식적인 퇴장과 축도와 섞여 있다.

부흥 운동 모델의 목표는 회심이고, 강한 반응을 끌어내기 위해 특히 예배 마지막의 제단 초청에서 감정적 효과를 사용한다는 점을 기억하라. 마찬가지로 오순절 형식의 제단 초청은 에토스가 다소 격렬한 경향이 있다. 그러나 예배 기획자가 기교적이고 고상한 미적 예배의 마지막에 감성적인 제단 초청을 배치하면 그 기능을 제대로 발휘하지 못한다.

회중이 제단 초청을 예배 행위로 인식할 수는 있겠지만, 자진해서 앞으로 나오는 사람은 거의 없을 것이다. 회중은 부흥 운동이나 오순절 모델

---

5 역사적으로 '글로리아 파트리'는 시편이나 다른 성경 구절 봉독 뒤에 왔지만, 1935년 판 『감리교 찬송가집』(*The Methodist Hymnal*)의 예배 순서 II에서는 사도신경 다음에 글로리아 파트리를 배치했는데, 아마도 이것이 이러한 단위 조합의 근거가 된 것 같다. 이 순서는 적어도 미국 남동부 지역에 있는 연합감리교 예배 순서에서 계속해서 나타나고 있다. 지난 15년간 나는 공적 예배에 관한 수업을 하면서 신학생들과 목사들이 제공한 수많은 연합감리교 주보를 살펴봤다. 여전히 미적 패턴을 사용하는 교회들은 사도신경/글로리아 파트리의 순서를 따르는 경향이 있지만, 왜 이 순서를 따르는지 아는 목사나 학생은 아무도 없었다. 여기에는 조지아주 애틀랜타 교외에 있는 한인 연합감리교회가 하나 이상 포함되어 있다.

의 전면적인 제단 초청을 스타일의 충돌로 경험한다.

그러나 미적/전통적 예배는 기독교 제자도로 초청이라고 부르는 일종의 제단 초청으로 마치는 경우가 많다. 일반적으로 교회는 이 초청을 교인으로 등록하길 원하는 새로 온 사람들을 소개할 때 사용한다. 그러나 자발적인 경우는 매우 드물다. 부흥 운동의 제단 초청이 미적 모델에 맞지 않음에도 불구하고, 개신교 교회들은 여전히 그것을 고수하며 매우 다른 목적으로 사용하고 있다.

나는 예전 단위를 보존하려는 이러한 경향을 우리 목록에 추가하려는 다음의 원리로 설명한다.

원리 7: 예배 순서는 공적 예배에서 통상적 부분이 된 예전 단위들을 보존하려는 경향이 있다

예전은 의례 예식의 유형으로서 변화에 저항하고 예전 패턴과 예전 단위를 보존하려는 경향이 있다.[6]

이 보존의 원리는 일반적으로 예전 단위를 없애거나 이미 자리를 잡은 패턴을 바꾸는 것보다 무언가를 더하는 것이 더 쉽다는 것을 의미한다. 예배 순서들은 미국 교회들의 예전 목록을 활용하는 다양한 목사, 성가대 지휘자, 예배 기획자가 어린이 설교, 찬양, 평화의 인사, 제자도로 초청, 또는 기타 예전 단위들을 더할 때 늘어날 것이다.

그러나 특정 예전 단위가 장기간 실행될 때, 교회는 그것을 예배의 통례적이고 당연한 부분, 즉 "우리가 늘 해 왔던 방식"으로 받아들일 것이

---

[6] 인류학자 Roy Rappaport에 따르면, 의례의 가장 큰 특징은 다소 불변적이라는 점이다. Rappaport가 "다소"라고 말하는 이유는 절대적인 불변성은 바람직하지도 가능하지도 않기 때문이다. *Ritual and the Making of Humanity* (Cambridge, UK: Cambridge University Press, 1999), 36–37.

다. 많은 개신교 교회에서 예배 순서는 오래된 예전 단위와 새로운 예전 단위 모두를 점점 더 많이 보관하는 다락방이 되었다.

예배 순서가 다락방과 같다면, 다락방에서 보관할 수 있는 예전 단위들의 수는 제한적일 것이다. 대개 최근에 추가된 예전 단위들은 그대로 두고, 교회의 오래된 패턴에 적절한 오래된 예전 단위들은 제거된다. 그러나 일부 오래된 단위도 과거의 유물로 남겨질 때가 있는데, 때로는 의미가 있어서 남겨지고, 때로는 그냥 남겨진다.

두 번째 예로 돌아가서, 나는 교회의 목사에게 회중이 그 어색한 예배로 부름에 열정적으로 참여하지 않는 것 같은데 왜 그것을 계속 유지하고 있는지를 물었다. 그는 이렇게 답했다.

"예배로 부름은 꼭 있어야 하지 않나요?"

사실 그렇지 않다. 미적, 교회학교, 창의적 예배 순서에서는 원고를 읽는 예배로 부름이 일반적이지만, 부흥 운동이나 오순절 패턴에는 포함되지 않는다. 그래서 예배의 지배적 모델과 출동하는 것 같다면, 예배로 부름을 빼도 괜찮다. 이 예에서, 예배 순서는 그 목적에 도움이 되지 않는 단위를 보존하고 있었다.

5. 교외에 있는 어떤 교회의 예배 순서

다음으로 우리가 살펴볼 것은 교인 대부분이 백인인 (연합감리) 교회의 예배 순서다. 교회는 교외에 위치하고 예배 출석 인원은 대략 250명이다.

전주   "비추소서"(Shine, Jesus, Shine)   찬양팀
환영과 광고 [예배 인도자가 인도]
*평화의 인사

*예배로 부름 〈이 날은〉(This Is the Day) [성가대가 인도하는 부름과 응답의 찬
   양 노래]

*개회 기도 [예배 인도자가 인도]

*찬양의 찬송 〈주 예수 넓은 사랑〉(I Love to Tell the Story)

*사도신경

*글로리아 파트리

어린이를 위한 시간 [평신도가 인도]

예전 댄스 [녹음된 노래에 맞춰 청소년이 춤을 춘다.]

회중을 위한 기도 [목사가 목회 기도를 한다.]

주기도

기도 응답

봉헌 [헌금위원들이 헌금 접시를 돌릴 때, 오르간 연주가가 찬송가를 연주한다.]

*송영

성가   성가대

성경 봉독 [목사/설교자가 해당 성경 구절을 읽는다.]

메시지 [목사/설교자]

성찬 [『연합감리교 찬송가집』에 있는 "예배와 성찬 예식 II"의 초청, 고백/용서, 대감
   사를 사용한다. 회중은 포도주에 빵을 적시는 방식으로 성찬에 참여하기 위해 앞
   으로 나온다.]

*응답송 [회중이 찬송가를 부른다.]

*축도

후주 [오르간 연주가가 클래식 곡을 연주한다.]

여기서 우리는 다시 한번 여러 예배 패턴의 단위들을 볼 수 있다. 예배는 찬양 밴드가 인도하는 한 곡의 신나는 찬양 노래로 시작하는데, 이것은 구도자 예배 모델의 예전 단위로, 특히 예배 인도자의 환영으로 이어

질 때 더욱 그렇다.

첫 번째 편타증의 순간은 광고 단위와 함께 발생하는데, 이는 예배의 감정적 에너지를 찬양과 공동 대화에서 비즈니스 회의의 감정적 느낌으로 전환한다.

예배자들이 서로 인사를 나누기 위해 일어나 회중석을 돌아다니는 교제 의례인 평화의 인사 순서와 함께 활기가 회복된다. 이 시끌벅적한 예전 단위는 성가대가 〈이날은〉이라는 초청과 응답 찬양을 시작할 때 끝난다. 〈이날은〉은 1960년대 말과 1970년대에 청소년들 사이에서 인기를 끌었던 곡이다. 이러한 예전 단위들은 교회학교 예배의 '에토스'와 아주 잘 어울린다.

함께하는 노래가 끝나면 찬양의 찬송이 나오는데, 여기서 예배는 미적 모델 예배로 다시 시작된다. 그다음에 이어지는 사도신경과 '글로리아 파트리'도 미적 모델에 속한다. 어린이를 위한 시간과 예전 댄스는 교회학교/창의적 예배 모델로 되돌아가게 한다. 다음의 몇몇 단위는 "메시지"에 도달하기 전까지 미적 모델에서 비롯된 것으로 보인다.

"설교"가 아닌 "메시지"라는 용어를 사용한 것은 부흥 운동/구도자 예배 모델을 암시하지만, "메시지"가 특별히 복음주의적이거나 구도자 친화적이지는 않았다.

메시지 다음에 성찬식이 이어졌다. 그 교회는 『연합감리교 찬송가집』의 "말씀과 식탁 예식 II"를 대부분 따르지만, 평화의 인사와 봉헌, 주기도는 예배 앞쪽에서 이미 행해졌기 때문에 생략한다. 마지막에 마무리 축도가 있다.

예배가 성찬식으로 마치기 때문에, 이 예배의 전체 구조는 "말씀과 식탁"으로 보일지도 모른다. 그러나 이 순서를 "말씀과 식탁 예식 I"(『연합감리교 찬송가집』)에서 볼 수 있는 좀 더 완전한 순서와 비교하면 예전 단위들이 상당 부분 재배치되었음을 볼 수 있다.

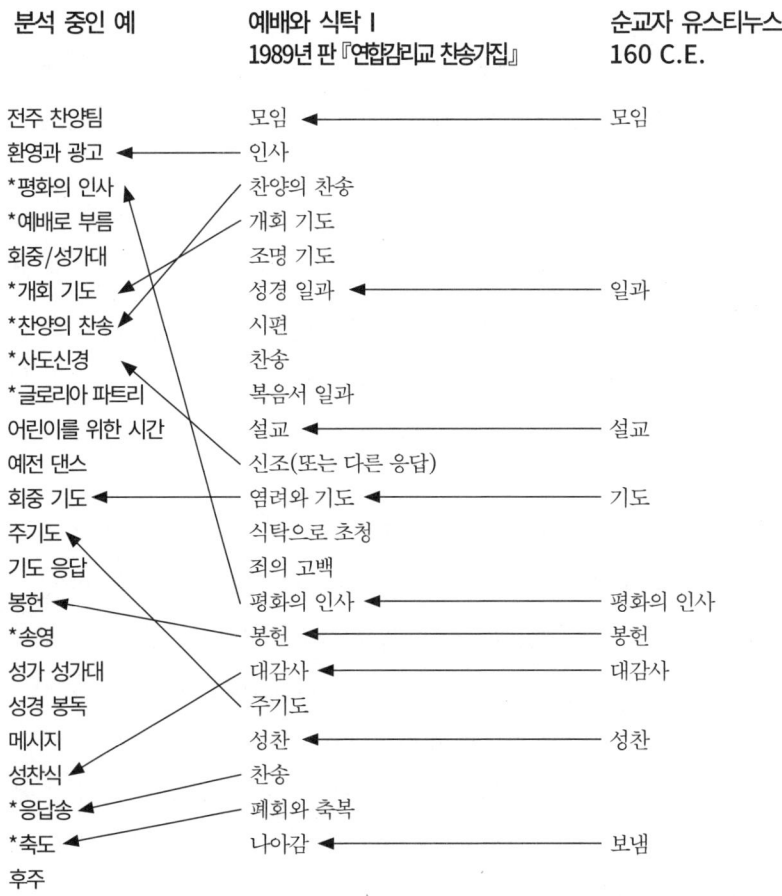

연합감리교회의 말씀과 식탁 예식은 순교자 유스티누스가 묘사한 초기 교회의 말씀과 식탁의 고전적 구조를 따르지만, 몇 가지 요소(찬송, 신조, 고백 등)를 추가하고 다른 요소들(더 많은 성경 일과, 시편, 기도, 대감사 마지막의 주기도)을 확장하며 이를 채우고 있다. 우리가 분석 중인 예배에서 말씀과 식탁 순서의 예전 단위가 많이 발견되지만, 그것들은 꽤 다른 순서로 배치되어 있다.

이러한 재배치를 어떻게 설명할 수 있을까?

제9장 융합 예배   311

이 예배 순서를 연합감리교회의 전신 교단인 남감리교회(Methodist Episcopal Church, South)가 사용했던 1935년 판 『감리교 찬송가집』(*The Methodist Hymnal*)의 "예배 순서 II"와 비교해 보자.

분석 중인 예	1935년 판 『감리교 찬송가집』 예배 순서 II
	사람들이 성소로 들어오면 무릎을 꿇거나 몸을 숙여 침묵으로 기도하도록 한다.
전주 찬양팀 ←	── 전주
환영과 광고	
*평화의 인사	
예배로 부름 ←	── 예배로 부름
[회중이 노래함] ←	── 찬송
*개회 기도	기원
*찬양의 찬송 ←	── 성가 또는 영창
	교독
*사도신경 ←	── 사도신경
*영광송 ←	── 영광송
어린이를 위한 시간	성경 일과
예전 댄스	
회중 기도 ←	── 목회 기도
주기도	┌ 헌금
봉헌송 ┐	│ 봉헌송
*송영 ┘←	└ 봉헌
*성가 성가대 ←	── 찬송
성경 봉독	
메시지 ←	── 설교
성찬식	기도
	기독교 제자도로 초청
*응답송 ←	── 찬송 또는 송영
*축도 ←	── 침묵 기도 또는 축도
후주 ←	── 후주

우리가 분석 중인 순서에 얼마나 많은 요소가 1935년의 이 미적 모델 순서와 일치하는지 주목하라. 순서가 바뀐 예전 단위는 성경 봉독으로, 설교 앞에 배치되었다. 그리고 기독교 제자도로 초청이 있던 자리에 성찬식이 추가되었다. 성찬식이 추가되었음에도, 이 예배의 기본 패턴은 1935년 판 『감리교 찬송가집』에서 볼 수 있는 미적 모델이다.

6. 융합된 순서와 일관성 문제

지금까지 우리는 미적/전통적 모델이라는 큰 틀에 다양한 예전 단위를 가져온 예배 순서들을 살펴봤다. 그러나 양립할 수 없는 예전 단위들의 융합은 다른 모델에서도 발생한다. 어느 12월 말에, 나는 대형 도시 교회의 구도자 예배에 참석했다. 교회 내 다른 장소에서는 매우 전통적인 주류 개신교 예배도 드리는 교회였다.

예배는 텔레비전에서 방영되는 크리스마스 버라이어티 쇼와 아주 비슷하게 보이는 인공 눈으로 덮인 무대에 조명이 켜지면서 시작되었다. 아주 세련된 밴드가 이끄는 〈징글벨 록〉(Jingle Bell Rock) 연주로 음악이 시작되었다. 예배 인도자가 무대에 올라와 환영의 인사를 짧게 하고는 밴드가 신나는 속도로 크리스마스 캐럴을 연주하고 회중이 따라 불렀다. 예배 인도자가 무대로 돌아왔을 때, 밴드는 연주를 급히 멈췄다.

그녀는 우리가 대림절을 보내고 있다고 알려 주었고, 한 가족을 무대 위로 초대해 대림절 화환에 불을 밝히도록 했다. 나는 그제야 무대 오른편에 대림절 화환이 있었다는 사실을 알아챘다. 부모는 세 명의 자녀와 함께 구겨진 종이를 쥐고 화환 옆에 서 있었다. 어머니가 '목자의 촛불'에 대한 짧은 글을 읽는 동안 가장 큰 아이가 세 번째 초에 불을 붙였다.

아버지는 어색하게 기도문을 읽고 "아멘"이라고 한 다음, "오소서, 오소서, 임마누엘"이라고 중얼거렸다. 예배 인도자가 고맙다고 인사하고 회중에 "대림절을 상기하도록 하는 좋은 시간이었습니다"라고 말하는 동안에 부모는 자녀들을 데리고 무대 아래로 내려갔다.

솔리스트가 유명한 현대 기독교 음악가가 작곡한 크리스마스 노래로 예배를 구도자 모델 흐름으로 되돌리려고 시도했지만, 그곳의 활기는 이미 사라진 지 오래였다. 교회학교 모델의 예전 단위인 대림절 화환 의식은 그 예배가 거의 회복할 수 없을 정도의 예전 편타증을 초래했다.

어색한 패턴들의 융합은 교단을 막론하고 많은 교회의 예배에서 보이는데, 그 이유는 거의 항상 서로 다른 텔로스와 에토스를 가진 예배 모델들에서 예전 단위들을 가져오기 때문이다. 본 장을 시작하는 짧은 글에서 변화를 위한 제안들이 충돌을 일으키는 것처럼 말이다.

위의 사례에서 대림절 촛불을 밝히는 세련되지 않은 교회학교 활동은 구도자 모델의 연극성과 충돌했다. 가족이 하는 의식으로 대림절에 대해 배우는 것은 그리스도인의 성품 함양을 목표로 하는 교회학교의 텔로스에 도움이 될 수 있다. 그러나 교회에 다니지 않는 사람들이 기독교에 대해 다시 생각해 보게 만드는 것을 목표로 하는 구도자 모델의 텔로스에는 어울리지 않는다.

때로는 충돌이 덜 분명할 수도 있다. 스크린에 비춘 '카운트다운 시계'의 사용에 대해 생각해 보라. 카운트다운 시계는 스포츠 경기와 새해 전야제에서 시작되어 록 콘서트 공연장에서도 사용되었다. 그 후 일부 구도자 교회에서는 예배에 대한 기대감을 높이는 극적인 방법으로 이를 채택했다.

최근에는 대형 오순절 교회들도 예배의 시작을 알리는 카운트다운 시계를 채택했다. 그러나 카운트다운 시계가 불러일으키는 강렬한-시동(hard-start) 시작은 회중이 서서히 모이면서 예배자들의 기도나 찬양에 합류하는 오순절 예배 모델의 점진적인 완만한-시동(soft-start)을 파괴할 수밖에 없다.

아니면 다음을 생각해 보라.

우리 집 근처에 있는 성공회 교회에서는 교인들을 기도에 참여시키는 방법으로 사제와 함께 낭독할 수 있도록 주보에 본기도를 싣기 시작했다. 인쇄된 기도문을 함께 읽는 것은 교회학교 예배의 교훈적 관행이다.

그러나 『공동기도서』에 내포된 가톨릭 모델에서 회중 참여는 부르심과 응답으로서 회중이 기도를 듣고 아멘으로 긍정하는 것으로 이루어진다. 한목소리로 함께 읽는 것은 이러한 청각적 참여를 교훈적 활동으로 바꾸었다. 그리고 그 교회의 교인 중 적어도 한 명은 새로운 방식을 별로 좋아하지 않는다고 나에게 고백했다.[7]

그러나 예전 단위들과 심지어 예배 모델들의 융합이 일관성 없는 순서로 항상 귀착하는 것은 아니다. 실제로 기독교 예전의 역사는 예전 단위들이나 의례 순서들을 도입한 예들로 가득 차 있다. 우리는 중세 초기에 갈리아 전례서에서 로마 전례로 기도문들과 전례 행위를 가져온 것, 또는 보다 최근인 20세기에 개신교가 시리아 전례 패턴을 채택한 것에서 이를 확인할 수 있다.

내가 가르치는 감리교 학생들은 『연합감리교 찬송가집』과 『예배서』에 있는 말씀과 식탁 예식의 대감사가 서방의 로마 예식 순서가 아니라 동방정교의 『성 요한 크리소스토무스의 전례』(Liturgy of St. John Chrysostom)에 실린 성찬 기도의 구조를 따른다는 사실을 알게 되면 대개 매우 놀라워한다.

---

[7] 성공회의 기도서 전통이 회중에게 기도문을 함께 낭독해야 한다는 요구를 거의 하지 않는다는 사실은 전통 밖에 있는 사람들에게는 놀라울 수 있다. 주기도문이나 죄의 고백 같은 일부 기도문은 회중이 한목소리로 해야 한다. 그러나 이러한 기본적인 기도문과 회중 응답은 규칙적인 반복을 통해 빨리 익힐 수 있다.

또한, 나는 명확성을 위해 여섯 가지 패턴의 텔로스/에토스를 독특한 모델로 제시했지만, 실제로 사용될 때 모델들은 흡수성이 매우 높다. 예를 들어, 부흥 운동과 오순절 패턴은 모두 변방 캠프 모임에 뿌리를 두고 있고 구조가 비슷하다.

그러나 예전 단위들은 다소 다르다. 미적 패턴은 부분적으로 교회학교 패턴의 활동을 정교화하는 과정에서 발전되었고, 이는 미적 모델이 예전 단위들을 연결하는 방식과 교회학교의 단위들이 미적/전통적 예배 순서에 계속해서 눈에 띄는 것에서도 나타난다.

교회학교와 부흥 운동은 참신함에 대한 의존도가 높다는 공통점이 있다. 그리고 작은, 특히 시골의 개신교 교회들은 표면적으로 미적, 교회학교, 또는 부흥 운동 예전 단위들을 사용할 때도 기도회의 친밀함에 끌린다. 그 교회들은 이미 소그룹이기 때문이다. 미적 및 가톨릭 전례 갱신 패턴들은 실행의 형식성을 중요시하는 경향이 있다.

또한, 다양한 예전 단위로 구성된 예배 순서라고 해서, 회중이 꼭 일관성이 떨어지는 예배를 경험하는 것은 아니다. 충분히 오랫동안 실행된 순서는 교회에서 예상하는 패턴이 될 것이고, 따라서 변화에 저항할 것이다. 융합된 순서는 그 교회의 디폴트 상태(기본 상태), 습관적인 예배 방식이 될 것이다.

7. 여섯 가지 모델의 양립성

내가 학생들과 목사들, 예배 리더들로부터 수집한 일화적인 증거들과 내가 직접 관찰한 바에 따르면, 융합된 예배 순서는 하나의 대단히 중요한 텔로스/에토스의 패턴을 보일 정도로 일관성을 갖는다. 그러한 순서에는 사소한 성격 결함이 있을 수도 있지만, 강한 성격이 드러나게 될 가능성이 크다.

예를 들어, "고대-미래"(ancient-future)와 "혼합 예배"(blended worship)에 관한 로버트 웨버(Robert Webber)의 많은 저서는 초기 교회로 거슬러 올라가는 말씀과 식탁 패턴에 기초한 기본 순서에 현대 예배 관행의 장점을 통합해야 한다고 노골적으로 주장한다.[8]

모델들의 또 다른 특징들은 일부 융합은 작동하는 것처럼 보이거나 적어도 전체적 일관성에 큰 영향을 끼치지 않는데, 왜 다른 융합들은 예전 편타증을 유발하는지 그 이유를 제시한다.

어떤 예배 순서에서는 예전적 흐름(liturgical flow)을 강하게 경험한다. 오순절/찬양 예배는 음악을 통한 흐름의 경험과 기도에 몰입하는 경험을 촉진한다. 가톨릭 전례 갱신은 정해진 전례에 참여함으로써 흐름이 이루어진다. 교회학교와 창의적 예배 모델은 일시적 경향이 있어서 몰입 경험을 위한 흐름에 그리 관심을 기울이지 않는다.

그러나 흐름은 취약한 심리적 상태다. 흐름이 빠른 오순절 찬양 세트와 글로 쓰인 예배로 부름을 결합하면 찬양 세트의 흐름은 끊어질 것이다. 이런 마구잡이식 결합에서는, 교회학교 모델이 우위를 차지할 것이다. 그러나 글로 쓰인 예배로 부름은 정교한 언어를 사용하지 않더라도 미적/전통적 순서를 압도하지 못할 것이다. 왜냐하면, 미적 예배 또한 일시적 경향이 있고 길어진 흐름의 경험에 덜 의존하기 때문이다.

교회학교/창의적 예배와 미적/전통적 패턴의 인쇄된 예전 단위들은 부흥 운동/구도자 패턴의 연극성, 기도회/가정교회 패턴의 관계석 친밀감, 오순절/경배와 찬양 패턴의 활기를 파괴하는 경향이 있다. 그리고 가

---

[8] 예를 들어, Robert E. Webber, *Ancient-Future Worship: Proclaiming and Enacting God's Narrative* (Grand Rapids, MI: Baker, 2008); and *Planning Blended Worship: The Creative Mixture of Old and New* (Nashville, TN: Abingdon Press, 1998)을 참조하라. 이 마지막 책에서 Webber는 예전의 흐름을 촉진하는 여러 가지 구체적 방안을 제시한다.

톨릭 전례 갱신 패턴의 기도문과 의례가 임시방편적으로 교회학교나 미적 예전 단위들을 사용할 때, 그것은 성도들과 천사들의 우주적 예배에 참여하는 것이라기보다는 단순한 예배 자료가 된다.

부흥 운동, 오순절, 기도회 모델에서는 진정성(또는 적어도 진정성이 있는 것처럼 보이는 모습)이 매우 중요하다. 교회학교, 미적, 가톨릭 전례 갱신 모델에서는 진정성이 덜 중요하다.[9] 부흥 운동 집회와 구도자 예배의 연극성은 미적 패턴 예배의 시각적 및 청각적 아름다움과 마찬가지로 탁월한 퍼포먼스 능력을 요구한다.

그러나 기도회는 격식을 갖춘 탁월성에 관심을 덜 두고, 교회학교/창의적 예배는 세련되지 않은 예배 인도자들의 서투른 시도를 즐긴다. 사실, 어떤 사람들은 세련된 퍼포먼스는 진정성을 해친다고 생각한다. "그것은 그냥 퍼포먼스일 뿐이야"라는 말은 실제로 "거기엔 진정성이 없었어"라는 뜻이다.[10]

마지막으로, 오순절과 가톨릭 전례 갱신 패턴은 예배란 성령의 능력으로 신적 삶에 참여하는 것이라는 인식을 공유한다. 두 패턴에서 예배는 죄인들의 회심, 종교 교육, 영적 성숙, 또는 그리스도인들의 교제 등 다른 목적을 달성하기 위한 도구나 수단이 아니다. 예배를 통해 그런 목적들을 부산물로 얻을 수는 있지만 말이다. 예배는 인간의 헌신과 열망이 표현으로 만들어진 것도 아니다. 오히려 하나님을 예배한다는 것은 하나님의 실재에 참여하는 것이다.

---

9   진정성과 의례 사이의 긴장에 관해서는 Adam B. Seligman, Robert P. Weller, Michael J. Puett, and Bennett Simon, *Ritual and Its Consequences: An Essay on the Limits of Sincerity* (New York, NY: Oxford University Press, 2006)을 보라.

10 Matthew Lawrence Pierce, "Redeeming the Performance: The Question of Liturgical Audience," *Liturgy*, vol. 28, no. 1 (2013): 54.

가톨릭 모델에서 빵과 포도주는 단순히 신자들에게 예수님을 상기케 하는 것이 아니다. 그것들은 성찬을 받는 모든 사람에게 제공되는 주님의 몸과 피다. 오순절 전통에서 방언하는 것은 실제로 천사의 언어로 기도하는 것이다. 그리고 그러한 예배의 실제는 모의 실험될 수 없다. 나는 이것이 아프리카와 아시아에서, 그리고 미국의 가톨릭 오순절 운동에서 오순절 모델과 가톨릭 모델의 융합을 볼 수 있는 이유라고 생각한다.

8. 제대로 예배하기

따라서 우리에게는 수많은 방식으로 결합할 수 있는 여섯 가지 주요 텔로스/에토스 모델이 있다. 내가 개발한 이 방법은 미국 개신교 예배의 풍부한 다양성을 설명하고, 양립할 수 없는 모델들의 융합에서 발생하는 예배의 성격 결함에 대한 진단법도 제시한다.

그러나 예배의 성격에 일관성이 있다는 것만으로는 충분하지 않다. 우리는 예배가 주의를 끌 수 있기도 원한다. 그래서 여기서 방법론적 원리의 목록에 하나를 더하겠다.

관찰 소견 C: 일반적으로 제대로 수행된 것은 제대로 수행되지 않은 것보다 주의를 더 끌 수밖에 없다

예배를 연구하고, 이해하고, 계획하는 것만으로는 충분치 않다. 좋은 예배 인도자는 예배의 실행에도 관심을 기울인다. 예배가 제대로 인도되지 않으면, 회중은 능동적으로 참여하지 않을 것이다. 즉, 이 관찰 소견에 추가해야 할 두 번째 요점이 있다.

각 모델에는 탁월성에 대한 고유한 기준이 있다

내가 제1장에서 사용했던 게임 메타포로 돌아가면, 탁월한 플레이의 기준은 특정 게임의 특정 규칙과 목표에 따라 달라진다. 야구에서 '잘 던지는 것'은 미식축구에서 '잘 던지는 것'과는 근본적으로 다르다. 둘 모두에 다른 선수가 잡을 수 있도록 공을 던지는 것이 포함되기는 하지만 말이다. 부흥 운동 집회를 잘 인도하는 것과 기도회를 잘 인도하는 것은 같지 않다. 각기 다른 목표와 성격을 갖고 있기 때문이다.

융합된 예배 순서에서 탁월성의 기준은 흐려지는 경향이 있다. 초기 전통적 예배에서는 훌륭했던 설교가 현대적 예배에서는 실패로 끝났을 때 우리는 이를 볼 수 있다. 이것이 내가 융합된 예배에 무엇보다 중요한 하나의 **텔로스/에토스** 모델이 필요하다고 주장하는 이유이다. 이런 모델이 없으면, 인도자들은 예배를 잘 인도하는 방법을 이해하는 데 필요한 탁월성의 기준을 설정하는 일에 어려움을 겪게 될 것이다.

특정 예전 단위가 예배 순서에 속하는지 알 수 있는 한 가지 방법은 다음과 같은 간단한 질문을 던져보는 것이다.

이 예배 행위가 이 예배 순서에서 잘 수행될 수 있는가?

이 질문에 대한 대답이 "그렇다"가 아니라면, 그 예전 단위는 예배 순서에 속하지 않을 수 있다. 구도자 예배의 대림절 화환 의식에 대한 나의 일화가 이에 대한 좋은 예이다.

마지막으로, 좋은 예배는 회중이 예배 패턴을 따르든지 주의를 끌어야 한다. 내가 관찰했듯이, 제대로 수행된 거의 모든 것은 제대로 수행되지 않은 것보다 주의를 더 끈다. 이 말은 예배 리더십의 유능한 수행은 꼭 필요한 기술이라는 의미다. 그리고 유능한 수행과 수행되는 **텔로스/에토스**의 패턴은 밀접하게 연관될 것이다.

그래서 이제 우리는 목표와 성격, 예전 흐름의 일관성을 위한 예배 순서를 분석하는 방법의 원리에 대한 목록을 완성한다.

원리 1: 모든 예배는 패턴을 따른다.

원리 2: 예배 패턴은 두 층에서 작동한다: 예전 단위와 매크로 패턴. 매크로 패턴은 여러 개의 예전 단위로 구성되고, 대개 표준화된 순서로 배치된다.

원리 3: 예배의 매크로 패턴에는 달성하고자 하는 텔로스(목표)가 있다.

원리 4: 각 매크로 패턴에는 특정한 텔로스에 부합하는 특정한 에토스(성격 또는 스타일)가 있다.

관찰 소견 A: 미국 개신교 예배에는 여섯 가지 주요한 성격 유형이 존재한다. 바로 부흥 운동, 교회학교, 미적 예배, 오순절 예배, 기도회, 전례 갱신이다.

원리 5: 예전 단위는 이동이 가능한 예전 활동 블록이다.

관찰 소견 B: 일반적으로, **텔로스/에토스**의 패턴들은 현대 실천에서 융합된다.

원리 6: 서로 다른 패턴의 **텔로스/에토스**는 서로 교환될 수 없고 결합 시 충돌하는 경향이 있다.

원리 7: 예배 순서는 공적 예배에서 통상적 부분이 된 예전 단위들을 보존하려는 경향이 있다.

관찰 소견 C: 일반적으로 제대로 수행된 것은 제대로 수행되지 않은 것보다 주의를 더 끌 수밖에 없다. 각 모델에는 탁월성에 대한 고유한 기준이 있다.

[개신교 예배의 패턴들]

부흥 운동	교회학교	미적	오순절	기도회	가톨릭 전례 갱신
준비단계 인사 간증 음악 메시지 제단 초청	개회 활동 경건 읽기 오늘의 주제 프로그램 광고 해산	성공회 기도서 임단송, 대표기도(본기도) 등 입례 봉헌 설교 클래식 음악/찬송가	준비단계를 위한 "찬양 예배"가 있는 부흥 운동 패턴 방언으로 말하기 '메시지' 전에 '안 정' 시간기 다양한 응답이 가능한 제단 초청	노래 성경 봉독 개인 간증 중통 기도 죄의 고백 기도 제목 나눔 마무리 찬송	모임/인사 성경 봉독 설교 도고 기도 봉헌 감사 성찬 해산
목표: 개인의 회심	목표: 그리스도인의 성품	목표: 문화적으로 세련된 예배	목표: 영적 일치	목표: 관계적 만남	목표: 그리스도의 우주적 몸에 참여
성격: 참신함 청중-중심 감정적 효과 전문성	성격: 교훈적 참신함과 전통 활동으로서의 예배 리더에 의해 통제	성격: 유럽풍 미학 기도서 언어 화려함	성격: 한회에 찬 열정 진정한 찬양 구원적 참여 외워진 패턴	성격: 평등주의적 개인적 나눔 감정적 친밀감	성격: 보편성 고대 역사에 기초 외워진 패턴
비슷한 것: 극장	비슷한 것: 체육관	비슷한 것: 고전 음악회	비슷한 것: 록 콘서트	비슷한 것: 지지 그룹	비슷한 것: 군사 훈련
구도자 예배	창의적 예배	전통적 예배	경배와 찬양	가정교회	말씀과 식탁
설정된 패턴 없음 종종 매우 '인세' 지향 읽기 능력 없요 갇힌 부위! 인쇄물 지시!	성가대 입당송 예배로 부름 교독 성경 일과(들) 성가 기도 봉헌 설교 축도	구도자 패턴과 비슷하지만, 더 많은 회중 참여와 몸짓(손 높이들 기 등) 사용 시작 부분의 노래 세트 회중이 경렬한 기도	기쁨과 염려 공유 개인기도 친밀한 교제 대화적	모임 기도/찬양 성경 일과(들) 설교 도고/응답 봉헌 대감사 성찬 해산
준비단계 음악 인사 회중 노래 공연 노래 짧은 드라마/멀티미디어 메시지 [열린 응답]					

제10장

예배 패턴 온라인

> 우리 시대의 전기 기술이라는 매체 또는 프로세스는 사회적 상호 의존의 패턴과 개인 생활의 모든 측면을 재편하고 재구성하고 있다. 이로 인해 우리는 이전에는 당연하게 여겼던 사실상 모든 생각, 모든 행위, 모든 제도를 재고하고 재평가해야 한다. 당신, 당신의 가족, 당신의 이웃, 당신의 교육, 당신의 직업, 당신의 정부, 당신의 '다른 이들'과의 관계 등 이 모든 것이 바뀌고 있다. 그것도 극적으로 바뀌고 있다.
>
> — 마셜 맥루한(Marshall McLuhan), 1967[1]

---

1 Marshall McLuhan, Jerome Agel, and Quentin Fiore, *The Medium Is the Massage: An Inventory of Effects* (Corte Madera, CA: Gingko Press, 2001, original pub. 1967), 8. N.B. 맥루한의 유명한 "미디어가 메시지다"라는 문구와 관련됨에도 불구하고, 이 책의 제목에는 "마사지"라는 단어가 포함되어 있다.

Dave Coverly/Speedbump.com[2]

    2020년 3월, 애빙던출판사에서 이 책의 원고 편집본을 보내 주길 기다리고 있을 때, 코로나바이러스 팬데믹이 미국 전역으로 확산하기 시작했다. 주 정부는 '외출 제한' 명령을 내렸고, 교회는 직접 만나지 않고도 '교회 일'을 할 수 있는 방법을 찾으려고 분주했다. 10년이 넘는 동안, 일부 기독교 단체는 다양한 유형의 완전한 '온라인 교회'를 세우려고 시도했었다.

    그 범위는 가상 환경에서 개인 '아바타'를 통해 서로 관계를 맺는 '세컨드 라이프'(Second Life)라는 가상 세계 교회로부터[3] 실시간 예배와 기도 활동을 통해 사람들이 참여하는 좀 더 전통적인 방식으로 조직된 교회에 이

---

2   Dave Coverly/speedbump.com의 허락을 받아 재인쇄되었다.
3   세컨드 라이프의 종교 공동체들에 대한 자세한 목록은 https://secondlife.com/destinations/belief을 참조하라(2020년 6월 15일 접속)

르기까지 다양하다.

기존의 많은 교회는 수년 전부터 예배를 라이브 스트리밍(온라인 생중계 방송)하거나 예배 일부를 녹화한 동영상을 유튜브(YouTube)나 기타 미디어 사이트에 게시하는 등 다양한 형태의 온라인 미디어를 사용해 왔다. 그러나 대부분 교회는 온라인 미디어를 대면 예배와 친교 활동을 보조하는 용도로만 사용했다. 3월에 모든 주에서 외출 자제 명령을 내리기 시작하면서, 미국의 많은 교회는 필연적으로 생겨난 대규모 사회적 실험 속에서 완전한 '온라인 교회들'이 되었다.

교회 지도자들의 초기 보고에 따르면, 대면 예배에 참석하는 사람들보다 라이브 스트리밍 예배나 게시된 동영상을 보는 사람들이 점점 더 많아지고 있다. 또한, 내 지인 중 일부는 예전에 교회를 다녔었거나 잘 나오지 않던 교인들이 이러한 디지털 예배에 반응하고 있다고 말한다.

이러한 현상이 장기적으로 지속할지는 아직 모른다. 그렇지만 일화적 증거에 의하면, 많은 교회 지도자가 이러한 초기의 성공을 고려하여 교회가 대면 예배를 다시 시작하게 되더라도 교인들을 위해 디지털 예배를 계속 제공할 계획이다.

이전 장의 마지막 부분에서 논의가 다음과 같이 마무리되었음을 기억하라.

관찰 소견 C: 일반적으로 제대로 수행된 것은 제대로 수행되지 않은 것보다 주의를 더 끌 수밖에 없다. 각 모델에는 탁월성에 대한 고유한 기준이 있다.

이는 다양한 형태의 온라인 미디어에도 적용되기에 추가 관찰이 필요하다.

관찰 소견 D: 예배가 제공하는 매체는 자체적으로 탁월성의 기준을 만든다. 매체의 탁월성 기준에 따라 특정 예배 모델과의 양립성이 크게 좌우될 것이다.[4]

1. 예배와 방송 미디어

종교 프로그램 방송은 라디오의 초창기 시절인 1920년대로 거슬러 올라간다. 종교 방송의 기원부터 1960년대까지의 역사를 연구한 토나 항겐(Tona Hangen)은 주류 개신교도들, 가톨릭 신자들, 근본주의자들, 오순절파 신자들 모두가 이 새로운 미디어 환경에서 자리를 차지하기 위해 어떻게 경쟁했는지를 설명한다.

주류 교단들과 가톨릭교도들이 라디오 사용에서 일찍이 우위를 보였지만, 제1차 세계대전 이후에는 근본주의자들과 오순절파들이 전파를 독점하고 있었다. 현대 과학에 대한 거부감이 제일 컸던 집단들이 라디오를 열광적으로 받아들였다는 것은 아이러니한 일이 아닐 수 없다.

근본주의 설교자들, 복음주의 부흥사들, 오순절 신앙 치유자들이 라디오를 통해 추종자들을 찾는다는 것은 불과 50년 전만 해도 상상할 수 없던 일이었다.[5]

---

[4] "오늘 아침에 온라인으로 직원회의를 하면서 사람들이 디지털 예배에 다양한 방식으로 접근하는 것에 대해 생각하게 되었습니다. 그리고 당신의 분류(미적 가치를 위한 유튜브, 소그룹 친밀성을 위한 줌, 전도를 위한 페이스북/눈)가 사람들이 선택하는 플랫폼과 어느 정도 연결될 것 같다는 생각이 들었습니다." (2020년 6월 17일. 허락받고 인용함).

[5] Tona J. Hangen, *Redeeming the Dial: Radio, Religion, and Popular Culture in America* (Chapel Hill: University of North Carolina Press, 2002).

근본주의자들과 오순절파들이 라디오를 통해 성공을 거둔 이유 중 하나는 그들의 예배와 설교 스타일이 즐겁게 만드는 음악과 극적인 긴장감을 통해 예배자의 주의를 집중시키는 매체와 특히 잘 어울렸기 때문이다. 요약하면, 관심을 끄는 라디오 프로그램의 기준이 좋은 종교 라디오 프로그램의 기준이었고, 이러한 탁월성의 기준에 가장 부합하는 예배 모델이 좋은 자리를 차지했다.

항겐은 다음과 같이 말한다.

> 회심을 일으키거나 개인의 옛 회심을 회복시키는 부흥 운동에 내재한 드라마는 또 다른 유형의 미국식 엔터테인먼트 형태가 되었다. 라디오 드라마의 형사가 범죄를 해결하거나, 라디오의 영웅이 가까스로 세상을 구하거나, 라디오의 게임 쇼 참가자가 값비싼 상품을 획득하는 등 규칙적으로 청취자를 안심시키는 똑같은 방식으로, 청취자가 '다시 방송을 청취'할 수 있는 편리하고 익숙한 시간대에서, 라디오 부흥 운동 집회는 모든 프로그램에서 청취자들이 같은 결론을 내리도록 이끌었다.[6]

나는 이전 장들에서 오순절 모델과 부흥 운동 모델은 모두 회중을 즉각적으로 참여시키지 않는 다른 전통을 경멸하고, 감정적으로 강렬한 설교를 좋아하는 경향이 있다고 언급했다. 내가 설명했듯이, 오순절 예배는 부흥 운동 설교보다 훨씬 더 노골적이고 구체화되었다.

그러나 오순절파 라디오 설교자들과 신앙 치유자들은 실제 회중과 함께하는 예배와 거의 비슷하게 느껴지는 예배를 만드는 방법을 재빨리 찾았다. "라디오에 손을 얹으십시오"라는 문구는 현대 비평가들이 오순절 운동을 비꼴 때 사용하는 진부한 상투어처럼 되었다. 그러나 라디오 신앙

---

[6] Hangen, *Redeeming the Dial*, 152.

치유자들은 라디오를 설교자와의 실질적인 '접촉점'으로 보았고, 실제로 라디오에 손을 대면 스피커의 진동으로 설교자의 목소리를 느낄 수 있었다.[7] 이런 방식으로, 라디오는 오순절 예배의 구체화된 성격과 양립할 수 있게 되었다.

텔레비전 방송의 부상도 비슷한 궤도를 따랐다. 일부 부유한 대형 주류 교회는 예배를 텔레비전으로 중계하기 시작했는데, 처음에는 진행되는 예배를 담는 한두 대의 고정 비디오카메라만 설치하면 됐다. 근본주의자와 복음주의자, 오순절파 설교자들은 종교 라디오를 장악했던 것처럼 텔레비전도 장악했다. 그들은 텔레비전으로 방영되는 예배를 새로운 시각적 엔터테인먼트의 형태에 맞게 조정했다.

주류에 속한 이들이 주류 방송국이 제공하는 1시간짜리 시간대의 57분 30초 포맷에 압박감을 느낄 때, 복음주의자들과 오순절파들은 자체적인 텔레비전 네트워크를 구축함으로써 이러한 장애물을 극복했다. 게다가 주류 종교 방송은 새로운 기독교 네트워크에서 제작되는 더 극적이고 노골적으로 재미있는 프로그램에 비해 지루했다.

라디오와 마찬가지로 좋고 재미있는 텔레비전 프로그램의 기준은 성공적인 종교 텔레비전 프로그램의 탁월성 기준과 같았고, 이러한 기준에 가장 잘 맞는 텔로스와 에토스를 가진 예배 형식이 더 성공했다.

그 영향력은 다른 방향으로도 흘러갔다. 예를 들어, 1960년대, 내가 어렸을 때 다녔던 작은 시골 감리교회는 매해 매우 침울한 크리스마스 성극을 모두가 함께 준비했다. 내가 청소년부 목사가 되었던 1980년대에 그러한 프로그램들은 인기 있는 어린이 소설인 『최고의 크리스마스 성극』(The Best Christmas Pageant Ever)[8]의 대사를 따라 복음 메시지의 중요한 핵심을 유

---

7 Anderson Blanton, *Hittin' the Prayer Bones* (Chapel Hill: University of North Carolina Press, 2015), 182.
8 Barbara Robinson, *The Best Christmas Pageant Ever* (San Francisco, CA: Harper & Row,

지하려고 애는 썼지만, 코미디에 자리를 내주고 말았다.

종교 성극과 다른 교회학교 연극들은 '시트콤'이 되었고, 설교자들 역시 심야 TV 쇼의 오프닝 독백 방식을 교회 광고와 심지어는 설교에도 적용하기 시작했다.

이 모든 것의 밑바탕에는 제3장에서 살펴봤던 부흥 운동과 찰스 피니의 종교에 대한 새로운 접근법에 관한 이야기가 있다. 피니에게 비효율적인 종교의 가장 큰 죄는 지루함이었다는 사실을 기억하라. 내가 제3장에서 언급했듯이, 기독교가 본질적으로 전통적인 관습에서 분리된 메시지임을 인정한다면, 관심을 끌고 붙잡기 위해 참신함을 받아들이려는 그의 시도를 반박하기는 어렵다.

2. 예배 패턴과 인터넷 기반 미디어

2020년 팬데믹 기간에 교회들은 모든 예배와 교제 활동을 온라인으로 전환하기 시작하면서, 교인들과 생산적으로 소통하기 위한 새로운 표준을 빠르게 배우기 시작했다. 인터넷 기반 미디어는 관심을 끌고 붙들기 위해 엔터테인먼트와 드라마의 성향을 공유한다. (독자들은 웹상의 낚시성 광고를 떠올릴 수 있을 것이다. 낚시성 광고는 이야기의 결말을 알아보기 위해 길게 이어지는 사진과 글, 그리고 광고를 계속 클릭하도록 유도한다.)

그렇다고 하더라도, 교회들이 온라인 미디어를 활용하는 방식에 영향을 끼치는 중요한 차이점들도 있다.

1971).

첫째, 최근 몇 년 사이에 인터넷은 더 쉽게 접근할 수 있게 되었고 제작 비용도 라디오나 텔레비전보다 저렴해졌다. 물론 여전히 컴퓨터나 인터넷 자료에 접근하지 못하는 사람들도 있고, 나이 많은 사람은 온라인 교회에 온전히 참여할 생각이나 능력이 없을 수도 있다.

그러나 인터넷은 갈수록 더 민주적으로 되어 간다. 스마트폰 카메라만 있으면 거의 모든 사람이 비디오를 녹화하거나 가상 모임에 참여할 수 있다.

둘째, 인터넷 미디어는 그룹 간의 실시간 상호 작용을 이끌 수 있어서 새로운 가능성을 창출할 수 있다. 예를 들어, 오순절파 설교자들은 라디오나 텔레비전을 통해 신앙 치유를 해 왔었는데, 오순절파 신자들에게 이것은 매우 성례적인 의식으로 널리 이해되었다. 반면에 주류 개신교 교회들은 방송 매체를 통해 성례전을 거행하는 데 거의 관심을 두지 않았다.

최근 몇 년 사이에 일부 개신교 교회는 인터넷을 통해 성찬식을 거행하는 실험을 시작했다. 그러나 대부분 주류 개신교 교단들은 온라인 성찬식을 반대했다.

한 예로, 연합감리교 감독회의(United Methodist Council of Bishops)는 2013년에 온라인 성찬식에 대한 공식적인 모라토리엄(활동 중단)을 선언했다. 그렇지만 2020년 팬데믹 기간에 많은 연합감리교 감독들은 교회에 모라토리엄을 중지하라고 촉구하면서, 팬데믹이 종식되면 부활시키겠다고 약속했다. 그러나 모라토리엄을 계속 지지하는 일부 목사 사이에서 논란이 없지는 않았다. 이와 비슷하게, 미국 장로교(PCUSA)는 팬데믹 기간에 온라인 성찬식의 실행을 승인했지만, 마찬가지로 논란은 있었다.

컴퓨터 미디어의 상호 작용 능력 덕분에 교회들은 대면으로 만날 수 없었던 긴 시간에 상상할 수 없었던 그러한 극적 변화를 만들어 낼 수 있었다.

인터넷 미디어는 크게 라이브 스트리밍, 게시된 동영상(페이스북[Facebook], 유튜브[YouTube], 비메오[Vimeo]), 실시간 대화 형식(줌[Zoom], 구글 미트 [Google Meet], 스카이프[Skype])의 세 가지 형태로 제공되고, 각 형태에는 탁월성에 대한 고유한 기준이 있다. 라이브 비디오 스트리밍은 텔레비전 프로그램과 매우 유사하다.

최근에는 '스마트' 텔레비전을 인터넷에 연결할 수 있게 되면서, 많은 사람이 라이브 스트리밍 예배를 와이드 스크린 텔레비전으로 시청하고 있다. 이는 더욱 '몰입하여' 시청할 수 있는 경험을 가능케 한다. 이 매체는 여러 카메라 앵글과 잘 제작된 음질로 텔레비전 프로그램 같은 영상 제작 가치가 있는 대형 제작물을 선호한다.[9]

라이브 스트리밍의 장점은 행사가 진행되는 동안 그 행사에 즐겁게 참여하도록 한다는 것이다. 온라인 참여에 대한 2017년도 시장 조사에 따르면, "[응답자] 다섯 명 중 한 명은 라이브 스트리밍 비디오를 시청하면 마치 그 행사의 일부가 된 것처럼 느껴진다고 말했다."[10]

이 설문 조사는 라이브 스트리밍 비디오의 질이 그 경험에 어떤 영향을 미치는지는 언급하지 않지만, 내가 다양한 교회의 수많은 온라인 스트리밍 예배에 직접 참여해 본 결과 영상물의 질이 매우 중요하다는 것을 알 수 있었다.

나는 고정된 비디오 녹화기로 예배를 실시간으로 촬영하여 라이브 스트리밍 예배를 실행하는 교회들에 대한 수많은 일화적 보고서를 읽었다.[11] 이러한 보고서 중 다수는 시청자들이 실시간으로 방송되는 예배를

---

9 라이브 스트리밍 예배는 특히, 나중에 볼 수 있도록 동영상을 게시하는 것과 관련하여 저작권 문제를 초래할 수 있다. 초대형교회들이 전체 예배 녹화 동영상을 교회 웹사이트에 거의 올리지 않는 이유 중 하나는 저작권이 있는 노래들 때문이라고 생각한다.
10 https://www.emarketer.com/Article/Some-Live-Streaming-Video-Already-Constant/1016137, 2020년 6월 26일 접속.
11 나는 내가 많은 "일화적 증거"를 사용하고 있음을 인정한다. 내가 이 장을 쓸 당시에

시청하기 시작하더라도 곧 흥미를 잃거나 예상되는 설교 시간에 맞춰 예배에 접속할 것임을 시사한다.

일부 교회는 대면 예배에만 출석한 인원보다 더 많은 수가 온라인 예배를 시청했다고 보고하고 있지만, 접속한 모든 사람이 전체 예배에 참석했다는 뜻은 아니다. 이는 그리 놀랄 만한 일이 아니다.

우리는 미식축구 경기, 생방송 콘서트, 로즈볼 퍼레이드(Rose Bowl Parade, 캘리포니아주 패서디나에서 매해 1월 1일 오전에 화려한 장식을 한 수십 대의 퍼레이드용 차량이 행진하는 행사 – 역자주) 및 기타 생방송 행사에 여러 카메라 앵글과 해설이 포함되지 않으면 시청자들이 얼마나 금방 지루해하는지를 상상할 수 있다.

독립형 카메라는 야외 관람석에서, 길가에 서서, 또는 회중석에 앉아 있는 사람의 시선으로 바라보는 것처럼 보이게는 할 수 있지만 그런 행사에 실제로 참여해야 얻을 수 있는 경험은 담을 수 없다. 실제로 참여하는 것처럼 느끼게 만들려면 매우 세심한 작업이 필요하다.

나는 '몰입'의 경험을 목표로 삼는 예배 패턴들(특히, 부흥 운동/구도자 모델과 오순절/경배와 찬양 모델)이 라이브 스트리밍 예배에 더 좋다고 생각하는데, 특히 무대 밴드, 예배 세트, 실용적인 '메시지'를 포함할 때 그렇다고 본다.[12] 미적 모델을 사용하는 교회는 비용 대비 제작 가치가 높으면

(2020년 6월), 2020년 3월 미국에서 팬데믹이 시작된 이후의 조회 수나 교회의 활용 방식에 대한 과학적 데이터를 거의 찾지 못했다.

12 초대형교회의 위성교회의 기술적 전문성에 대해 Sam Han의 설명은 다음과 같은 관찰을 포함한다. "예배 목사는 교회의 모든 기술적인 부분을 책임진다. 뉴욕 브라이트 교회의 경우, 그들이 일반적으로 '경험'이라고 부르는 예배의 상당 부분은 다양한 기술의 원활한 기능에 전적으로 의존하고 있어서, 이 점은 상당히 중요하다고 밝혀졌다." Han은 덧붙여서 말한다. "브라이트 교회가 그들의 예배를 '경험'이라고 단도직입 부르는 것은 당연하다. 브라이트 교회의 혁신 책임자인 제러미 시츠((Jeremy Sitz)가 나에게 답했듯이 '그것은 의도적입니다. 예식이 아닙니다. 우리는 당신이 하나님을 경험하도록 돕고자 애쓰는 중입니다.'" Han의 관찰은 이러한 "예배 경험"의 비디오 스트리밍에도 적용된다. *Technologies of Religion, Routledge Research in Information Technology*

어느 정도 성공을 거둘 수 있지만, 회중이 전통적 찬송가를 부르거나 교독하는 내용을 듣는 것은, 솔직히 비디오 제작에서 그리 흥미롭지는 않다.

교회에서 사용하는 또 다른 온라인 미디어 형태는 주문형 스트리밍 비디오다. 이 형식에서는 예배의 특정 부분(소개, 광고, 음악, 봉독, 설교 등)을 미리 녹화한 다음 교회 홈페이지나 페이스북에 링크와 함께 게시한다. 일부 교회는 라이브 스트리밍되었던 설교 영상을 녹화해서 보관하는 데 주문형(on-demand) 형식을 사용하지만, 현재 많은 교회는 여러 장소에서 여러 사람에 의해 사전 녹화된 것들을 합쳐 더 길고 완전한 예배를 구성하는 데 이 형식을 사용한다.

이 형식은 낭독자들, 목사, 찬양 인도자가 한곳에 모이지 않고 많은 부분을 녹화해야 했던 팬데믹 기간에 꽤 인기 있었다. 내 아내가 목회하는 도시의 한 교회도 이 방식을 사용했다.

매주 스태프들은 교회의 여러 구성원으로부터 교회의 여러 교인과 스태프로부터 짧은 영상물(기도, 성경 봉독, 노래 인도 등)을 수집했다. 그 후 이러한 개별 예전 단위들을 편집하여 완성된 예배로 만들었고, 주일 오전에 공식적으로 교인들에게 공개했다.

이런 식으로 제작되는 영상물의 탁월성 대한 기준은 텔레비전 버라이어티 쇼다. 버라이어티 쇼는 에피소드 형식으로, 인터뷰, 코미디극, 광고, 독백, 음악 공연 등, 각각의 특정 부분은 그 자체로서 하나의 완성된 작품이다. 이 온라인 방식은 미적/전통적 모델이나 교회학교/창의적 예배 모델의 성격에 제일 적합한데, 두 모델 모두 매우 독특한 예전 단위들을 엮어 구성된다.

줌(Zoom)과 구글 미트(Google Meet)와 같은 대화형 화상 회의 형식은 비즈니스 회의를 수월하게 하려고 개발되었다. 또한, 화면 공유 기능이 있

(New York, NY: Routledge, Taylor & Francis, 2016), 58-59.

어서 그래픽 자료나 텍스트를 게시할 수 있고, 회의를 녹화할 수도 있어서 나중에 필요할 때 이용할 수 있도록 편집하고 게시할 수 있다. 대화형 화상 회의 형식은 그룹 대화 중에 참여자들이 가까이서 서로의 얼굴을 볼 수 있어서 기도회/가정교회 모델의 민주적 친밀감과 잘 맞는다.

훌륭한 화상 회의는 사람들이 토론에 적극적으로 참여하도록 하는 회의다. 화상 회의는 소그룹 리더들이 빠르게 발견하고 있는 것처럼, 함께 노래하거나 낭독하는 것에는 적합하지 않다.

어떤 교회들에서는 이러한 다양한 미디어를 조합해서 사용해 왔다. 예배 일부는 라이브 스트리밍으로 하고, 일부(예를 들어, 음악 공연)는 사전 녹화하고, 마지막 부분에서는 화상 회의 링크로 이동해서 그룹 기도나 좀 더 상호 작용적인 '온라인 성찬식'을 진행한다. 표면적으로는 라이브 방송의 흥분, 사전 녹화하여 편집한 영상물의 세련미, 소그룹 화상 회의의 상호적 친밀감 등 각 형식의 장점들을 통합할 수 있다.

개인적으로 그런 예배를 경험했었는데, 라이브와 녹화된 동영상을 혼합한 부분의 흐름은 좋지만, 화상 회의로 전환될 때는 제9장에서 설명한 '예전 편타증'의 느낌을 유발한다.

'온라인 성찬식'의 가능성에 관한 논쟁에 관해 간략하게 언급하기는 했지만, 내가 온라인 미디어와 연관 짓지 않은 한 가지 모델은 가톨릭 전례 갱신 모델이다. 여기서 그 논쟁에 너무 깊이 관여하고 싶지는 않지만, 교회론 저울에서 보편주의적인 쪽으로 기울어진 기독교 전통이 회중주의적인 편으로 치우친 기독교 전통보다 온라인 성찬식의 가능성에 대해 훨씬 더 반대해 왔다고 말해도 괜찮을 것 같다.

물론 일부 가톨릭교회(그리고 일부 성공회와 루터파 교회도)는 성찬식을 포함한 그들의 예배를 라이브로 스트리밍하고, 시청자들에게 일종의 신심 행위로서 그러한 예배를 시청하면서 함께 기도하도록 권장한다. 실제로 적지 않은 개신교도가 바티칸에서 방송되는 성탄절 전야 미사를 시청하는 것으로 알려져 있다(아니면 우리 집에서 그랬던 것처럼, 선물 포장을 마무리하는 동안에 적어도 그 방송을 배경으로 틀어 놨다).

그러나 내가 아는 한 (개신교도나 가톨릭교도) 그 누구도 빵과 포도주를 스크린 앞에 놓고, 교황과 함께 기도하고, 그것들을 성찬으로 받으라고 권장되지는 않았다. 설사 누군가가 그렇게 했다고 하더라도, 그리고 그 사람에게 개인적으로 매우 의미 있는 경험이 될지라도, 그것이 가톨릭 전례 갱신 모델에서 이해하는 교회의 성찬식은 아닐 것이다.

요약하면, 가톨릭 전례 모델에서 성찬식은 "경험"이 아니라 구체적이고 실제적인 실천이다. 그래서 온라인 성찬식은 단지 나쁜 실천이 아니라 본질적으로 불가능하다. 성찬식은 가톨릭 전례/말씀과 식탁 모델에서 핵심 요소이기 때문에, 아무리 효과적으로 진행하거나 제작되었더라도 어떤 형태의 비디오 예배도 그 모델의 텔로스를 달성할 수는 없다.

따라서 2020년 팬데믹 기간에 가톨릭 전례 쇄신 교회들은 온라인 소셜 미디어와 가정에서 기도와 성경 읽기를 위한 새로운 신심과 소그룹 활동을 모색하는 중임에도 불구하고, 대면 모임을 중단했기 때문에 성찬을 '단식'하고 있었다.

일단 팬데믹이 진정되고 살아남은 교회들이 위기 대처를 위해 사용했던 전략을 반성할 수 있게 되면, 온라인 예배 실험이 교회의 본질과 체제에 대해 다음과 같은 근본적인 신학 질문들을 제기했었다는 것을 알게 될 것이다.

교회란 무엇인가?
안수의 의미와 목적은 무엇인가?
교회의 질서란 무엇인가?
교회의 사명은 무엇인가?

보편적 교회는 무엇이고 지역 교회에서 그것이 어떻게 발견되는가(또는 발견되지 않는가)?

인터넷은 진정한 보편성을 활성화하는가?

거짓된 보편성을 활성화하는가?

아니면 사용 방법에 따라 둘 모두를 만들어 낼 수 있는가?

교회들이 대면 예배로 돌아갈 수 있게 되면, 우리의 필연적 실험으로 인해 예배에 대한 기대와 구체적 실천이 모두 달라졌음을 발견하게 될 것이다.

이 장의 결론을 쓰면서도, 교회들이 앞으로 이러한 문제들을 어떻게 다루게 될지 전혀 모르겠다. 코로나바이러스 팬데믹 외에도, 많은 백인 미국인들은 (마침내?) 백인우월주의와 구조적 인종차별이라는 우리의 오래된 사회적 질병에 대해 비판적으로 인식하게 되었다.

백인 그리스도인들은 인종차별 팬데믹에 대한 암묵적이고 때로는 명시적인 책임이 있다. 이 문제를 해결하려면 특히, 미국 백인 교회 문화에서 지각변동이 일어나야 한다. 이 모든 생각은 편집한 원고를 애빙던출판사에 다시 보내려 할 때 떠올랐고, 그래서 좋은 글쓰기의 기본 원칙을 어기게 되었다.

"논문의 결론에서 새로운 주제를 꺼내지 말아라!"

일부 관습이 더 이상 유효하지 않다고 단순하게 주장하기보다는, 오래전 밧모섬에서 장로 요한에게 하나님께서 계시하셨던 심오한 원리에 호소하고자 한다.

보라 내가 만물을 새롭게 하노라(계 21:5).

예수 그리스도의 교회가 위기에 처한 이 순간, 이 원리가 우리의 소망과 기도가 되기를 원한다.

결론

좋은 예배란?

> 아직 울릴 수 있는 종을 울려라.
> 너의 완벽한 제물은 잊어라.
> 모든 것에는 갈라진 틈이 있다.
> 바로 그 틈으로 빛이 들어온다.
>
> 〈송가〉(Anthem)
> - 레너드 코헨(Leonard Cohen)

"좋은 예배였어요. 목사님!"
"감사합니다."

많은 목사는 매주 예배가 끝나면 이런 말을 듣고, 그 말을 칭찬이나 감사의 말, 아니면 어색한 인사로 받아들인다.

하지만 "좋은 예배였다"는 말은 도대체 무슨 뜻인가?

미국 개신교 교회의 전체 지형을 살펴보면 여섯 가지 주요 패턴이 예배의 내용과 실행에 영향을 끼치고 있다. 이러한 패턴들은 서로 다른 관심사를 충족시키기 위해 발생했다. 이 패턴들은 서로 다른 목표를 가리키고, 독특한 스타일이나 성격을 갖게 되었다. 부흥 운동은 종교적 회심을 일으키기 위해 감정을 겨냥한다. 교회학교는 그리스도인의 성품을 교육하기 위해 지성을 겨냥한다.

미적 예배는 예배자들의 문화적, 영적 세련미를 높이고자 애쓰고, 오순절 예배는 성령과의 기쁨이 넘치고 있는 그대로의 만남을 추구한다. 기도회는 관계적 친밀감을 위해 노력하고, 가톨릭 전례 예배는 전 우주의 성도들과 찬사들과 함께 보편적 찬양에 동참한다.

따라서 어떤 예배를 '좋은 예배'로 간주하는지 이해하려면 우리는 "어떤 목적에 좋다는 것인가"라는 질문을 던져야 한다.

우리는 일반적으로 예배가 잘 진행되고 있는 것 같거나 교인들이 "예배가 좋았어요, 목사님"이라고 말할 때, 위의 질문들이나 예배의 목표나 성격에 대해서 걱정하지 않는다. 예배가 어떤 연유로 실패할 것 같을 때만 걱정하기 시작한다. 하지만 예배가 실제로 어떻게 작동하는지 이해하는 교인들은 거의 없다.

마치 내가 내 자동차 엔진의 복잡한 작동 원리를 잘 이해하지 못하는 것처럼 말이다. 나는 엔진에 문제가 생겼을 때만 관심을 두고, 그때조차도 문제의 진단과 수리는 정비사에게 맡긴다. 마찬가지로 예배가 회중을 참여시키지 못하면, 교인들은 무엇이 잘못되었는지를 진단하고 바로잡기 위해 반드시 목사와 예배 인도자에게 의존할 것이다. 내가 개발한 예배 분석 방법이 진단하고 바로잡는 데 도움이 되길 바란다.

그러나 '좋은 예배'에는 기름칠이 잘 된 기계를 갖는 것보다 더 중요한 게 있다. 분명히 제대로 수행된 것은 제대로 수행되지 않은 것보다 주의를 더 끌 수밖에 없다. 그러나 이 격언은 수행되는 '것'이 애초에 수행될 가치가 있었는지는 고려하지 않는다. 신학적으로 결함이 있는 예배 순서도 잘 진행되면 주목하지 않을 수 없고, 신학적으로 풍성한 예배라도 제대로 인도되지 못하면 주의를 끌 수 없다.

내가 이 책에서 개발한 방법은 여섯 가지 모델에 대한 신학적 평가를 제공하지 않는다. 내가 신학적으로 어느 정도 관찰은 계속했지만, 대부분 설명하는 정도에 머물렀다. 나는 예배의 내용과 실천을 형성하는 암묵적이고 때로는 무의식적인 기본 방식을 보여 주고자 했다. 이렇게 함으로써, 당신이 이러한 사고의 기본 방식을 인식하여 평가할 수 있고, (나의 스포츠 메타포로 돌아가서) 당신과 내가 하는 게임의 규칙을 알게 되기를 바란다.

나는 여섯 가지 패턴을 최대한 동등하게 다루고자 노력했다. 그렇다고 이 여섯 가지 패턴이 주일 공적 예배의 매우 중요한 모델로서 동등하다고 가정하는 것은 잘못이다. 나는 교회가 단순히 한 모델을 선택하여 잘 해낼 것을 제안하는 게 아니다. 잘 인도된 부흥 운동 예배는 전도해야 하고, 교회학교 예배는 교육해야 하며, 미적 예배는 기독교 예술의 풍성함으로 영감을 주어야 한다.

오순절 예배는 성령의 능력에 우리를 맡기도록 해야 하고, 기도회는 동료 신자들과 축복과 짐을 나누도록 해야 한다. 건강한 교회에는 위의 모든 것, 즉 전도, 교육, 예술, 영적 능력, 친밀한 교제가 필요하다.

말씀과 식탁 모델은 예배를 목표 달성을 위한 도구로 예배를 다루지 않는다는 점에서 다른 다섯 가지 모델과 다르다. 말씀과 식탁은 본질적으로 시간과 공간을 초월하여 성도들과 천사들의 예배에 참여하는 것이다. 예배가 일어나도록 만들기보다는, 말씀과 식탁 예식에서 우리는 이미 일어나고 있는 일에 동참한다. 또는 로버트 웨버의 표현처럼 "우리는 영원한 예배의 장소에서 성도들의 친교(communion)에 참여하기 위해 하나님의 보좌 주위의 하늘로 들어간다."[1]

말씀과 식탁은 성도들과 함께 영광에 참여하는 패턴으로서, 다른 패턴들이 안고 있는 약점들, 즉 부흥 운동의 개인주의, 구도자 예배의 소비주의 사고방식, 교회학교 집회의 부담스러운 교훈주의, 창의적 예배의 장황함, 미적 예배의 계급적 편향, 전통적 예배의 향수를 막을 능력이 있다.

---

1 *Planning Blended Worship: The Creative Mixture of Old and New* (Nashville, TN: Abingdon Press, 1998), 21.

말씀과 식탁은 성령께 순종하여 예배하려는 열망을 오순절 예배와 공유하지만, 오순절 예배가 보편적 교회의 역사적 흐름의 전통에서 벗어날 때 발생할 수 있는 혼란스러운 과함을 피할 수 있다.

그렇긴 하지만, 영광의 이면에 있는 교회의 예배는 우리가 열망하는 완벽함에 항상 미치지는 못할 것이다. 그래도 우리는 예수 그리스도의 신실한 제자들로서 하나님과 세상을 섬기는 두렵고 떨리는 과업에 순종하기 위해 노력한다.

그래서 제단으로 초청한다.

친구여!

우리의 불완전한 예배의 갈라진 틈 사이를 뚫고 나아가는 빛이 온 세상을 비추도록 하겠는가?